中国消防救援学院规划教材

应　用　写　作

主　　编　李　醍
参编人员　唐　魁　赵国刚　张文彦

应急管理出版社
·北　京·

图书在版编目（CIP）数据

应用写作／李醍主编．--北京：应急管理出版社，2022（2024.1重印）

中国消防救援学院规划教材

ISBN 978-7-5020-9415-7

Ⅰ.①应… Ⅱ.①李… Ⅲ.①汉语—应用文—写作—高等学校—教材 Ⅳ.①H152.3

中国版本图书馆 CIP 数据核字（2022）第 122749 号

应用写作（中国消防救援学院规划教材）

主　　编　李　醍
责任编辑　闫　非
编　　辑　田小琴
责任校对　孔青青
封面设计　王　滨

出版发行　应急管理出版社（北京市朝阳区芍药居 35 号　100029）
电　　话　010-84657898（总编室）　010-84657880（读者服务部）
网　　址　www.cciph.com.cn
印　　刷　河北鹏远艺兴科技有限公司
经　　销　全国新华书店

开　　本　787mm×1092mm $^{1}/_{16}$　**印张**　14 $^{1}/_{2}$　**字数**　317 千字
版　　次　2022 年 8 月第 1 版　2024 年 1 月第 2 次印刷
社内编号　20220823　　**定价**　45.00 元

前　言

中国消防救援学院主要承担国家综合性消防救援队伍的人才培养、专业培训和科研等任务。学院的发展，对于加快构建消防救援高等教育体系、培养造就高素质消防救援专业人才、推动新时代应急管理事业改革发展，具有重大而深远的意义。学院秉承“政治引领、内涵发展、特色办学、质量立院”办学理念，贯彻对党忠诚、纪律严明、赴汤蹈火、竭诚为民“四句话方针”，坚持立德树人，坚持社会主义办学方向，努力培养政治过硬、本领高强，具有世界一流水准的消防救援人才。

教材作为体现教学内容和教学方法的知识载体，是组织运行教学活动的工具保障，是深化教学改革、提高人才培养质量的基础保证，也是院校教学、科研水平的重要反映。学院高度重视教材建设，紧紧围绕人才培养方案，按照“选编结合”原则，重点编写专业特色课程和新开课程教材，有计划、有步骤地建设了一套具有学院专业特色的规划教材。

本套教材以马克思列宁主义、毛泽东思想、邓小平理论、“三个代表”重要思想、科学发展观、习近平新时代中国特色社会主义思想为指导，以培养消防救援专门人才为目标，按照专业人才培养方案和课程教学大纲要求，在认真总结实践经验，充分吸纳各学科和相关领域最新理论成果的基础上编写而成。教材在内容上主要突出消防救援基础理论和工作实践，并注重体现科学性、系统性、适用性和相对稳定性。

《应用写作》由中国消防救援学院教授李醍任主编。参加编写人员及分工：李醍、唐魁编写第一章、第二章，张文彦编写第三章，赵国刚编写第四章，李醍编写第五章。

本套教材在编写过程中，得到了应急管理部、兄弟院校、相关科研院所的大力支持和帮助，谨在此深表谢意。

由于编者水平所限，教材中难免存在不足之处，恳请读者批评指正，以便再版时修改完善。

中国消防救援学院教材建设委员会

2022年4月

目　录

第一章 机关公文

第一节 概 述

公文是指处理“公务（公事）”时所使用的文书。公务是关于公家或集体的事务。更确切地讲，公务从狭义上讲，是指国家机关的事务性工作；从广义上讲，是指党政机关、群众团体、企事业单位等的事务性工作。

公文的使用在我国已有三千多年的历史。现存最早的中国古代公文总集是汇集了商周时代一些重要史料的《尚书》，它证明了公文这类应用文体在我国产生的时间可以上推到三千多年以前。三千多年来，公文在调节各种社会关系，维系社会和谐、有序等方面发挥了十分积极的作用。当今时代，社会生活的内容多样化，各种政治与经济关系复杂化，公文的调节与维系作用显得更加重要。

依据2012年4月16日中共中央办公厅、国务院办公厅以中办发〔2012〕14号印发《党政机关公文处理工作条例》（以下简称《条例》），党政机关公文是党政机关实施领导、履行职能、处理公务的具有特定效力和规范体式的文书，是传达贯彻党和国家方针政策，公布法规和规章，指导、布置和商洽工作，请示和答复问题，报告、通报和交流情况等的重要工具。

一、公文的特点

相对于一般应用文而言，狭义的公文具有以下几个基本属性：一是公文形成的主体是党和国家机关及其他社会组织；二是公文形成的条件是行使职权和实施管理；三是公文是具有法定效力与规范格式的文书；四是公文是党和国家机关及其他社会组织处理政务、办理事务的重要工具。正是这些基本属性，决定了公文具有以下五个特点。

（一）法定的作者

公文的作者必须是依法成立并能以自己的名义行使职权及承担责任的组织和个人，如党和国家的各级机关、各类组织，国家领导人，机关首长等。撰写公文不是个人行为，即使以个人名义发布公文时，发布人所代表的也是机关或组织。因此，以领导人名义作为公文的作者，实际上并非以私人身份出现，而是以他所在机关法定领导人身份行使职权的一种表现。

（二）法定的权威性

具有法定地位的机关、组织，都有自己的组织系统、领导与被领导关系和职权范围，他们在行使法定职权和实施有效管理的公务活动中所制作的公文，在其管辖范围内具有法定的权威性。这些公文一经发出，在制作者的职权范围内就具有强制执行或处理事务的约束力，有关单位和个人必须严格执行和照章处理。

（三）现实执行效用

任何公文都是针对现实存在的问题和为解决现实问题而撰写和制发的，在一定的时间内撰写完成和传达，并在一定的时间内发挥作用。换句话说，公文所具有的特定效用是有一定的时间性的，即在一定的时限内对受文者具有不同程度的强制约束力。一份公文执行办理完毕，其现行效用随之消失。公文的现行效用消失后，则成为档案文献。

（四）法定的处理程序

公文的制发和办理必须经过规定的程序。例如，公文的制发必须经过起草、核稿、签发的程序。经过机关领导人签发的文稿才能缮印、用印和传递。任何人不得违反上述程序擅自处理。

（五）规范的体式

具有法定的规范体式是公文区别于其他文字材料的显著标志。为了维护公文的严肃性和处理公文的便利，中国标准化研究院、中共中央办公厅秘书局和国务院办公厅秘书局联合制定了《党政机关公文格式》国家标准，该标准规定了党政机关公文通用的纸张要求、排版和印制装订要求、公文格式各要素的编排规则，并给出了公文的式样。这一标准由中华人民共和国质量监督检验检疫总局和中国国家标准化管理委员会 2012 年 6 月 29 日发布，于 2012 年 7 月 1 日正式实施。

二、公文的作用

公文是传达、贯彻党和国家的各项方针政策，表达法定作者的意图，处理日常事务、联系工作等的重要工具。其作用主要表现在以下五个方面。

（一）指挥、指导和管理作用

党政机关、企事业单位、群众团体，都在特定的范围内具有组织、指挥、管理和指导的职权，为了行使其职权和处理社会事务，就要制发公文来制定方针政策，进行工作部署，以及对一些重要事项提出意见、措施和办法，而这些公文对于下级来说，都具有指挥、指导作用。例如，在党政公文中，命令、决定、决议、指示、批复等文种，就属于指挥、指导性的下行公文。与此同时，各机关、单位通过制发公文来表达意图，组织、协调和管理各方面的工作，实现管理职能。

（二）联系与沟通的作用

通过公文，各机关、单位之间互相联系、交流信息、沟通情况，使上情下达、下情上报，平行单位之间信息互通。这样，对上级，可以提高决策的针对性和措施的有效性；对下级和平行单位，有利于明确当前的工作内容和工作重点，确保工作和谐有序开展。例如，下行文中的公告、通告、公报、通知、通报，上行文中的报告、请示，还有作为平行文的函，都有交流信息的基本功能。

（三）凭证和依据作用

公文有明显的凭证和依据作用。上级发布的下行文，是下级机关开展工作的依据；下级上报的公文，是上级决策的依据；一个机关自己制作的公文，是自己履行职能、开展工作的真实记录和凭证。

（四）教育和宣传的作用

公文是传达贯彻党和国家的方针政策的重要工具，具有宣传和教育的作用。其相当一部分是直接向干部和群众宣传党和国家的方针政策，宣传先进单位和先进个人的事迹和经验，报道各条战线所取得的成就，发挥着统一思想，振奋精神，宣传、教育和鼓动的作用。

（五）商洽、协调作用

很多工作，单凭一个单位很难顺利完成，往往需要相关单位予以配合、帮助。这样，地区与地区、单位与单位之间，就需要加强联系、互相协商、加强配合。公文中的一部分文种在其中就发挥着商洽、协调的作用。例如，“函”这一文种，可以在没有隶属关系的机关之间起到沟通、协调的作用，使各个机关形成一个有机的整体，协作完成某项任务。

三、公文的种类

公文种类主要有以下十五种。

（一）决议

决议适用于会议讨论通过的重大决策事项。

（二）决定

决定适用于对重要事项作出决策和部署、奖惩有关单位和人员、变更或者撤销下级机关不适当的决定事项。

（三）命令（令）

命令（令）适用于公布行政法规和规章、宣布施行重大强制性措施、批准授予和晋升衔级、嘉奖有关单位和人员。

（四）公报

公报适用于公布重要决定或者重大事项。

（五）公告

公告适用于向国内外宣布重要事项或者法定事项。

（六）通告

通告适用于在一定范围内公布应当遵守或者周知的事项。

（七）意见

意见适用于对重要问题提出见解和处理办法。

（八）通知

通知适用于发布、传达要求下级机关执行和有关单位周知或者执行的事项，批转、转发公文。

（九）通报

通报适用于表彰先进、批评错误、传达重要精神和告知重要情况。

（十）报告

报告适用于向上级机关汇报工作、反映情况，回复上级机关的询问。

（十一）请示

请示适用于向上级机关请求指示、批准。

（十二）批复

批复适用于答复下级机关请示事项。

（十三）议案

议案适用于各级人民政府按照法律程序向同级人民代表大会或者人民代表大会常务委员会提请审议事项。

（十四）函

函适用于不相隶属机关之间商洽工作、询问和答复问题、请求批准和答复审批事项。

（十五）纪要

纪要适用于记载会议主要情况和议定事项。

四、公文的格式

（一）公文用纸幅面尺寸及版面要求

1. 幅面尺寸

公文用纸采用《印刷、书写和绘图纸幅面尺寸》（GB/T 148—1997）中规定的 A4 型纸，其成品幅面尺寸为 210 mm×297 mm。

2. 版面

（1）页边与版心尺寸：公文用纸天头（上白边）为 37 mm±1 mm、订口（左白边）为 28 mm±1 mm，版心尺寸为 156 mm×225 mm。

（2）字体和字号：如无特殊说明，公文格式各要素一般用 3 号仿宋体字。特定情况可以作适当调整。

（3）行数和字数：一般每面排 22 行，每行排 28 个字，并撑满版心。特定情况可以作适当调整。

（4）文字的颜色：如无特殊说明，公文中文字的颜色均为黑色。

（二）印制装订要求

1. 制版要求

版面干净无底灰，字迹清楚无断划，尺寸标准，版心不斜（误差不超过 1 mm）。

2. 印刷要求

双面印刷；页码套正，两面误差不超过 2 mm，黑色油墨应当达到色谱所标 BL100%，红色油墨应当达到色谱所标 Y80%、M80%；印品着墨实、均匀；字面不花、不白、无断划。

3. 装订要求

公文应当左侧装订；不掉页；两页页码之间误差不超过 4 mm；裁切后的成品尺寸允许误差为±2 mm，四角成 90°，无毛茬或缺损。

公文采用骑马订或平订时的装订要求：

（1）订位为两钉外订眼距版面上下边缘各 70 mm 处，允许误差为±4 mm。

（2）无坏钉、漏钉、重钉，钉脚平伏牢固。

（3）骑马订钉锯均订在折缝线上，平订钉锯与书脊间的距离为 3~5 mm。

包本装订公文的封皮（封面、书脊、封底）与书芯应吻合、包紧、包平、不脱落。

（三）公文格式各要素编排规则

依据《党政机关公文格式》（GB/T 9704—2012），将版心内的公文格式各要素划分为版头、主体、版记三部分。公文首页红色分隔线以上的部分称为版头；公文首页红色分隔线（不含）以下、公文末页首条分隔线（不含）以上的部分称为主体；公文末页首条分隔线以下、末条分隔线以上的部分称为版记。页码位于版心外。

1. 版头

1）份号

如需标注份号，一般用 6 位 3 号阿拉伯数字，顶格编排在版心左上角第一行。

2）密级和保密期限

如需标注密级和保密期限，一般用 3 号黑体字，顶格编排在版心左上角第二行；保密期限中的数字用阿拉伯数字标注。

3）紧急程度

如需标注紧急程度，一般用 3 号黑体字，顶格编排在版心左上角。如需同时标注份号、密级和保密期限、紧急程度，按照份号、密级和保密期限、紧急程度的顺序自上而下分行排列。

4）发文机关标志

由发文机关全称或者规范化简称加“文件”二字组成，也可以使用发文机关全称或者规范化简称。

发文机关标志居中排布，上边缘至版心上边缘为 35 mm，字体推荐使用小标宋体，颜色为红色，以醒目、美观、庄重为原则。

联合行文时，如需同时标注联署发文机关名称，一般应当将主办机关名称排列在前；如有“文件”二字，应当置于发文机关名称右侧，以联署发文机关名称为准上下居中排布。

5）发文字号

编排在发文机关标志下空二行位置，居中排布。年份、发文顺序号用阿拉伯数字标注；年份应标全称，用六角括号“〔〕”括入；发文顺序号不加“第”字，不编虚位（即1不编为01），在阿拉伯数字后加“号”字。

上行文的发文字号居左空一字编排，与最后一个签发人姓名处在同一行。

6）签发人

由“签发人”三字加全角冒号和签发人姓名组成，居右空一字，编排在发文机关标志下空二行位置。“签发人”三字用3号仿宋体字，签发人姓名用3号楷体字。

如有多个签发人，签发人姓名按照发文机关的排列顺序从左到右、自上而下依次均匀编排，一般每行排两个姓名，回行时与上一行第一个签发人姓名对齐。

7）版头中的分隔线

发文字号之下4 mm处居中印一条与版心等宽的红色分隔线。

2. 主体

1）标题

一般用2号小标宋体字，编排于红色分隔线下空二行位置，分一行或多行居中排布；回行时，要做到词意完整、排列对称、长短适宜、间距恰当，标题排列可以使用梯形或菱形。

2）主送机关

编排于标题下空一行位置，居左顶格，回行时仍顶格，最后一个机关名称后标全角冒号。如主送机关名称过多导致公文首页不能显示正文时，应当将主送机关名称移至版记。

3）正文

公文首页必须显示正文。一般用3号仿宋体字，编排于主送机关名称下一行，每个自然段左空二字，回行顶格。文中结构层次序数依次可以用“一、”“（一）”“1.”“（1）”标注；一般第一层用黑体字、第二层用楷体字、第三层和第四层用仿宋体字标注。

4）附件说明

如有附件，在正文下空一行、左空二字编排“附件”二字，后标全角冒号和附件名称。如有多个附件，使用阿拉伯数字标注附件顺序号（如“附件：1. ×××××”）；附件名称后不加标点符号。附件名称较长需回行时，应当与上一行附件名称的首字对齐。

5）发文机关署名、成文日期和印章

（1）加盖印章的公文：成文日期一般右空四字编排，印章用红色，不得出现空白印章。①单一机关行文时，一般在成文日期之上、以成文日期为准居中编排发文机关署名，印章端正、居中下压发文机关署名和成文日期，使发文机关署名和成文日期居印章中心偏下位置，印章顶端应当上距正文（或附件说明）一行之内。②联合行文时，一般将各发文机关署名按照发文机关顺序整齐排列在相应位置，并将印章一一对应、端正、居中下压发文机关署名，最后一个印章端正、居中下压发文机关署名和成文日期，印章之间排列整齐、互不相交或相切，每排印章两端不得超出版心，首排印章顶端应当上距正文（或附件说明）一行之内。

（2）不加盖印章的公文：①单一机关行文时，在正文（或附件说明）下空一行、右空二字编排发文机关署名，在发文机关署名下一行编排成文日期，首字比发文机关署名首字右移二字，如成文日期长于发文机关署名，应当使成文日期右空二字编排，并相应增加发文机关署名右空字数。②联合行文时，应当先编排主办机关署名，其余发文机关署名依次向下编排。

（3）加盖签发人签名章的公文：①单一机关行文时，在正文（或附件说明）下空二行、右空四字加盖签发人签名章，签名章左空二字标注签发人职务，以签名章为准上下居中排布。在签发人签名章下空一行、右空四字编排成文日期。②联合行文时，应当先编排主办机关签发人职务、签名章，其余机关签发人职务、签名章依次向下编排，与主办机关签发人职务、签名章上下对齐；每行只编排一个机关的签发人职务、签名章；签发人职务应当标注全称。签名章一般用红色。

（4）成文日期：用阿拉伯数字将年、月、日标全，年份应标全称，月、日不编虚位（即 1 不编为 01）。

（5）无正文说明：属特殊情况说明，即当公文排版后所剩空白处不能容下印章或签发人签名章、成文日期时，可以采取调整行距、字距的措施解决；如不能解决，可标注“（此页无正文）”，标注在另起一页第三行左空两字位置。

6）附注

如有附注，居左空两字加圆括号编排在成文日期下一行。

7）附件

附件应当另页编排，并在版记之前，与公文正文一起装订。“附件”二字及附件顺序号用 3 号黑体字顶格编排在版心左上角第一行。附件标题居中编排在版心第三行。附件顺序号和附件标题应当与附件说明的表述一致。附件格式要求同正文。

如附件与正文不能一起装订，应当在附件左上角第一行顶格编排公文的发文字号并在其后标注“附件”二字及附件顺序号。

3. 版记

1）版记中的分隔线

版记中的分隔线与版心等宽，首条分隔线和末条分隔线用粗线（推荐高度为 0.35 mm），中间的分隔线用细线（推荐高度为 0.25 mm）。首条分隔线位于版记中第一个要素之上，末条分隔线与公文最后一面的版心下边缘重合。

2）抄送机关

如有抄送机关，一般用 4 号仿宋体字，在印发机关和印发日期之上一行、左右各空一字编排。“抄送”二字后加全角冒号和抄送机关名称，回行时与冒号后的首字对齐，最后一个抄送机关名称后标句号。

如需把主送机关移至版记，除将“抄送”二字改为“主送”外，编排方法同抄送机关。既有主送机关又有抄送机关时，应当将主送机关置于抄送机关之上一行，之间不加分隔线。

3）印发机关和印发日期

印发机关和印发日期一般用4号仿宋体字，编排在末条分隔线之上，印发机关左空一字，印发日期右空一字，用阿拉伯数字将年、月、日标全，年份应标全称，月、日不编虚位（即1不编为01），后加“印发”二字。

版记中如有其他要素，应当将其与印发机关和印发日期用一条细分隔线隔开。

4. 页码

一般用4号半角宋体阿拉伯数字，编排在公文版心下边缘之下，数字左右各放一条一字线；一字线上距版心下边缘7 mm。单页码居右空一字，双页码居左空一字。公文的版记页前有空白页的，空白页和版记页均不编排页码。公文的附件与正文一起装订时，页码应当连续编排。

（四）公文的特定格式

1. 信函格式

（1）发文机关标志使用发文机关全称或者规范化简称，居中排布，上边缘至上页边为30 mm，推荐使用红色小标宋体字。联合行文时，使用主办机关标志。

（2）发文机关标志下4 mm处印一条红色双线（上粗下细），距下页边20 mm处印一条红色双线（上细下粗），线长均为170 mm，居中排布。

（3）如需标注份号、密级和保密期限、紧急程度，应当顶格居版心左边缘编排在第一条红色双线下，按照份号、密级和保密期限、紧急程度的顺序自上而下分行排列，第一个要素与该线的距离为3号汉字高度的7/8。

（4）发文字号顶格居版心右边缘编排在第一条红色双线下，与该线的距离为3号汉字高度的7/8。

（5）标题居中编排，与其上最后一个要素相距二行。

（6）第二条红色双线上一行如有文字，与该线的距离为3号汉字高度的7/8。

（7）首页不显示页码。

（8）版记不加印发机关和印发日期、分隔线，位于公文最后一面版心内最下方。

2. 命令（令）格式

（1）发文机关标志由发文机关全称加“命令”或“令”字组成，居中排布，上边缘至版心上边缘为20 mm，推荐使用红色小标宋体字。

（2）发文机关标志下空二行居中编排令号，令号下空二行编排正文。

（3）签发人职务、签名章和成文日期的编排如附图12。

3. 纪要格式

（1）纪要标志由“×××××纪要”组成，居中排布，上边缘至版心上边缘为35 mm，推荐使用红色小标宋体字。

（2）标注出席人员名单，一般用3号黑体字，在正文或附件说明下空一行左空二字编排“出席”二字，后标全角冒号，冒号后用3号仿宋体字标注出席人单位、姓名，回行时与冒号后的首字对齐。

（3）标注请假和列席人员名单，除依次另起一行并将“出席”二字改为“请假”或“列席”外，编排方法同出席人员名单。

（4）纪要格式可以根据实际制定。

（五）式样

公文式样见附录。

五、行文规则

（一）行文应讲求实效，注重针对性和可操作性

行文关系根据隶属关系和职权范围确定。一般不得越级行文，特殊情况需要越级行文的，应当同时抄送被越过的机关。

同级党政机关、党政机关与其他同级机关必要时可以联合行文。属于党委、政府各自职权范围内的工作，不得联合行文。党委、政府的部门依据职权可以相互行文。部门内设机构除办公厅（室）外不得对外正式行文。

（二）向上级机关行文时应遵循的规则

（1）原则上主送一个上级机关，根据需要同时抄送相关上级机关和同级机关，不抄送下级机关。

（2）党委、政府的部门向上级主管部门请示、报告重大事项，应当经本级党委、政府同意或者授权；属于部门职权范围内的事项应当直接报送上级主管部门。

（3）下级机关的请示事项，如需以本机关名义向上级机关请示，应当提出倾向性意见后上报，不得原文转报上级机关。

（4）请示应当一文一事。不得在报告等非请示性公文中夹带请示事项。

（5）除上级机关负责人直接交办事项外，不得以本机关名义向上级机关负责人报送公文，不得以本机关负责人名义向上级机关报送公文。

（6）受双重领导的机关向一个上级机关行文，必要时抄送另一个上级机关。

（三）向下级机关行文时应遵循的规则

（1）主送受理机关，根据需要抄送相关机关。重要行文应当同时抄送发文机关的直接上级机关。

（2）党委、政府的办公厅（室）根据本级党委、政府授权，可以向下级党委、政府行文，其他部门和单位不得向下级党委、政府发布指令性公文或者在公文中向下级党委、政府提出指令性要求。需经政府审批的具体事项，经政府同意后可以由政府职能部门行文，文中须注明已经政府同意。

(3) 党委、政府的部门在各自职权范围内可以向下级党委、政府的相关部门行文。

(4) 涉及多个部门职权范围内的事务，部门之间未协商一致的，不得向下行文；擅自行文的，上级机关应当责令其纠正或者撤销。

(5) 上级机关向受双重领导的下级机关行文，必要时抄送该下级机关的另一个上级机关。

第二节 决　议

决议多用于国家领导机关就重要事项，经会议讨论通过其决策，并要求进行贯彻执行的重要指导性公文，是应用写作重点研究的文体之一。

一、决议的概念

依据《条例》规定，决议适用于会议讨论通过的重大决策事项。

二、决议的分类

决议一般分为五种类型。

(一) 阐述性决议

阐述性决议指将某些重大结论的具体内容加以展开阐述时使用的一种公文，属于针对某一专题性问题作充分说明的大型公文，具有极大的权威性和指挥性。

(二) 纪要性决议

纪要性决议指会议对某一重要事项或对某一系列事项作出的决议。

(三) 公布性决议

公布性决议指为公布某项法规、提案而使用的决议。

(四) 部署性决议

部署性决议指用于发布经会议通过并要求贯彻执行的重要决策事项的决议。

(五) 批准性决议

批准性决议指国家或党政机关会议对议案表示肯定或否定意见的决议文件，目的是公布议案的进程、结果。这种类型的决议又被称为“认可性决议”。

三、决议的特点

(一) 权威性

决议是经过党的会议讨论通过才能生效并由党的领导机关发布的，是党的领导机关意志的反映。决议的内容事关重要决策事项，一经公布，全党、全国上下都必须执行。

(二) 指导性

决议表述的观点和对事项的评价都具有指导意义。

四、决议的拟写

决议共由三大部分组成，即标题、成文日期和正文。

（一）标题

决议的标题通常有以下三种形式：

（1）发文机关+主要内容+文种。

（2）会议名称+主要内容+文种。

（3）主要内容+文种。

（二）成文日期

决议的成文日期需加括号写于标题之下居中位置。具体写法有以下两种：

（1）如果公文标题中已包括会议名称，括号内只需写明"××××年××月××日通过"字样即可。

（2）如果公文标题中没有会议名称，括号内要写明"××委员会第×次会议××××年××月××日通过"字样。

（三）正文

决议的正文由开头、主体、结尾三部分组成。

1. 开头

决议的正文开头，一般简要说明有关会议审议决议涉及事项的情况，陈述作出决议的原因、根据、背景、目的或意义。

2. 主体

决议主体部分的内容比较复杂，因此写法也较灵活：如果是批准事项或通过文件的决议，相对比较简单，这部分多是强调意义，提出号召和要求；如果是安排工作的决议，要写明工作的内容、措施、要求。内容复杂时，要明确分出层次并列出各层次的小标题，或者分条撰写；如果是阐述原则问题的决议，主体部分要有较多的议论，多采用夹叙夹议的写法，把道理说深说透。

3. 结尾

结语一般紧扣决议事项，有针对性地提出希望号召和执行要求。有的决议可自行结尾，不单列这部分。

五、决议的写作要求

（一）文风庄重严谨

忠于会议的主旨，把握会议的中心。写作上要叙议结合，定性准确，评价恰当，激发人们执行决议的积极性和自觉性。

（二）文字简明扼要

一般不写过程，只写清楚什么时间、召开什么会议、作出了什么决议就行，重点放在决议事项上。当然，内容是否简明扼要，并不是要以篇幅长短作为衡量标准，决议篇幅是长是短，要根据决议的内容和担负的任务来定。

（三）格式书写规范

标题、通过决议日期、会议名称、决议正文等，都应按决议的规范标准去写。决议为普发性公文，一般没有主送机关和落款。

（四）注意成文的时效性

一般决议都要在会议期间提交讨论通过，因此时间性强，要求成文迅速、及时。

【参考示例】

第十三届全国人民代表大会第四次会议
关于政府工作报告的决议

（2021 年 3 月 11 日第十三届全国人民代表大会第四次会议通过）

第十三届全国人民代表大会第四次会议听取和审议了国务院总理李克强所作的政府工作报告。会议高度评价“十三五”时期我国经济社会发展取得的历史性成就，充分肯定国务院过去一年的工作，同意报告提出的“十四五”时期主要目标任务和 2021 年经济社会发展的总体要求、主要目标和工作部署，决定批准这个报告。

会议号召，全国各族人民更加紧密地团结在以习近平同志为核心的党中央周围，高举中国特色社会主义伟大旗帜，以习近平新时代中国特色社会主义思想为指导，全面贯彻党的十九大和十九届二中、三中、四中、五中全会精神，增强“四个意识”、坚定“四个自信”、做到“两个维护”，坚持稳中求进工作总基调，立足新发展阶段，贯彻新发展理念，构建新发展格局，以推动高质量发展为主题，以深化供给侧结构性改革为主线，以改革创新为根本动力，以满足人民日益增长的美好生活需要为根本目的，坚持系统观念，巩固拓展疫情防控和经济社会发展成果，更好统筹发展和安全，扎实做好“六稳”工作、全面落实“六保”任务，保持经济运行在合理区间，促进经济社会持续健康发展，同心协力、拼搏进取、扎实工作，确保“十四五”开好局起好步，以优异成绩庆祝中国共产党成立 100 周年。

第三节　决　　定

“决定”一词语出《史记·龟策列传》：“王者决定诸疑，参以卜筮，断以蓍龟，不易之道也。”决定是指对如何行动做出主张、判定。

一、决定的概念

依据《条例》规定，决定适用于对重要事项作出决策和部署、奖惩有关单位和人员、变更或者撤销下级机关不适当的决定事项。要求机关各部门和下级机关或有关单位贯彻执行或知晓的指令性公文。

二、决定的分类

根据具体用途和内容的不同，决定一般有以下几类。

（一）法规性决定

法规性决定用于发布权力机关制定、修订或试行的法律文件以及由政府部门制定的行政法规，如《全国人民代表大会常务委员会关于修改〈中华人民共和国国徽法〉的决定》。

（二）部署性决定

这类决定是针对某方面的工作、某一类问题或某项重大行动所作出的安排，如《国务院关于第六批取消和调整行政审批项目的决定》。这类决定具有指示、计划的性质和法规性、权威性、指导性的特点，要求有关方面必须认真贯彻执行。

（三）知照性决定

知照性决定用于宣布重大事项，一般只需受文者知晓，无须办理。知照性决定主要用于表彰先进、处理有关事件与人员、设置机构、安排人事、公布重要事项等。这类决定的篇幅较短，开门见山，简洁明了，如《第十三届全国人民代表大会第三次会议关于确认全国人民代表大会常务委员会接受×××辞去第十三届全国人民代表大会常务委员会委员职务的请求的决定》。

（四）奖惩性决定

奖惩性决定用于表彰或处分某项工作中有关的单位和人员，目的是扩大影响，如《中共江苏省委　江苏省人民政府关于表彰××××年全省防汛抗洪工作先进集体和先进个人的决定》

三、决定的特点

（一）重要性

决定主要是针对单位全局性、普遍性、倾向性问题作出决策，在内容上，比通知等文种更为重要。

（二）法规性

决定作出的安排和决策具有很高的权威性、法规性和很强的约束力，要求所属单位和人员必须贯彻执行，不容违反，无论是安排重要事项的决定，还是作出重大决策的决定，都是受文单位统一思想、统一行动的准绳，都必须按决定办事。

（三）长效性

决定这一文种所确定的是一些重大事项和问题，有些是对重大的历史问题做出结论，有些是对某个方面做出的带方针政策性的规定，时效性较长。因此，决定往往对单位工作有着长远的指导意义，特别是成为历史文献的决定，其价值具有永久性。

四、决定的拟写

决定一般由标题、正文和落款三部分组成。

（一）标题

决定的标题一般要求三要素俱全即作出决定的机关或通过决定的会议名称+决定的事由+文种。

（二）正文

1. 要素组成

决定的正文一般由决定依据、决定事项、结语三部分构成。

1）决定依据

决定依据部分应写明发布决定的原因、目的、根据、背景或意义。内容较少、涉及大家比较熟悉的工作决定，这部分可略写。对大家不熟悉的，事关重大的工作决定，这一部分应讲清楚、讲透彻，以使受文方充分理解行文意图，更好地去贯彻执行决定。

2）决定事项

决定事项是决定的主要部分，要写明决定事项的具体内容，诸如对某项工作确定的原则、提出的要求、做出的规定、提出的措施办法；对某事某人表明的态度、做出的安排或处置；对某一文件表示批准的意见等。根据不同情况，这部分内容可多可少，或长或短，都要写得明确具体、态度鲜明、行文干脆、语言准确、简明。

3）结语

结语，简要提出希望或号召，是对决定事项的强调或补充，以唤起受文方对决定事项的重视；有的决定可不单写结语部分，而将其内容列入决定事项之中。

2. 不同类型决定的正文写作

部署性决定的正文，首先要说明决定的根据和目的，之后用“特作如下决定”引出决定事项。决定事项常常采用分条列项式的写法，讲清要点，以便于下级机关理解执行。最后再提出执行的要求，如“上述决定望认真执行”等。

知照性决定的正文，要先写清知照的依据（何时、何会、研究决定），接着是决定知照的事项，一般没有执行要求，往往是一段到底，不列条目。

奖惩性决定的正文，有别于部署性决定，其正文由奖惩事实、分析评价、决定内容和希望要求四部分组成。首先，应写清奖惩的事实依据，之后对具体事实的意义和性质做恰如其分和简明扼要的分析评价，然后写明奖惩和处分的决定内容，并说明是何时、何会做出的决定。结尾部分提出希望和要求，以突出决定特有的导向作用。

3. 正文结构

决定正文的结构可以根据内容的多少，分别采用篇段合一式、总分条文式或者板块式。

（1）篇段合一式：对于内容单一的决定，用一两句话将决定的根据和决定的事项说明即可。

（2）总分条文式：有的决定，事项较多，为使条理清楚，叙述简明，把决定下来的若干问题，按主次列出若干条或者若干项，并用数码标明，一段讲一件事或阐明一个中心问题。一般来说，条文式不要求段与段之间紧密衔接，一段一个内容，一段一个层次，条理清楚明了即可。

（3）板块式：板块结构法多用于阐述性较强的决定。这种写法，就是把全文分成几个部分，每一部分叙述一个中心意思。

（三）落款

凡会议通过的决定，通常在标题之下加括号签注通过决定的会议名称和通过时间。由领导人签发的决定，则在正文后写明发文机关和成文时间。

这里特别要说明的是，有关表彰和处分的决定，一般由标题、正文、制发机关和制发时间组成。正文包括受表彰或惩处的情况，主要事迹或错误事实，决定的事项。这类决定一般都附有典型材料或案情调查报告。

五、决定的写作要求

（一）依据正文写缘由

决定是上级机关发出的带指导性的重要实用文书，起草时必须依据党中央、国务院和应急管理部的方针政策和有关法律法规，结合所属队伍、单位具体情况，强调合法、合理、合情。

（二）根据事实写精神

事实材料是提炼、概括、抽象出理论原则、基本精神的前提和基础，必须忠于事实，从客观现实出发，不可随意发挥或主观臆断。

（三）切合实际写要求

发出决定的目的是要让下级贯彻执行，以指导面上的工作，所以一定要从当前单位工作的实际出发，有针对性地提出要求、措施。

【参考示例】

中共××省委　××省人民政府
关于表彰××××年全省防汛抗洪工作先进集体和先进个人的决定

（××××年×月×日）

××××年，我省长江、太湖流域发生大洪水，沂沭河发生60年来最大洪水。面对严峻复杂的汛情形势，全省上下深入学习贯彻习近平总书记关于防汛救灾工作的重要讲话指示精神，全面贯彻落实党中央、国务院决策部署，坚持人民至上、生命至上，周密部署、科学应对，勠力同心、众志成城，切实筑牢“工程、预案、应急”三道防线，全面落实防汛抗灾各项措施，实现无水利工程失事、无人员伤亡、无重大灾害损失，夺取了防汛抗洪斗争的全面胜利，确保了人民群众生命财产安全。

在防汛抗洪斗争中，全省各级党委政府紧急动员、积极行动，各级领导干部深入一线、靠前指挥，各级防指科学研判、精准调度，各有关部门全力以赴、同舟共济，广大军民万众一心、众志成城，尤其是一线工作人员闻令而动、敢打硬仗，形成抗御洪涝灾害的强大合力，涌现出一大批可歌可泣、催人奋进的先进集体和先进个人。他们身上集中展现的“忠诚担当、团结拼搏，不畏艰险、敢于胜利”的优质品质，是伟大抗洪精神的生动体现，也是加快建设“强富美高”新江苏的强大动力。

为表彰先进、弘扬正气，充分发挥典型示范作用，激发全省广大干部群众干事创业的责任感和使命感，省委、省政府决定，授予南京市防汛抗旱指挥部等120个集体“全省防汛抗洪工作先进集体”称号，授予×××等260名同志“全省防汛抗洪工作先进个人”称号，予以通报表彰。

希望受到表彰的先进集体和先进个人珍惜荣誉、再接再厉，充分发挥模范带头作用，为党和人民事业作出新的更大贡献。全省广大干部群众要以习近平新时代中国特色社会主义思想为指导，深入学习贯彻国家领导人视察江苏重要讲话指示精神，牢记总书记对江苏提出的“争当表率、争做示范、走在前列”的谆谆嘱托，以受到表彰的先进集体和先进个人为榜样，增强“四个意识”、坚定“四个自信”、做到“两个维护”，更加紧密地团结在以习近平同志为核心的党中央周围，不忘初心、牢记使命，顽强拼搏、锐意进取，为开启全面建设社会主义现代化新征程、加快“强富美高”新江苏建设而不懈奋斗。

附件：1. ××××年全省防汛抗洪工作先进集体名单
2. ××××年全省防汛抗洪工作先进个人名单

中共××省委办公厅
××××年×月×日

附件（略）

第四节　命　令（令）

命，其词义为“使”，有“使人为事”之意，作为公文，始于商朝和西周，当时以王的意志为中心的“王命文书”，都是“命”的公务文书。令，其义与“命”相似，但还有“告诫”的意思，作为正式公文使用，始于战国时期。

一、命令（令）的概念

依据《条例》规定，命令（令）适用于公布行政法规和规章、宣布施行重大强制性措施、批准授予和晋升衔级、嘉奖有关单位和人员，是法定的领导机关或领导人对下级发布的具有强制性、权威性和指令性的公文。

二、命令（令）的分类

命令（令）一般分为六种类型。

（一）公布令

公布令即颁布令，是命令中属于国家最高权力机关或国家元首根据国家最高权力机关的决定，颁布宪法、法律、法令以及其他法规新文件而采用的一种公文体裁。

（二）行政令

行政令指国务院及其各部门、县以上人民政府采取重大强制性措施时使用的文种。

（三）嘉奖令

嘉奖令指宣布奖励事宜时使用的一种公文。

（四）任免令

任免令指对国家权力机关的干部任免时使用的一种公文。

（五）惩处令

惩处令指特定权力机关对违法者进行惩处的命令。惩处令主要用于司法机关，党政机关和社会团体对违法、违规者进行惩处，在撰写惩处令时通常以决定的形式拟文。

（六）撤销令

撤销令指用于撤销下级机关或下级机关不适当的决定时下达的命令。

三、命令（令）的特点

（一）内容的权威性和强制性

命令（令）是一种具有强制执行性质的指挥性、领导性公文，命令涉及的事项在文字表述上要具有使人信服的力量和威望，让人不产生怀疑。一旦下达，受命者必须绝对服从。

（二）发布者的规定性

不是所有上级机关或领导都可以对下级机关或个人发布命令。根据我国《宪法》规定，国家主席、全国人民代表大会常务委员会委员长、国务院、国务院总理及各级人民政府、省长、市长等，才有发布命令（令）的职权。消防救援队伍各级机关的主官可按其权限范围以命令（令）行文外，其他任何单位、部门或个人均无权下达书面命令（令）。

（三）很强的时效性

时效性表现在两个方面：一是公布性命令（令），均标明实施时间；二是针对某种特殊且重大的事项而采取的强制性行政措施时发布的命令（令），一旦完成任务应自动失效。

四、命令（令）的拟写

命令（令）一般由标题、发文字号、开头、主体、结尾、落款几部分组成。

（一）标题

命令的标题通常有如下四种形式：

（1）发文机关+事由+文种，例如：四川省人民政府森林草原防火令。

（2）发文机关+文种，例如：中华人民共和国应急管理部令。

（3）事由+文种，例如：向全国进军的命令。

（4）文种。

（二）发文字号

命令（令）的发文字号有两种写法：一种是由机关代字、年份、序号组成；另一种以令号（发文机关发布命令（令）的顺序号）代替发文字号。

（三）正文

命令（令）的正文由开头、主体、结尾三个部分组成。

1. 开头

开头写明命令（令）发布的缘由，即发布命令（令）的原因、目的、根据和意义。

2. 主体

主体即命令（令）事项。要求准确地写出决断性、强制性的规定或措施。

3. 结尾

结尾通常写明对命令（令）事项的补充说明或向受命者提出希望和要求。有些命令（令）根据内容要求可不写执行要求，言尽即止。

命令（令）一般篇幅较短，文字精练；其结构形式，通常按内容层次分段拟写。有些内容较简单的命令（令），可不分段。任免干部的命令，按照姓名、职务、级别或衔级逐行并列写清即可。命令（令）结束语视情况而定，有的可强调执行要求，单列一个自然段；有的则与主体内容合并。

五、命令（令）的写作要求

（一）必须按权限规定行文

不论哪一级领导，发布哪一种内容的命令（令），一定要按规定的权限实施，一般不能越权下达命令（令）。

（二）必须具有严肃认真的工作态度

要严格按照上级指示或决定办事。

（三）文字要准确

命令（令）具有高度的原则性和强制性，执行者必须坚决服从。拟写时，文字表达必须准确，不能使用易发生歧义的字、词。

（四）语言要朴实

命令（令）是一种法规性实用文书，尽量不用修饰性词语，词、句都要体现出法规性实用文书的严肃性。

【参考示例】

中华人民共和国主席令

（第二十九号）

《全国人民代表大会常务委员会关于修改〈中华人民共和国建筑法〉等八部法律的决定》已由中华人民共和国第十三届全国人民代表大会常务委员会第十次会议于2019年4月23日通过，现予公布，《中华人民共和国商标法》的修改条款自2019年11月1日起施行，其他法律的修改条款自本决定公布之日起施行。

中华人民共和国主席　习近平

2019年4月23日

【参考示例】

××省人民政府森林防火命令

为预防和扑救森林火灾，保障人民生命财产安全，保护森林资源，优化生态环境，确保不发生重大森林火灾，根据《森林防火条例》发布如下命令。

一、全省春季森林防火期为每年3月15日至6月15日，其中4月20日至5月31日为森林高火险期；秋季森林防火期为每年9月15日至11月30日，其中10月1日至10月31日为森林高火险期。

二、各级人民政府要全面执行森林防火工作行政首长负责制，各级人民政府领导下的部门及单位领导要全面落实森林防火责任。各相关责任单位和责任人要采取签订森林防火责任状、划定森林防火责任区等方式逐级落实森林防火责任。

三、森林防火区由县级以上人民政府进行确定，并向社会公布。

四、森林防火期内，县级以上人民政府林业行政主管部门要和当地气象部门建立联合火险会商和发布制度，及时向社会公众预警。森林防火基层组织要采取悬挂防火预警旗、设置警示标识等方式确保预警信号发布到位。

五、森林防火期内，林区各单位、住户及进入林区人员必须严格执行下列规定：

（一）森林高火险期，森林防火区内禁止一切野外用火；

（二）森林防火区内野外生产用火，须向当地县级人民政府或其他授权单位提出用火申请，经审查批准后，领取野外生产用火许可证。未经批准，任何单位和个人不得在森林防火区内擅自野外用火；

（三）森林防火区内严禁野外吸烟、上坟烧纸、烧香、燃放鞭炮、野外取暖、野炊及其他野外非生产用火；

（四）森林防火区内严禁烧荒、点烧秸秆等农事用火；

（五）严禁携带取火工具或易燃易爆物品进入森林防火区；

（六）严禁火车、机动车司乘人员和乘客在森林防火区内向车外抛掷未熄灭火源；

（七）进入森林防火区车辆、人员必须办理相关手续，接受森林防火检查，自觉履行森林防火义务，遵守森林防火规定。

凡违反以上规定的，县级人民政府林业行政主管部门依据《森林防火条例》给予相应处罚。对在森林防火区内上坟烧纸和野外吸烟者，公职人员一律开除公职；非公职人员一律从重给予经济处罚；对在场不予制止或制止不力的领导干部一律给予行政处分；对引起火灾造成严重后果的，一律依法追究刑事责任。

六、各地要开展森林火灾隐患大检查。发现问题限期整改，对拒不整改的，要依法严肃处理。

七、各类森林消防队伍要做好扑火准备，一旦出现火情，立即开展扑救。

八、各级森林防火指挥部成员单位及相关部门和单位要进一步完善应急联动机制。林区毗邻单位要签订联防协议，落实联防责任。

九、各级林业公安、检察、法院机关要坚持依法行政、依法治火，高效查处、审理森林火灾案件，做到每案必查、违法必究。

十、各级森林防火机构和责任单位要严格执行24小时值班和领导带班制度。任何单位和个人发现森林火情，应当立即拨打12119森林火警电话报警。

特此命令。

××省人民政府

××××年×月×日

第五节　公　　告

公告是党政公文的主要文种之一，它和通告都属于发布范围广泛的晓谕性文种。它必须由特定的国家机关制发，庄重严肃，所涉及内容重大而且多能引人关注。

一、公告的概念

依据《条例》规定，公告适用于向国内外宣布重要事项或者法定事项的公文。

二、公告的分类

公告一般分为三种类型。

（一）事项性公告

事项性公告用于公布需要社会和群众广为周知的公务事项，并提出规定和要求的公告。事项性公告主要包括重要事项公告和法定事项公告。

1. 重要事项公告

重要事项公告是指凡是用来宣布有关国家的政治、经济、军事、科技、教育、人事、外交等方面需要告知全民的重要事项的，都属此类公告。常见的有国家重要领导岗位的变动，领导人的出访或其他重大活动，重要科技成果的公布，重要军事行动等。例如，全国人大常务委员会关于确认全国人大代表资格的公告，新华社授权宣布我国将进行向太平洋发射运载火箭试验的公告，都属此类公告。

2. 法定事项公告

法定事项公告是指依照有关法律和法规的规定，一些重要事情和主要环节必须以公告的方式向全民公布。例如，《中华人民共和国专利法》第39条规定，发明专利申请经实质审查没有发现驳回理由的，专利局应当做出审定，予以公告；《中华人民共和国企业破产法（试行）》第九条规定，人民法院受理破产案件后，应当在十日内通知债务人并且发布公告；《国务院公务员暂行条例》第16条规定，录用国家公务员要发布招考公告；《中华人民共和国民事诉讼法》规定，发布的公告种类繁多，有通知权利人登记公告、送达公告、开庭公告、宣告失踪、宣告死亡公告、财产认领公告、强制迁出房屋、强制退出土地公告等。

（二）知照性公告

知照性公告是用来公布重大事项，只需要被告知者知道公告内容的公告，如《毛主席宣布中华人民共和国中央人民政府成立的公告》。

（三）强制性公告

强制性公告是公告某一事项，并强制对方执行的公告，如《封海公告》。

三、公告的特点

（一）发文权力的限制性

由于公告宣布的是重大事项和法定事项，发文的权力被限制在高层行政机关及其职能部门的范围之内。具体说，国家最高权力机关（人大及其常委会），国家最高行政机关（国务院）及其所属部门，各省市、自治区、直辖市行政领导机关，某些法定机关，如税务局、海关、铁路局、人民银行、检察院、法院等，有制发公告的权力。其他地方行政机关，一般不能发布公告。党团组织、社会团体、企事业单位，不能发布公告。

（二）发布范围的广泛性

公告是向国内外发布重要事项和法定事项的公文，其信息传达范围有时是全国，有时是全世界。譬如，中国曾以公告的形式公布中国科学院院士名单，一方面确立他们在我国科学界学术带头人地位，另一方面尽力为他们争取在国际科学界的地位。这样的公告肯定会在世界科学界产生一定的影响。中国有关部门还曾在《人民日报》上刊登公告，公布中国名酒和中国优质酒的品牌、商标和生产企业，以便消费者能认清名牌。

（三）题材的重大性

公告的题材，必须是能在国内外产生一定影响的重要事项，或者依法必须向社会公布的法定事项。公告的内容庄重严肃，体现着国家权力部门的威严，既要能够将有关信息和政策公之于众，又要考虑在国内外可能产生的政治影响。一般性的决定、指示、通知的内容，都不能用公告的形式发布，因为它们很难具有全国和国际性的意义。

（四）内容和传播方式的新闻性

公告有一定的新闻性特点。所谓新闻，就是对新近发生的、群众关心的、应知而未知的事实的报道。公告的内容，都是新近的、群众应知而未知的事项，在一定程度上具有新闻的特点。公告的发布形式也有新闻性特征，它一般不用红头文件的方式传播，而是在报刊上公开刊登。

四、公告的拟写

公告一般由标题、正文、签署、落款和编号五个部分组成。

（一）标题

公告的标题主要有三种形式：

（1）发文机关+文种，例如：全国人民代表大会公告、××银行公告。

（2）事由+文种，例如：××银行关于××的公告。如对同一时间需要连续公告，要在标题之下，用圆括号依次编制文号。

（3）只写公文文种“公告”二字，而将发文机关的名称置于正文之后。

（二）正文

公告的正文一般包括两层内容：

（1）发布公告的缘由。可以有选择地交代公告发布的背景、根据、目的等，要写得简明扼要。

（2）发布的事项。这是公告的核心部分，必须用精练、准确、得体的语言把需要公布的事项表述清楚。如果这部分内容较多，可以分段列项来写。

（三）签署

签署，即在正文之下写上发布公告机关名称的全称，若以个人名义发布，在姓名前面要冠以职务名称。

（四）落款

以“公告”作标题时，应写明发布公告的单位名称及时间。如发布公告的单位名称在标题中已出现，则可省略。

（五）编号

公告一般不编号，但当某一次会议或某一项专门事项需要连续发布几个公告时，则应在标题下单独编号。

五、公告的写作要求

（一）文字要严谨，语气要庄重

因为发布公告的主体代表国家党政机关和部门，对象是国内外的人民群众和有关机构，具有严肃、庄重、权威的特点，所以公告的行文要缜密，语气要庄重，条理要清楚。

（二）简明扼要，言简意赅

公告的内容为重要或重大事项，而且常以报刊、广播、电视、张贴等形式公开发表，所以写作时要直陈其事、一事一告、就实公告，一般不发议论、不抒情。

【参考示例】

封海公告

部队计划近期在雷州半岛以西海域组织实弹打靶，打靶时间及火力覆盖范围如下：①7月25日—7月27日，火力覆盖黄色海域；②7月28日—8月2日，火力覆盖绿色海域。届时将禁止相应海域一切海上航行及渔业作业，船只须停泊港内禁止出海，如有擅自出海造成危险者，后果自负。此次打靶覆盖范围广，弹药威力大，擅自出海被误炸误伤的危险极大，望驻地广大人民群众对自身生命财产安全负责，切勿擅自出海，因实弹打靶带来的不便请谅解，相关内容请相互转告。

附图（略）

中国人民解放军×××××部队

××××年×月××日

第六节 通 告

通告，语义为普遍的通知，也指普遍通知的文告。作为一种公文种类具有鲜明的告知性，属于知照性下行文。

一、通告的概念

依据《条例》规定，通告适用于在一定范围内公布应当遵守或者周知的事项。使用面比较广泛，一般机关、企事业单位甚至临时性机构都可使用，但强制性的通告必须依法发布，其限定范围不能超过发文机关的权限。

二、通告的分类

通告从内容上可分为制约性通告和知照性通告两类。

（一）制约性通告

在一定范围内，针对某一方面问题公布政策法规或规范意见，并提出相应要求，使受文单位与个人广为周知并强制遵守。

（二）知照性通告

该通告只在一定范围内的机关、团体及人员公布应遵守有关事项时使用，仅要求有关部门、单位和个人广为周知和遵照执行，多是一些一般性的事务性事项。

三、通告的特点

由于通告也具有公开性质，通常可以在一定范围内采用张贴、登报或通过新闻媒介的形式予以发布。它的特点是通俗简明、庄重严肃、应用广泛。

（一）通俗性

与其他各类行政公文比较，通告的阅读者较为广泛，通告对象的层次也较为复杂，因此通告内容都要求通俗易懂、简洁明白，少用专业术语，多用大众语言，以适应通告阅读对象不同的文化水平。

（二）法规性

一些重要的通告对某些应当遵守的事项所作出的规定性条文，是具有政策法规性效力和约束作用的，这一类通告通常由机关发布，强制有关单位、个人遵守。

（三）广泛性

通告的适用范围较大，从政治生活到社会活动，从经济领域到文化领域，都可以应用通告的形式，公布要求在一定范围内应当遵守或周知的事项，一般没有特指的受文对象。

四、通告的拟写

通告的内容由标题、正文、署名和日期组成。

（一）标题

通告标题的写法有三种形式：

（1）发文机关+事由+文种名称，或发文机关+文种名称。例如：中华人民共和国应急管理部关于人员密集场所防范重大消防安全风险加强消防安全管理的通告、四川省消防救援总队发布关于加强消防车通道管理的通告。

（2）关于+××××（事由）+通告。例如：关于申报××市××××年消防安全重点单位的通告、关于开展高层建筑消防安全突出问题专项整治打通“生命通道”集中清障行动的通告。

（3）只写明文种，如遇特别紧急情况可在前面加上“紧急”二字。例如：通告、紧急通告。

采用何种形式的标题，要根据实际情况而定，没有硬性规定。

（二）正文

正文是通告的主体部分，一般包括通告缘由、通告事项、通告结语三部分内容。

1. 通告缘由

通告缘由主要阐述发布通告的背景、根据、目的、意义等。通告常用的特定承启句式“为……，特通告如下”或者“根据……，决定……，特此通告”引出通告的事项。

2. 通告事项

这是通告主体部分的核心内容。写明所发通告事项的内容，要求有关单位或个人了解并遵守，必须写得内容集中、中心突出，便于受文单位掌握领会和遵守。可以分段写，也可以分条写，必须简明准确、条分缕析，便于执行。

3. 通告结语

结语的形式众多，但一般都以十分简练、明了的规范语结束，如“特此通告”“此通告”等。但也有提出执行要求来作结语的，如“以上各点，望遵照执行”。也有用说明执行时间作结束语的，如“本通告自公布之日起执行”。如果通告中的条款内容与当时的有关规定相冲突，还有用注释作结语的，如“通告中内容与××××有悖之处，均以本通告为准”，或“凡现行有关规定，与本通告相抵触的均以本通告为准”。有的提出宣传要求或者提出奖惩要求作结束语，这都是可行的。还有通告事项列完即收，不用结语的，也是可以的。

（三）署名和日期

通告是具有权威性的官方知照类公文，加上时效性的特征，这就决定了通告一定要署上发文机关和发文时间并鉴印。如果标题中已标明发文机关，可只写发文时间，但不规范。有的发文时间在标题之下，不鉴印，也不规范。

通告的内容在不同类型通告中表现得并不一样，都有各自的特色和语气。这就需要拟写者在拟写中根据实际情况，与时俱进，不断创新。

五、通告的写作要求

（一）通告依据应合法、合理、合情，由大到小分层排列

通告依据主要是阐明发布通告的缘由、目的、意义，做到“师出有名”“言之有据”。这部分一定要少而精，首先要把通告的法律、法规依据写清，其次要把事理讲明，还要兼顾“合情”，即符合社会生活习惯和人之常情。要达到快速构思，可以按下列方法进行：

（1）通告事项所依据的“法”：国家法规、制度；党、政、军的方针、指示、决定；地方性法规规定；本单位规章制度；有关行业管理规定。

（2）通告事项所依据的“理”：定理、公理、常理、道理。

（3）通告事项所依据的“情”：常情、习惯。在思考这些的过程中，将有关内容按照由大到小的顺序分层次排列，然后根据通告事项迅速选择确定。

（二）通告事项应规定严明，逻辑联系完整

通告事项要便于有关方面领会遵守，因此可行性要充分，可操作部分要具体。为了使通告事项前后联系紧密，必须注意其中的逻辑关系，使内容表述清晰明确，层次安排井井有条，防止自相矛盾、内容混乱、规定不明等现象。

在通告的写作过程中，可把重要的、必须说的东西分条分类写出来，每条的内容一定要单一、明确、具体，有独立存在的价值。然后在此基础上，根据通告事项的逻辑联系，按照重要程度、先后顺序、时间安排、单位地点等不同区别进行串联编排，使全文构成一个有机的整体。

【参考示例】

中华人民共和国应急管理部
关于人员密集场所防范重大消防安全风险
加强消防安全管理的通告

为有效防范化解重大消防安全风险，国务院安委会办公室部署开展“防风险保平安迎大庆”消防安全执法检查专项行动，制发《九类消防安全突出风险整治要求》，明确人员密集场所对照整治要求开展自查自改，行业系统组织排查，消防救援机构加强执法检查。根据消防法律法规和技术标准的规定，现就人员密集场所加强消防安全管理有关事项通告如下：

一、自评自查自改安全风险隐患。对照九类突出风险，自主评估研判本场所可能存在的火灾风险。组织开展一次全面的防火检查，对检查发现的火灾隐患，制定整改方案，落实整改资金、确定整改期限、明确责任人员，逐项整改到位，并将隐患整改情况登记造册。

二、明确消防安全责任。法定代表人、主要负责人或者实际控制人是本场所的消防安全责任人，对消防工作负主要领导责任。消防安全管理人负责具体实施和组织落实本场所的消防安全工作，对消防工作负直接责任。要依法确定消防安全责任人、管理人，并在场所醒目位置公示，明确消防安全职责。

三、作出消防安全承诺。向社会承诺严格遵守消防法律法规和消防安全标准，及时检查整改火灾隐患，对一时难以整改的，必须采取针对性措施，加强火灾防范，确保消防安全。

四、加强消防安全管理。认真落实防火巡查检查、设施维护管理、宣传教育培训、用火用电安全管理、消防控制室值班、灭火和应急疏散演练等相关制度。严禁违规使用易燃可燃材料装修装饰；严禁擅自改变建筑结构和用途，破坏原有防火分隔；严禁占用、堵塞、封闭疏散通道、安全出口；严禁违规使用、储存易燃易爆危险品；严禁损坏、挪用或者擅自拆除、停用消防设施、器材；严禁在生产储存经营易燃易爆危险品场所、厂房和仓库、大型商场市场等建筑内设置人员居住场所；严禁电动自行车停放在建筑门厅、楼梯间、走道等室内公共区域。

五、开展消防安全提示。向公众提示本场所火灾危险性；提示本场所安全逃生路线、安全出口位置、遇到火灾等紧急情况如何逃生自救；提示本场所内灭火器、简易防护面罩等逃生设施、器材放置部位和使用方法。公众在人员密集场所发现火灾隐患和消防安全违法行为，可以通过“96119”举报电话或者其他有效途径，向当地消防救援机构举报。

本通告所称人员密集场所，包括宾馆、饭店、商场、集贸市场、客运车站候车室、客运码头候船厅、民用机场航站楼、体育场馆、会堂以及公共娱乐场所等公众聚集场所，医院的门诊楼、病房楼，学校的教学楼、图书馆、食堂和集体宿舍，养老院，福利院，托儿所，幼儿园，公共图书馆的阅览室，公共展览馆、博物馆的展示厅，劳动密集型企业的生产加工车间和员工集体宿舍，旅游、宗教活动场所等。

“三合一、多合一”场所（住宿与生产储存经营合用场所）、农家乐（民宿）、老旧高层住宅等发生火灾可能造成重大人员伤亡的场所，参照本通告执行。

消防救援机构加强执法检查，对违反本通告的行为，依法予以行政处罚；相关行政处罚、抽查检查结果等信息记入信用记录，依法纳入全国信用信息共享平台，并通过国家企业信用信息公示系统和“信用中国”网站等向社会公布；构成犯罪的，依法追究刑事责任。

特此通告。

中华人民共和国应急管理部

××××年×月×日

第七节 意　　见

意见作为机关使用频率较高的法定公文，在语义上是指对事物所产生的看法或想法，作为一种常用文种，主要用于上级领导机关指导下级机关把握工作活动的原则、步骤和方法的一种文体，也可用于对上级或平级机关提出意见、建议供参考。

一、意见的概念

依据《条例》规定，意见适用于对重要问题提出见解和处理办法。

二、意见的分类

意见一般分为两种类型。

（一）直发性意见

直发性意见用于向上级单位建议某方面的具体工作、活动，并要求报请上级机关批转、转发属于自己工作业务范围内的，又要其他部门周知、批准的措施、意见、办法。有时在结束语中可以写：“以上意见如无不妥，请批转有关单位遵照执行”。

（二）指导性意见

指导性意见用于法定组织和机关依据其职权权限直接下发，要求下级单位和部门参照执行的见解和办法。例如《公安部关于完善农村户籍管理制度的意见》。

三、意见的特点

（一）指导性

意见虽然在文种的字面含义上没有指示、批复那样明显的指导色彩，只是对某一工作提出些意见供参考，实际上它是对下级具有很强的指导性的一种文体。由于有关部门虽然对下级同类部门有业务指导权，但并没有行政领导权，在涉及业务性强、规划性强、组织性强的内容时常采用“意见”这样较委婉的文种。但这并不代表它没有约束力，对受文者具有较强的约束性，通常下级机关都要遵照执行。

（二）原则性

意见是根据现实需要，针对某一重要问题提出见解或处理意见，通常不是具体的工作安排，是从宏观上提出见解和意见，要求受文单位结合具体情况，参照文件中提出的精神来办理，对于解决存在的问题起积极的作用。

（三）灵活性

对某些新的情况和问题，原有的政策规定没有明确或不相适应，需要上级机关进行及时指导，并提出措施、规范行为，为下一步完善和制定有关的法律法规做必要的准备，这就需要使用意见这一文种，向上级建议或者对下级指导。

（四）多向性

意见可以用于上行文、下行文和平行文。作为上行文，应按请示性公文的程序和要求办理。所提意见如涉及其他部门职权范围内的事项，主办部门应当主动与有关部门协商，取得一致意见后方可行文；如有分歧，主办部门的主要负责人应当出面协调，仍不能取得一致时，主办部门可以列明各方理由，提出建设性意见，并与有关部门会签后报请上级机关决定。上级机关应当对下级机关报送的“意见”作出处理或给予答复。作为下行文，文中对贯彻执行有明确要求的，下级机关应遵照执行；无明确要求的，下级机关可参照执行。作为平行文，提出的意见供对方参考。

四、意见的拟写

（一）下行意见的拟写

下行意见由标题、主送机关、正文、落款四个部分组成。

1. 标题

（1）发文机关名称、公文内容（或事由）、文种三要素构成，例如：福州市人民政府办公厅关于建立全市消防救援队伍职业保障机制的意见。

（2）由公文内容（或事由）和文种两部分组成，例如：关于全面推进“智慧消防”建设的指导意见。

2. 主送机关

下行意见的主送机关与上行意见不同，其多少应视实际情况而定，一般而言问题涉及的有关单位都可作为行文对象；也有一些意见没有特定的主送机关。

3. 正文

下行意见的正文应当载明以下几个层次的内容：

（1）提出意见的依据、目的和缘由，主要回答的是“为什么提出意见”。要写得简明扼要、精练概括，常用过渡语“为此，特提出以下意见”“为促进……的健康发展，特提出以下意见”等提领下文。

（2）有关问题的部署、安排和措施，即意见的具体内容。要针对不同情况，阐明贯彻落实某项工作或解决某一问题的意义，提出做好此项工作的基本原则、要求和措施，有的还提出实施的具体步骤。要紧紧围绕行文的主旨，对所提出的问题作出全面中肯的分析，在此基础上提出见解和解决的办法。要注意内容的层次性，从不同角度、不同侧面对有关工作如何开展进行指导，并对加强工作的领导和执行等提出总体要求，既要讲清道理，又要注意所提的措施要求等具有合理性和可操作性。可采用“撮要显旨”的表达手法，以求眉目清楚，易于理解和执行。

（3）执行要求，即对实施布置、安排的原则性要求，也可强调意义、发出号召、提出希望。例如“以上意见，各单位要结合本部门的实际情况，制定相应的措施并报×××，认真贯彻执行。”

4. 落款

标明意见的发文机关和成文日期。由于意见带有较强的规范性，有些意见还将发文机关和成文日期置于标题之下。

（二）上行意见的拟写

上行意见由标题、正文、结尾三部分组成。

1. 标题

由发文机关、事由和文种三个要素组成。

2. 正文

这部分是意见的主体。多采用“撮要分条”的结构写法。

3. 结尾

标明意见的发文机关和成文日期。

五、意见的写作要求

（一）政策性要强，要掌握材料

意见的执笔人必须全面深刻地领会和掌握党的有关方针、政策，以此作为提出意见的指导思想，这是写好意见的基础。执笔人必须掌握大量的第一手材料，从中掌握问题的本质和有关事宜的规律性。

（二）意见要具体，要恰如其分

所谓具体，就是结合实际，切实可行。意见的提出既要根据实际需要，又要考虑其可能实施的意义。

（三）行文要及时，层次要清晰

意见多属根据实际情况为解决现实工作中亟待解决的问题而提出来的，因此，意见行文的及时性对意见的价值具有重要的影响。错过了时机，再好、再恰如其分的意见也会失去其应有的作用和意义。要层层深入、环环相扣、脉络清晰，表达清楚。

（四）意见与相关文种的区别

意见不同于决定。一般说来，决定具有决策性、指挥性，而意见只具有指导性。决议、决定所形成的决策、指令等，下级机关必须不折不扣地无条件执行，而意见则不同，它要求下级机关结合本部门、本地区的实际参照执行。决议、决定重在宏观指挥，意见则重在微观指导，它是对某项具体工作的实施安排和处理办法。

意见不同于“指示性通知”。虽然也是工作中的“重要问题”，但不需作较多理论分析，且对下级规定性较强、要求性很具体的，应用“指示性通知”而不用“意见”。

意见不同于“请示”“报告”。请示必须一文一事，一事一中心，而意见则可以用于涉及面广、需要多角度进行解决的问题，或需要向有关部门、单位请求配合、协调的多项工作。请示的请求性较强，有些请示主要就是交代请示的理由和请示的事项，而意见则主观能动性较强，它可以针对具体事项、问题提出具体的看法或主导意见，留有让上级选择的余地。

报告尽管也可以向上级机关汇报情况、提出建议，但其提出的建议一般是有原则性的、参谋性的。而意见所提出的建议则是具体的、实在的、可施行的。报告中尽管也有建议的内容，但其主体是向上级汇报工作或反映情况。而意见中的建议则是其主要内容，是写作中的重点。

（五）要注意把握上行意见在用语上的特性

由于“意见”的行文方向不同，其用语也截然不同。其中上行的“意见”，要使用下级对上级汇报见解、陈述办法的语气，如“我们考虑”“我们认为”“我们建议”“我们意见”以及“请”“敬”“望”“可××”等期请和建议性词语，用语比较婉转，结尾常用“以上意见供参考”“以上意见如无不妥，请批转……贯彻执行”等，意在以体现对上级机关的尊重。

【参考示例】

应急管理部　民政部　财政部
关于加强全国灾害信息员队伍建设的指导意见

应急〔××××〕×号

各省、自治区、直辖市应急管理厅（局）、民政厅（局）、财政厅（局），新疆生产建设兵团应急管理局、民政局、财政局：

党中央、国务院高度重视防灾减灾救灾工作，多次就做好防灾减灾救灾工作发表重要讲话、作出重要指示，及时对掌握报告灾情提出要求。各级灾害信息员承担灾情统计报送和管理职责，是构建全国灾情报告系统的重要力量和具体实施者。当前，随着机构改革的深入推进，各地灾害信息员队伍建设面临人员更替、工作进展不平衡、能力水平亟待提升等问题。为深入贯彻落实党中央、国务院关于建立灾情报告系统的决策部署，进一步加强全国灾害信息员队伍建设，现提出以下意见。

一、总体要求

（一）指导思想。全面贯彻落实党的十九大和十九届二中、三中、四中全会精神，深入学习贯彻习近平总书记关于防灾减灾救灾重要论述精神，按照党中央、国务院关于建立灾情报告系统决策部署，以实现灾情信息及时准确传递为目标，着力打造覆盖全面、专兼结合、精干高效、相对稳定的全国灾害信息员队伍，切实提高各级灾情管理能力和水平。

（二）基本原则。

一是坚持分级负责、属地管理为主。在应急管理部统筹指导下，各级应急管理部门会同有关部门，按照“分级负责、属地管理”原则，相互协同，加快推进本地区各级灾害信息员队伍建设。

二是坚持专兼结合、社会力量参与。着眼新时代应急管理工作的新使命、新要求，健全灾害信息员队伍管理体制机制，推动建立一支专业性强、一专多能的灾害信息员骨干力量和覆盖全面、专兼结合的基层灾害信息员队伍。同时，注重发挥社会力量的补充作用。

三是坚持立足实际、统筹相关资源。根据本地区应急管理工作实际，加强部门协调沟通，统筹好相关资源和力量，打造一支适应新时代灾情管理发展需求的全国灾害信息员队伍。

（三）总体目标。建立覆盖全国所有城乡社区，能够熟练掌握灾情统计报送和开展灾情核查评估的“省–市–县–乡–村”五级灾害信息员队伍，确保××××年底全国每个城乡社区有 1 名灾害信息员，为及时、准确、客观、全面掌握和管理灾情奠定坚实基础。

二、主要任务

（一）健全各级灾害信息员队伍体系。(具体内容略)

（二）明确各级灾害信息员职责和任务。(具体内容略)

（三）建立灾害信息员分级培训机制。(具体内容略)

（四）强化灾害信息员日常管理。(具体内容略)

（五）探索将社会力量纳入灾害信息员队伍建设。(具体内容略)

三、保障措施

（一）高度重视，加强领导。灾害信息员是应急管理体系的重要组成部分，是构建全国灾情报告系统的重要力量，对应急管理决策起到基础性支撑作用。各级应急管理部门要进一步提高思想认识，加强组织领导，会同有关部门大力支持灾害信息员队伍建设，争取做到落实责任，明确人员，有制度、有保障，确保灾情报送工作有力有序有效推进。

（二）各司其职，相互协同。应急管理部门负责组织灾害信息员队伍建设，牵头开展灾害信息员培训、编制培训教材，承担灾情统计报送、灾情核查、灾害损失评估核定等工作；会同有关部门建立灾害信息员工作绩效考核机制。财政部门负责保障必要的经费。民政部门负责依法对应急领域有关社会组织登记管理，支持引导社会工作者、志愿者队伍参与灾情采集工作。

（三）**严格考核，加强管理**。各省级应急管理部门可报请省委、省政府，将灾害信息员队伍建设纳入市、县高质量发展考评，指导市县巩固完善灾害信息员网络。同时，定期对灾害信息员队伍建设情况进行检查、通报。对先进典型应及时通报表扬，总结可复制可推广的好做法，加快在面上推广。对因灾害信息员队伍建设落后、导致报灾工作不力，造成严重后果的，应严肃追责。要推动建立灾害信息员工作绩效考核机制，对于工作成效显著、最大程度挽救人民群众生命财产的，要视情按照国家有关规定给予表彰和奖励。

本意见下发后，各省级应急管理部门要定期将工作推进和落实情况报应急管理部。

应急管理部　民政部　财政部

××××年×月×日

第八节　通　　知

通知是运用最广泛、使用频率最高的知照性公文，常用于向特定受文对象告知或转达有关事项或文件，让受文者知道或执行的公文。

一、通知的概念

依据《条例》规定，通知适用于发布、传达要求下级机关执行和有关单位周知或者执行的事项，批转、转发公文。通知应用广泛，起着承上启下，联系内外各方的传达、告知、晓谕作用。具有形式多样，灵活方便，使用频率高等特点，是机关公务活动中经常使用的文种。

二、通知的分类

通知从内容、性质上可以分为四种类型。

（一）发布性通知

发布性通知的内容比较重要，往往命令性、规定性较强。告知受文单位，某一章程、规定等已经某会议讨论通过或经上级机关批准，现予发布或印发，并要求贯彻执行。

（二）指示性通知

指示性通知的内容有较强的理论性、政策性。一般是上级机关需要对下级机关或所属单位下达命令，且内容不适合用“命令”文种的行文，即对某一事项作出具体规定或对某一问题作出具体命令，要求受文者认真贯彻执行。

（三）事务性通知

事务性通知即一般性事务通知，要求受文单位知晓某一事项或办理某一事情。多为上级机关向下级机关发文，这种通知具有广泛的应用性，内容具体单一，只把事情或情况交代清楚即可。

（四）转发性通知

转发性通知行文一般比较简短，格式相对固定，其后均有被批转、转发和印发的原文作为附后。多为领导机关批转下级机关的公文，也可转发上级机关、不相隶属机关的公文。这类通知多采用报刊按语式表述方法，对所批转、转发或印发的公文以最简短、最便捷的语言进行评述，起到画龙点睛、一针见血的作用。

三、通知的特点

（一）使用范围的广泛性

通知可以广泛应用于发布章程、规定；下达指示，提出工作要求；批转（或转发）公文，安排工作；知照事项，传递信息等；内容可以涉及国家大活动和社会生活的各个方面。

（二）应用方式的简便性

在实践中，通知的应用非常简便，结构不拘一格，语言表达亦灵活。涉及几个单位或部门的可以发出联合通知；遇有特殊情况时，可以发出紧急通知；一次没有讲清楚或情况发生新变化时，还可以发出补充通知。

（三）表述语言的通俗性

通知的内容常常是一些需要广为周知或需要办理执行的事项，因此在语言表述上要考虑可操作性，语言概念要明确具体，文字表达要简明准确、通俗易懂，在使用专业术语时，既要使用得当，又要便于各方有关人士了解掌握，以利贯彻办理。

四、通知的拟写

（一）标题

通知的标题有三种形式：

（1）关于+事由+通知，例如：关于建立全市消防救援队伍职业保障和社会优待机制的通知。

（2）（关于）转发（批转）+被转单位名称+被转公文标题+通知，例如：转发国务院关于加强和改进消防工作的意见的通知。

（3）关于+事由，例如：关于加强基层政治工作特点规律研究。

（二）正文

通知的正文一般由通知缘由、通知事项和通知要求三部分组成。

1. 通知缘由

通知缘由即开头，应简略概括，主要是简述情况，说明目的、依据，引出主体。

2. 通知事项

通知事项是通知主体部分，即需周知或办理的有关问题。如果内容较多，可分列小标题或列序号书写。

3. 通知要求

通知要求也称结束语，因内容而异。一般是对有关单位提出贯彻执行的希望和要求。可以在主体部分之后，单独写一段文字，如强调“各单位接此通知后，请迅速报告上级，并认真贯彻落实。”结尾也可以与开头的“撮要”相互照应，使全文达到圆润缜密，起到总括收束之作用，以进一步提高认识。特别简要的通知，也可省去结束语部分。

五、通知的写作要求

（一）熟悉通知内容

不同种类的通知，所要表述的内容是不同的，因此要根据所发通知的类别，记述不同的情况。例如：拟写会议通知，必须熟悉和掌握会议的性质、类型、时间、地点、人数、范围、材料、事项、情况和要求等内容；拟写规定性通知，必须熟悉和掌握有关规定的基本内容、目的、范围、界限、方法与要求等方面的情况；拟写批语性通知，必须掌握有关的政策、法律，有关材料（文件）及其理论和实际等方面的内容。

（二）运用适当的表达方式

通知的标题、目的、要求，应以说明式方法表述，按照事物本身所固有的顺序说明，或依照事物性质、类别分条逐一说明，要体现出明白、清晰、顺序严整的特点。批语性通知的正文部分，应进行必要的论证，用高度概括和抽象的语言指出批语性通知的意义与贯彻的关键所在。

（三）注意通知的语体色彩

通知所使用的语言属事务语体，这种语体有两个特点：一是文书习惯用语较多。如通知的起首语，常用“根（依）据”“按照”“由于”等词说明依据和缘由。二是注意语言的准确性，不能产生歧义。如通知中常用“遵照”“按照”“依照”“比照”“参照”等词，这些词在词义的轻重、范围和程度上不完全相同，要严格区别。非常重要的文件执行时用“遵照”，较为重要的文件执行时用“按照”或“依照”，需要学习其经验或借鉴其文件精神的用“比照”或“参照”。通知的宗旨在于务实和行动，拟写时要详略得当、简明扼要。

【参考示例】

关于举办××××年全国行业职业技能竞赛——全国消防行业职业技能大赛的通知

各省、自治区、直辖市应急管理厅（局）、消防救援总队、人力资源社会保障厅（局）、工会、团委，各森林消防总队，新疆生产建设兵团相关单位：

为深入贯彻落实总书记对技能人才工作的系列重要指示，大力弘扬科学精神、工匠精神、专业精神，造就更多精益求精、技艺精湛的“工匠精英”，激励广大消防从业人员走技能成才、技能报国之路，应急管理部、人力资源社会保障部、中华全国总工会、共青团中央决定共同举办××××年全国行业职业技能竞赛——全国消防行业职业技能大赛（以下简称“大赛”）。现将有关事项通知如下：

一、领导机构

本届大赛由应急管理部消防救援局承办。×××、×××协办。大赛成立组委会，负责赛事的整体安排和组织管理，决策赛事相关重大事项，成员由主办单位领导及有关单位同志组成。组委会下设技术委员会、秘书处。技术委员会负责编制大赛项目技术文件，制定评判标准，开展赛前培训、技术对接、裁判遴选、大赛执裁、成绩评定、“消防绝技”展演、技术交流互动等工作；秘书处设在应急管理部消防救援局，负责赛事筹备和组织安排，协调相关部门落实组委会各项决议事项，统筹推进大赛各项重点工作，下设综合协调组、新闻宣传组、信息通信组、后勤保障组。

二、竞赛项目

共设灭火战斗员、应急救援员、搜救犬训导员、消防装备维护员、消防设施操作员、消防通信员6个竞赛项目（相关技术文件另行印发）。

三、参赛条件

国家综合性消防救援队伍消防员，政府（企业）专职消防队消防员，在民政部门注册登记的社会救援组织成员，在消防控制室从事消防设施操作的值班在岗人员，且年满18周岁（2003年1月1日前出生）、未达法定退休年龄（截至2021年12月31日）的中国公民。参赛选手应政治表现良好、爱岗敬业、无不良记录，同时满足所参加项目技术文件规定的报名条件。

四、组织形式

大赛分选拔赛和决赛两个阶段。

（一）选拔赛。由各省级应急管理、人力资源社会保障、工会、团委等部门共同组织实施，消防救援总队具体承办。竞赛形式由各地自行确定，于××××年×月×日前完成。灭火战斗员、应急救援员、搜救犬训导员、消防装备维护员、消防通信员5个竞赛项目各选拔2名队员（国家综合性消防救援队伍消防员和其他队伍人员各1名），消防设施操作员竞赛项目选拔1名队员，以省（自治区、直辖市）为单位组成代表队参加决赛。中央垂直管理单位、部委直属单位，央企及其分支机构人员参加所在省（自治区、直辖市）的选拔赛。报名、资格审查等工作由各省（自治区、直辖市）消防救援总队组织实施。

（二）决赛。由大赛组委会组织实施，决出最终名次后举行颁奖典礼。决赛在××省××市举行，具体时间、竞赛场馆由大赛组委会另行通知，所需器材、赛标、吉祥物等由大赛组委会秘书处组织面向社会公开征集。决赛期间，同步组织行业队伍建设成果汇报、专业装备器材展示、消防技术交流互动、绝技展演、人才招聘等活动。

五、奖励措施

各竞赛项目的前3名由大赛组委会分别颁发金牌、银牌和铜牌，其中金牌选手授予大赛荣誉金头盔；第4至15名颁发优胜奖；其他参赛选手颁发参赛证书。符合条件的另给予以下奖励。(具体内容略)

六、有关要求

(一) 高度重视，精心组织。(具体内容略)

(二) 抢抓机遇，培育工匠。(具体内容略)

(三) 严格标准，公平公正。(具体内容略)

(四) 厉行节约，注重宣传。(具体内容略)

(五) 严防疫情，确保安全。(具体内容略)

各省级消防救援总队请于××××年×月×日前，将本地选拔赛方案报大赛组委会备案；×月×日前，将参加决赛阶段比赛选手的报名信息（见附件1）报送大赛组委会秘书处(联系人及电话：××××××；电子邮箱：××××××)。其他未尽事宜由大赛组委会另行通知。

应急管理部　人力资源社会保障部

中华全国总工会　共青团中央

××××年×月×日

附件（略）

第九节　通　　报

通报是党政机关公文常用的种类之一，主要用于上级机关以书面形式向下级机关传达重要精神或告知重要情况，表彰先进、批评错误等的一种下行文。

一、通报的概念

依据《条例》规定，通报适用于表彰先进、批评错误、传达重要精神和告知重要情况。

二、通报的分类

通报一般分为三种类型。

(一) 情况通报

情况通报用于传达重要的会议精神，本地区、本单位工作、学习中的重要情况，交流情况，沟通信息，使所属单位了解工作进度，掌握学习进程。情况通报有利于所属单位站在整体的框架内来考虑、安排自己单位的工作和学习；有利于树立全局观念，均衡发展，协调动作；有利于互相借鉴，取长补短，共同提高。

（二）表彰性通报

通过总结、表彰具有典型意义的先进集体或先进个人的经验、事迹，使单位或个人在学习中有榜样、有目标。表彰性通报有利于弘扬正气，净化环境；有利于推广先进经验，提高整体工作水平；有利于挖掘潜力，调动各种积极因素。

（三）批评性通报

批评性通报是针对带有倾向性的问题或代表性的错误做法，抓住典型事例进行解剖，分析其错误的性质、产生的原因以及带来的恶劣影响，作出对受批评单位或人员的处理决定。批评性通报应使各有关方面吸取教训，达到普遍教育的目的。

三、通报的特点

（一）周知性

周知性是通报的基础。先进的事迹、错误的事实和需要传达的事项，都是通报内容的重要组成部分，因为受文者必须首先了解事实，才谈得上认识事实。所以通报写作必须先“务实”，再“务虚”，建立在周知情况事实的基础上。

（二）真实性

通报有严格的真实性。通报的内容必须客观真实，事例要实事求是，表扬先进不能夸大失实，批评错误也要客观公正。

（三）教育性

这是通报最重要的特点。通报事项对受文者的思想、行为产生教育和指导作用。发通报的目的，不仅仅是让受文者了解情况，更重要的是着眼于教育、引导，提高人们的认识，对受文者今后的行为产生一种导向作用。因而，教育、导向是通报的目的。

（四）针对性

上级对通报对象的评价和定性有明显的针对性，也体现出极强的政策性。这种针对性在明确舆论导向的基础上起到了“指挥棒”的作用。

四、通报的拟写

（一）标题

通报标题一般有两种类型：

（1）发文机关+事由+通报，例如：国家森林草原防灭火指挥部办公室关于森林草原防灭火督查工作情况的通报。

（2）事由+通报，例如：火情通报、关于春季森林防火工作情况通报。

（二）正文

通报常用的结构形式，大多是按照情况、原因、措施三项基本内容依次安排层次。有的层次可分段叙述，视通报的具体内容而定。

情况概述部分，可以时间或单位引出情况。写情况时，要写清楚比较重要的内容，摆出主要事实。如内容较多，可按性质归纳成几个方面叙述。写经验时，把具体做法、效果和取得该经验的具体条件写清楚。写先进事迹时，要突出主要事迹。揭露问题时，把主要事实、性质、危害及其后果交代清楚。叙述时，要用事实说话，阐明观点，使人一目了然。

原因的一般写法：当问题的原因较明显时，分析原因可用一个段落简要地归纳叙述；当问题的原因较复杂时，应分条予以详述。

措施通常是分条叙述。应写得简明有力，既符合上级精神，又切合单位实际情况，便于下级执行。

通报的结束语，通常是概括性地提出执行通报的要求。

五、通报的写作要求

（一）注意选择典型事例

写通报所选择的事例，一定要对指导面上的工作具有普遍意义。一般化、个别的事例不选作通报的内容，要选择典型事例通报，不但要详细了解事例本身，同时必须全面掌握与此事例相关的全局情况。

（二）坚持实事求是原则

对通报的事实必须清楚，不要随意扩大或缩小。通报常常会涉及具体单位和个人，一经下发影响颇大，因此必须注意通报事实的准确性。

（三）原因分析深入透彻

通报不但要有典型事实或情况，还应有适当的议论剖析，并表明发文机关的态度。在分析原因时，要逐层剖析，深入细致，且每条原因都透彻见底，不模棱两可。

（四）讲求效果，及时发文

通报重在教育性，而教育性重要的一点就体现在时效性，如果不及时，时过境迁，再发通报，意义就不大。

【参考示例】

应急管理部办公厅关于
山东济南齐鲁天和惠世制药有限公司
“4·15”重大着火中毒事故的通报

各省、自治区、直辖市应急管理厅（局），新疆生产建设兵团应急管理局，有关中央企业：

××××年×月×日×时×分左右，位于××省××市××区的齐鲁天和惠世制药有限公司在对冻干粉针剂生产车间地下室的冷媒水（乙二醇溶液）系统管道改造过程中发生重大事故，造成10人死亡、12人轻伤。

经初步调查分析，事故直接原因是承包商信邦建设集团有限公司施工人员在受限空间内动火切割冷媒水系统管道过程中，引燃附近堆放的冷媒缓蚀剂（为易燃固体，属危险化学品，储存要求远离火源），燃烧时产生氮氧化物等有毒烟雾，导致现场人员中毒致死致伤。事故的详细原因正在进一步调查中。

事故暴露出事发企业安全意识淡薄，没有认真吸取同类事故教训，动火和进入受限空间作业管理失控，承包商管理不到位，应急能力严重不足，对使用的化学品危险特性不了解等突出问题。该企业近年来多次发生安全事故，暴露出企业安全管理混乱、地方监管部门动火和受限空间作业安全专项整治不到位、安全监管失之于软等突出问题。

该起事故发生在全国深刻吸取江苏响水天嘉宜公司“3·21”特别重大爆炸事故教训、进一步加强化工和危险化学品安全生产工作及国务院安委会危险化学品安全专项巡查期间，引起社会广泛关注，伤亡重大，影响极其恶劣。事故发生后，党中央、国务院领导同志高度重视，作出重要批示，要求全力做好事故处置和伤员救治，尽快查明原因，严肃问责，要进一步加强化工医药企业安全生产监管，严防事故发生。为深刻吸取事故教训，举一反三、亡羊补牢，强化风险管控和隐患排查治理，切实落实企业安全生产主体责任，进一步加强危险化学品安全生产工作，坚决防范和遏制重特大事故，现提出如下工作要求：

一、认真落实习近平总书记重要指示精神，坚决防范化解重大安全风险

（具体内容略）

二、切实加强动火、进入受限空间等特殊作业安全管理

（具体内容略）

三、严格承包商安全管理

（具体内容略）

四、认真落实“一书一签”要求

（具体内容略）

五、深入开展危险化学品安全隐患集中排查整治

（具体内容略）

六、深化实施源头治理综合治理精准治理

（具体内容略）

请迅速将本通报传达到辖区内地方各级应急管理部门及有关企业。

应急管理部办公厅

××××年×月×日

第十节　报　　告

报告这一文种使用范围广泛，按照上级安排部署的工作，每完成一项任务一般都要向上级写报告，汇报工作的基本情况、工作中取得的经验教训、存在的问题以及今后工作设想等，为上级决策指导提供参考依据。

一、报告的概念

依据《条例》规定，报告适用于向上级机关汇报工作、反映情况，回复上级机关的询问。其使用时机多是在事前向上级汇报对工作的设想、建议，事中反映工作进展程度，事后汇报完成任务总的情况，属于陈述性的上行文书。

二、报告的分类

报告的种类较多，可以从用途、性质和内容等方面进行划分。

（一）按用途分类

报告从用途上可以分为随文报告和情况报告两类。

1. 随文报告

随文报告比较简单，是在报送公文、物件时的随件附文，它的范围比较明确，一般只要对报送的公文、物件做些简要说明即可。

2. 情况报告

情况报告是在向上级机关汇报工作、反映情况时用的，如某单位上报的《关于发动群众搞好救灾扶贫工作的情况报告》。

（二）按性质分类

报告从性质上可以分为工作报告、问题报告、会议报告三类。

1. 工作报告

工作报告主要是就某一阶段工作进展的情况向上级机关或大会所作的汇报，它着眼于对前一阶段工作的总结，同时一般性地分析存在的问题，并有针对地提出下一步工作意见，如《国务院关于四川汶川特大地震抗震救灾及灾后恢复重建工作情况的报告》。

2. 问题报告

问题报告主要是对工作中已经发生或正在发生的失误进行调查分析，以及对上级机关责成调查了解的问题所作的书面汇报。它与工作报告不同：工作报告着重于反映工作的紧张情况和取得的成果，总结经验，对存在的问题只作一般分析；问题报告则主要是反映工作上的失误并分析其原因或者对上级责成调查办理事项的答复。

3. 会议报告

会议报告是把某些重要的、为完成某议题而召开会议的情况向上级作的报告。

（三）按内容分类

报告从内容上可以分为综合报告和专题报告。

1. 综合报告

综合报告是反映本地区、本单位全面工作情况，常常采用工作总结与工作计划相结合的表现形式，如在各类代表大会上所作的“工作报告”。

2. 专题报告

专题报告则是专门反映本地区、本单位、某一方面情况的，对某项工作提出意见或者提议的，有时也用于答复上级机关的询问，如《关于××市消防协会工作半年情况报告》。

三、报告的特点

（一）行文的单向性

报告是下级机关对上级机关的行文，其目的在于帮助上级机关了解情况，向上级机关提供信息，一般不需要受文机关的批复和反馈，属于单向行文。

（二）时限的不定性

报告所反映的内容、涉及的工作是正在进行中（指一个阶段已完成）或已经完结的事项，行文可根据实际情况，随时进行。

（三）内容的广泛性

报告的内容一般不受限制，可以是一文一事，也可以是一文数事，反映多方面的情况。

（四）写法的灵活性

报告的分类较多，一般行文篇幅较长，结构安排不拘一格，怎样分层分段要视具体内容和行文目的而定，因文而异，报告在写法上具有相对的灵活性，在文字表达方式上，以陈述语言为主。

四、报告的拟写

（一）标题

报告的标题一般由发文机关、事由和文种组成。例如：国务院煤电油运和抢险抗灾应急指挥中心关于抢险救灾工作及灾后重建安排的报告。

（二）主送机关

在标题下正文前顶格写主送机关名称，一般是发文者的上级机关或业务主管部门。

（三）正文

报告的正文分为开头、主体、结尾三个部分。

1. 开头

简明扼要地讲清发文的背景、缘由或依据，可以成为全文的提要，便于读者对该报告有个总概念。这部分通常采用“现将有关情况报告如下”的习惯性用语过渡到下文。

2. 主体

报告主体即报告事项部分，要叙述报告的具体内容。如果内容较多、篇幅较长，可采用分题式、分条式或者两者相结合的方式进行叙述。对于工作报告，应写明做了哪些工作，取得哪些成果，然后概括出基本经验，再写明存在的主要问题和下一步工作意见。对于问题报告，侧重写明问题状况及其来龙去脉，分析问题产生的原因，说明其后果，并提出解决问题的方法和措施。对于答复报告，则应强调针对性，紧紧围绕上级机关的询问和要求，写清问题，表明态度，提出意见。

3. 结尾

报告结尾比较简单，可以重申意义、展望未来，也可以用模式化套语收结全文。通常使用以下习惯性用语："特此报告"或"专此报告"等。比如工作报告，结语可用"以上报告，请审阅"；比如随文报告，结语一般用"请查收"之类的字样。

（四）落款

写明报告的发文机关和成文日期。

五、报告的写作要求

（一）主题明确，思路清晰

一般情况下，写报告应按照为什么要写报告，报告什么内容的思路，在充分占有材料以后，依据主题需要和观点与材料相统一的原则，精心构思、编排，然后组织编撰写。

（二）重点突出，文字简练

报告全篇要突出重点，每一部分也要围绕全篇中心突出重点，全篇的重点就是向上级报告的主要内容，而各部分的重点则是围绕说明主要内容而需要引起上级机关注意的关键之处，突出重点也要兼顾一般，既要有点，又要有面，但在文字表述上要力求简练，不讲空话、套话。

（三）观点鲜明，材料真实

向上级机关报告工作、反映情况时，要克服报喜不报忧、宣扬成绩、粉饰太平的不良倾向，要在深入实际调查研究的基础上提出鲜明的观点，送取实事求是、有说服力的材料。

（四）不要夹带请示事项

在公文处理中，收文机关对报告没有答复的责任，如果把请示事项夹在报告里，就容易误事。所以，需要答复的请示事项不能夹在报告中，而应另用"请示"行文。

【参考示例】

应急管理部关于
××××年法治政府建设工作情况的报告

××××年，应急管理部坚持以习近平新时代中国特色社会主义思想为指导，深入贯彻落实党的十九大和十九届二中、三中、四中、五中全会精神，紧紧围绕全面推进依法治国的总目标，采取有效措施，积极推进我部法治政府建设，按期完成《法治政府建设实施纲要（2015—2020年）》明确的年度工作任务。

一、加强党对法治政府建设的领导

××××年，应急管理部深入学习贯彻总书记法治思想，坚持党对法治政府建设的领导，切实把总书记法治思想贯彻落实到应急管理事业改革发展的全过程，在法治轨道上推进应急管理体系和能力现代化。部领导班子将推进法治政府建设摆在工作全局的重要位置，部主要负责同志认真履行法治政府建设第一责任人职责，多次主持召开党委会、部务会研究部署推进法治工作。

二、加快推进应急管理事业改革发展

（一）推动深化应急管理机构改革。（具体内容略）

（二）推进防灾减灾救灾体制机制改革。（具体内容略）

三、积极推进应急管理法律体系建设

（一）推动重点领域及地方立法工作。（具体内容略）

（二）推进标准制修订工作。（具体内容略）

四、持续深化“放管服”改革工作

（一）优化行政许可服务。（具体内容略）

（二）编制行政许可事项清单、权责清单。（具体内容略）

（三）推进“证照分离”改革、做好文件清理工作。（具体内容略）

五、努力提升行政执法规范化水平

（一）推进应急管理综合行政执法改革工作。（具体内容略）

（二）加强执法规范化建设。（具体内容略）

（三）加大执法检查力度。（具体内容略）

（四）加强督导考核。（具体内容略）

六、强化对行政权力的制约和监督

（一）坚持科学民主依法决策。（具体内容略）

（二）主动接受人大政协监督。（具体内容略）

（三）加强自我监督。（具体内容略）

七、依法有效化解社会矛盾

（一）加强法治信访建设。对信访投诉请求事项通过法定途径进行合理分流，有效化解矛盾纠纷，引导和支持公民、法人和其他组织依法、合理表达诉求和维护权益。2020年应急管理部共接收各类信访事项××××件（人）次，受理××××件次。

（二）加强行政复议应诉工作。始终将公平正义作为办理复议案件的基本准则，讲清法理、事理、道理，增强案件处理结果的可接受性。2020年，部本级共办理行政复议案件××件，办理行政应诉案件××件。

（三）健全完善新闻发布机制。研究制定《应急管理新闻发布管理规定》，不断推动应急管理新闻发布制度化、规范化。围绕应急管理部重点工作、重要时间节点，2020年共举行10场新闻发布会。推动地方应急管理部门开展新闻发布工作，目前全国32个省级应急管理厅（局）已经全部设立新闻发言人。

（四）加大信息公开力度。印发《应急管理部2020年政务公开重点工作分工方案》，不断推动扩大主动公开范围，大力强化政府信息公开。2020年应急管理部门户政府网站公开信息××××条，更新发布相关法律、法规、规章和规范性文件××条，答复并公开网民留言×××多条。移出安全生产失信联合惩戒“黑名单”企业×××家。

八、强化法治宣传教育

（一）加强法治教育培训。持续推动应急管理干部轮训，举办12期网络专题培训班，培训46万余人次；举办2期执法资格培训班，共183人通过考试；执法证到期换证网络培训考核通过733人，不断提高领导干部运用法治思维和法治方式防范化解重大安全风险、推进应急管理事业改革发展的能力。做好39名公职律师的年度考核、培训工作。

（二）深入普法宣传工作。联合司法部、全国普法办成功举办第二届全国应急普法知识竞赛，共有×××万余人参与答题，总答题量超过2.4亿人次，总点击量超过19.6亿人次。联合司法部举办首届全国应急管理普法微视频征集展播活动。组织做好“七五”普法总结验收工作，向全国普法办报送了《应急管理部门“七五”普法工作总结报告》，组织参加有关普法作品征集评选活动。建设运行“应急普法”微信公众号和网站普法专栏。在部官网及中国应急管理报社开设“应急管理普法”专栏，开展常态化应急管理普法宣传。

应急管理部

××××年×月×日

第十一节 请示

请示是应用写作实践中的一种常用文体，属于上行文。凡是本机关无权、无力决定和解决的事项都可以向上级请示，而上级则应及时回复。

一、请示的概念

依据《条例》规定，请示适用于向上级机关请求指示、批准。

二、请示的分类

从内容、目的不同的角度，请示通常可分为如下三类。

（一）请求批准的请示

这是上级已规定必须经请示批准后下级才能办理的事项，下级需要办理时，要写请求批准请示。这类请示多用于机构设置、审定编制、人事任免、重要决定、重大决策、大型项目安排等事项，这些事项按规定本级机关无权决定，必须请示上级机关批准。

（二）请求帮助的请示

下级机关在工作中遇到人力、物力、财力等方面难以解决的事项，用请示请求上级机关给予帮助、支持。

（三）请求解答的请示

这是对现行的方针、政策、规章、制度界限把握不准，或对上级指示理解得不够准确，请求上级机关给予明确的解释和指示。

总之，请示的基本内容就是六个字：缘由、事项、要求。

三、请示的特点

（一）定向性

请示是专门用于向上级党政机关反映困难、陈述问题、提出请求的，目的在于将本党政机关、本部门在工作中遇到的困难和问题，及时反映给上级党政领导机关，请求党政领导机关给予必要的支持、帮助和明确的指示，所以只能发往固定的、明确的上级党政机关，使期予以批复。

（二）前置性

请示所反映的内容、涉及的事项一般来说都是即将发生或将要遇到的，行文一般在事前进行。下级党政机关只有得到批复后，即获得上级党政机关明确指示或批准，才能按上级的意见进行工作、处理有关问题，绝不能“先斩后奏”。

（三）单一性

请示一定要“一文一事”，请示的事项只能是一件事或一个问题，不能一文数事，以避免因给上级党政机关批复造成困难而贻误工作。

四、请示的拟写

（一）标题

请示的标题一般由发文机关、事由、文种三部分构成。有时为简洁起见，可去掉发文机关，由事由和文种两部分构成，例如：关于设置消防救援前置点的请示。

（二）正文

拟写请示的正文要把握以下几点：①注意结构。请示内容单一，不必分段分项，可以一气呵成，这样更显得简洁明快、短小精悍。若内容较多，也可分段叙述。②注意其内在逻辑关系。③文字简明扼要，篇幅要简短。

1. 情况缘由

要讲清具体情况，充分说明理由，实事求是，文字简练。

（1）书写要有条理，层次清晰，以能说明问题为度，简明扼要地反映客观矛盾。

（2）有时不需要申述情况，如请示审查计划、方案，可简单地叙述一下根据，紧接着写请示具体事项。如某支队《关于提请批准年度训练计划的请示》是这样写的：“遵照总队年初×××会议精神，支队××部制订了年度训练计划，现呈上，请批准。”

（3）对单位研究讨论的过程和议论性的内容要尽量少写或不写，即使要写，也只能用一两句话概括一下，如“经过多次研究”等。

（4）叙述情况与当时的说理相结合，更好地使上级了解情况，达到解决问题的目的。

2. 请示事项

这是请示的主要内容，要具体明确。

（1）比较简明易批的问题，如需要解决多少人员、物资、款项或用几句话可以说清楚问题的，可直接写到请示件中。

（2）比较复杂，上级需要详细研究审查才能作出决定和批示的事项（如计划、方案等），应以附件的形式上呈，在请示正文里只是简单地提出请求意见。

（3）请示不明白的问题，或办理某项事情没有形成一致意见，或处理某个问题没有把握，需要上级给予指示或答复时，可以把问题直接写出来，还可以把不同的认识或多种意见概要地说明，供上级研究时参考。

3. 希望要求

书写时要简洁明确，单独设段，有时也可省略不写。虽然通常只有寥寥几笔，却是表明行文机关基本要求的部分，要精心设计、谨慎用字。常用的结语有“以上意见当否，请批复”“上述意见如无不当，请批转有关部门执行”或“请实报实销”“请给予审核”。

（三）结尾

通常按约定俗成的写法，最后另起一行，只需一句话表示祈使，态度要谦和、尊敬。根据正文内容不同，写上“请批示”“请批复”“请批准”或“特此请示，请批示”。现在有相当一部分的请示，不写结尾，也就是自然结尾。因为正文中“希望要求”已含此意。

（四）落款

写明发文机关和成文日期。

（五）难点分析

请示写作的难点是请示主体部分。该部分一般要写清楚两项内容：

（1）提出请求的理由和目的。要把所请示问题的重要性、必要性、迫切性、可行性及其他理由具体写出来。这一层和开头的内容一定要写得客观、充分。因为这是论证观点的论据。所请示的问题能不能引起领导的注意，能不能及时列入首长的议事日程而迅速加以解决，请示的理由是否确实、充分是很重要的。请示的目的就是行文想要得到的结果，这层意思一定要写得明确、具体，因为这是全文的中心论点，是根据前面理由得出的必然结论，又是下面论证的中心点。

（2）根据上面的理由和目的，提出处理问题和解决问题的系统意见或完整方案。要围绕着如何实现目的，在“怎么办”上做文章，拿出切实可行的办法来，必要时还要系统地论证其合理性和可能性。

五、请示的写作要求

（一）坚持一文一事

一份“请示”一般由上级党政机关一个部门批复。反之一文数事，要由几个部门答复，则必然贻误工作。

（二）不能越级请示

各级党政机关都有一定的权限，上下级党政机关之间也有一定的分工和职责范围，因此在请示工作时一般要逐级向上请示。

（三）不要多头主送

一般只写一个主送机关，如需报送其他党政机关应用抄送形式，同时抄送相关上级机关或同级机关，不抄送下级机关。有的单位认为，同时向上级几个部门报送一个请示会引起重视，这种认识是错误的，反而不利于问题的解决。

（四）不宜将请示同时抄送下级党政机关

请示中的意见在未被批准之前并不生效。所请示的事项也常有不予批准的，如果同时抄送给下级党政机关，会造成不必要的混乱，甚至造成工作上的被动。

（五）除领导直接交办事项外，“请示”不得直接送领导者个人

《条例》规定，除上级机关负责人直接交办事项外，不得以本机关名义向上级机关负责人报送公文，不得以本机关负责人名义向上级机关报送公文。

【参考示例一】

关于解决消防救援人员子女入学的请示

××县政府：

为深入贯彻《中共中央办公厅 国务院办公厅关于印发〈组建国家综合性消防救援队伍框架方案〉的通知》（中办发〔2018〕50号）精神，参照省委组织部、省人社厅等八部门《关于建立全省消防救援队伍职业保障机制的意见》（鲁应急发〔2019〕40号）关于落实消防救援人员享受子女教育优待政策，根据××××年我单位人员子女入学实际情况，特提请县政府帮助协调教育和体育局予以解决为盼。

当否，请批示

附件：××××年消防救援大队救援人员子女入学情况统计表

××县消防救援大队

××××年×月××日

【参考示例二】

呈审《××××××学院××××年度面向社会公开招聘教师方案》的请示

××××××政治部：

根据2021—2022学年教学计划安排，学院共需专任教师370名，今年接收了74名应届毕业研究生充实教师队伍，现有专任教师达到232名，距满足教学任务需要还有138人缺口。考虑到，学院专任教师编制有695名（缺编463名），空余编制较多，按照“优先保证急需，分类逐步引进”的原则，近期拟面向社会公开招聘13个教学岗位共43名非应届博（硕）士毕业研究生。结合工作实际，我们制定了《××××××学院××××年度面向社会公开招聘教师方案》，现呈上。

妥否，请批示。

××××××学院

××××年×月××日

××××××学院××××年度面向社会公开招聘教师方案（略）

第十二节　批　　复

批复是一种答复下级机关请示事项的公文文种，是针对下级的请示而行文的，内容往往带有指示性、结论性的明确表态。

一、批复的概念

依据《条例》规定，批复适用于答复下级机关请示事项。

二、批复的分类

批复只针对下级党政机关的请示而行文，从批复的内容上可分为以下三种。

（一）对下级要求批准某种事项的批复

这类批复是专门用来答复下级机关关于“请求批准某种事项的请示”的批复。

（二）对下级请求解决某种问题的批复

这是专门用来答复下级机关关于“要求解决某种问题的请示”的批复。

（三）对下级要求明确某种问题的批复

这是一种政策性较强的批复。这种批复是专门用来答复下级机关关于“请求明确和答复某种问题的请示”的。

三、批复的特点

（一）内容的针对性

批复内容有很强的针对性，批复针对下级请示事项，不能答非所问。

（二）行文的被动性

批复必须以请示为存在条件，一定是先有请示后有批复。

（三）批复意见的权威性

在批复中，上级机关的表态是经过会议研究作出的决定，因而具有权威性，下级机关必须坚决执行，不得任意更改。

四、批复的拟写

（一）标题

批复的标题通常有三种写法：

（1）关于+事由+批复，例如：关于×××消防支队购置消防车的批复。

（2）同意（或不同意）+事由，例如：同意调第×中队执行××××任务。

（3）复+请示文书的标题，例如：复《关于增拨训练经费的请示》。

（二）正文

批复正文的写法通常如下。

1. 起首语

当批复的文书较多或经一定会议研究讨论，可在开头写一段简要的起首语。例如，“总队（或某某会议）研究了你支队×月×日关于××××问题的请示，现答复如下”。如果批复的内容比较简单，可不写起首语，而在所指出批复的请示文书之后，紧接着叙述对请示事项的答复。例如，“你（单位）×年×月×日报来的××号文（来文字号）收悉，经研究……”或“《××××》（标题）收悉，经研究……”。程式较为固定，便于受文机构查找请示的原件。

2. 对请示事项的答复

这是批复的重点，应对所请示的问题表明态度，给予恳切的答复。对下级请示解决某种问题和请示批复某种事项的答复，一般有以下几种情况：①同意请示的问题；②不同意请示的问题；③基本同意或部分同意请示的问题；④原则同意请示的问题。同意的，应把同意的内容简明扼要地写清楚；不同意的，要把不同意的理由说明白；基本同意或部分同意的，要把同意的问题和不同意的问题分别叙述清楚；原则同意的，除表明同意的态度外，还要把补充、修改、说明、强调的问题讲清楚。对下级要明确某种问题的请示，要给予明确具体的回答，不能似是而非，模棱两可。

3. 结束语

有的批复需要写结束语，其内容可以是请示机关及时报告执行情况，也可以是请示机关对尚需要进一步研究的问题，研究后另行请示。例如，“望高度重视，严密组织实施，确保××工作的顺利进行，并于×月××日前将××工作情况报总队。”一般情况下，不需要专门写结束语，也可以“特此批复”“此复”结束全文。

五、批复的写作要求

批复对执行机关来说，就是指示。因此，拟写批复要严肃认真、明确具体，如对有些问题不清楚或意见不大一致，要先作调查研究，搞清问题真相，再作答复，切忌草率从事，特别是对重大问题的批复更应如此。

（一）意见明确，具体可行

批复只答复请示事项，对请示的问题只作原则性、结论性的指示和决定，因此内容要求具体单一、不枝不蔓，不得夹带请示事项以外的内容。对请示中所有问题都要一一答复，不能自相矛盾或遗漏内容。态度要明确，意见要具体可行，语气要确切无疑。

（二）篇幅短小，语言简练

批复的内容一般比较简单，在安排结构时要注意紧凑合理，语言使用上也应适应篇幅短小的特点，一语中的，简练、准确。

（三）注意调研，掌握政策

在答复前应认真查阅有关法规政策依据，核实来文的内容和理由。如涉及有关部门的职权范围，宜加强协调，取得意见统一。

（四）回复迅速及时

因为下级是在遇到无法解决的问题时而制发请示的，如不及时答复，必然造成损失。在具体工作中对请示件的批复，分为即时批复和限时批复两种。对简单明确的请示事项，收文之日立即批复；对比较复杂的、需要经过研究的请示事项，在一定期限内批复。

（五）注意批复与批转性通知的区别

批复与批转性通知都是上级对下级的行文，但是，批复只是对来文请示有关事项的下级行文，而批转性通知是就下级来文所报告的事项或提出的意见而对所有有关的下级提出要求，下级的来文一经上级批转，就变成了上级的指示或意图。批复只与下级的请示一一对应，不需附带下级的已经上行的请示公文，而批转性通知要将对应下级的报告、意见等随批转性通知一起下发。

【参考示例】

市场监管总局关于消防救援“XF”和应急管理“YJ”行业标准代号和范围的批复

应急管理部：

你部《关于商请批复消防救援“XF”、应急管理“YJ”两个行业标准代码的函》（应急函〔2019〕74号）收悉。根据《中华人民共和国标准化法》及《行业标准管理办法》，经研究，现批复如下：

一、同意新增消防救援“XF”和减灾救灾与综合性应急管理“YJ”两类行业标准由你部作为主管部门。（行业标准代号和范围见附件）

二、请按照有关要求，建立完善运行高效的行业标准管理机制，制定维护科学合理的行业标准体系，切实保障与国家标准协调一致。做好行业标准编号、备案和复审工作，确保行业标准合规、适用。积极推进行业标准公开，依法对标准的实施情况开展监督检查，促进行业标准有效推广、实施。

三、请严格按照批复的范围制定保基本、守底线的政府公益性标准，不断优化行业标准结构和内容，防止利用行业标准干预市场主体微观经济活动，变相设置市场准入，实施妨碍商品、服务自由流通等排除、限制市场竞争的行为。

附件：1. 消防救援行业标准代号和范围
2. 减灾救灾与综合性应急管理行业标准代号和范围

市场监管总局
××××年×月××日

附件（略）

第十三节 函

函，原有封套、盒子之意，因古代寄信用“函”，后引申指信件。在这里，函指制式公务信件，是机关或单位之间联系商洽工作、查询事情或答复问题时使用的询答性、联系性公文。

一、函的概念

依据《条例》规定，函适用于不相隶属机关之间商洽工作、询问和答复问题、请求批准和答复审批事项。它是不相隶属机关之间商洽工作、询问和答复问题、请求批准和答复审批事项时使用的一种平行文种。

二、函的分类

函在实际行文中有多种类型。

1. 按行文方向分类

从行文方向上看，函可分为发函、复函。

发函是发文单位主动发出的函。

复函是受文单位针对来函，受动答复对方交办事项的函件。

2. 按内容作用分类

（1）商洽函：用于请求协助、商洽解决办理某一问题的函。

（2）询问函：对有关问题或事宜进行询问、征询、核查的函件。上下级或同级之间均可使用，如上级向下级询问工作情况或某一具体事项，下级向上级机关及主管部门询问有关方针、政策和工作中遇到界限不明确的问题等。询问函有时可作为商洽函的前奏。

（3）答复函：受文单位答复来文机关询问或主管部门函复申请事宜时使用的函件。

（4）告知函：主动告诉对方有关情况，而不需要答复的函件。

其中商洽函、询问函和答复函使用频率较高。

函是一个正式文种，行文时要采用正式文件的标注格式和发文字号，它的红色标志是由发文机关全称或规范化简称加“文件”二字，或在发文机关名称后面外加括号标注“函”组成。因此，不能把便函（即公务便信）视为函，便函不是正式公文，与函没有直接关系。

三、函的特点

（一）公文地位上的平等性

函不受作者职权范围和级别层次高低的限制。

（二）行文关系上的互动性

函体现一种双向的关系、平等的原则，具有与人相商、有问有答的互文关系。

（三）写作形式上的灵便性

函行文简短、形式多样、一文一事，写作上没有更多的限制。

四、函的拟写

（一）标题

标题要写明发函涉及事项。标题形式一般是“事由”或“关于+事由”。较多使用介词结构“关于……的函”，例如：关于举办地震救援实战拉动演练的函。

（二）正文

1. 基本内容

函的内容因性质而异，一般包括发函缘由、具体事项和处理意见三个部分。它属于“据、事、断”的组合模式。

2. 具体写法

1）开头

开头提出问题，说明缘由。发函通常从具体情况写起，写明针对什么、根据什么，或为了达到什么目的、出于什么原因，或写明是什么事等。其具体写法有两种：①从本单位写起，如“我单位根据……”。②从对方情况写起，如“据悉贵单位近期进行××××活动……”。

复函开头一般说明针对的来函，必要时还要概括来函内容，如“你单位《关于商请支持2020××消防设备技术及应急救援装备展览会有关工作的函》（××字〔××××〕15号）收悉……”。写缘由要开门见山。

2）主体

主体要写清具体事项和处理意见，写清请求、协商、询问、答复的事项。申请函应把请求批准事项交代清楚；商洽函应把与对方商洽、请求帮助的事宜和要求写明；询问函应向对方提出询问事项并视情提出对该事项的看法或意见；告知函应写明告知事项；答复函应写明对来函所谈事项的态度主张，表明己方意见，并且要直截了当，简明扼要。

3）结尾

根据内容写明要求，通常用固定词组结尾。申请函、商洽函、询问函的结尾，一般以商讨、请求的口气提出要求，如“请即函复”“请予解决”“请予以协助支持为盼”；告知函结尾可写“特此函告”；答复函结尾，如同意可写希望，如不同意可提供其他办法，也可以“特此函复”等结束。

（三）落款

一般写发函机关的全称或规范化简称、成文日期，并加盖公章。

五、函的写作要求

（一）讲究礼貌，措辞得体

函，不是一般信件，尽管形式上较为简单，仍需要认真构思起草，避免随意。函通常只适用于平级或不相隶属的机关之间，拟制时应本着尊重对方的态度，语气要谦虚、诚恳，以求得理解、协助和支持，切忌傲气逼人；措辞要礼貌得体，注意分寸。一方面，不要摆官架子打官腔，戒用命令、指示语气；另一方面，也不需客套恭维，曲意逢迎。

（二）中心明确，叙事清楚

函既要简短，又要把事情写清楚，还要使对方不会产生误会或疑问，一定要注意中心明确、突出重点。

（1）开门见山，直接切入函的主题。函的中心是问题或公务事项，只要说明依据和因由，把意见和办法阐述清楚即可。忌讳不必要的客套话，如“好久不见”“久未通信”“不胜感激”等不应出现函里，空洞抽象的大道理尽量少讲或不讲。

（2）紧紧围绕函中所涉及的公务事项写，讲清因由事项。重在叙事，不作讨论，不同性质的函要突出不同的内容，如商洽函要突出商洽的事项，询问函要突出询问的问题，答复函要针对来函答复对方的问题与要求。

（3）要一函一事，不要将几件事写在一起，以免影响对方的办理速度。

此外，函中所涉及的事项应在往来机关职权范围之内，函中所提出的问题和公务事项不仅是对方应当解决的，而且也是对方能够解决的。

（三）认清功能，辨析文体

函属商洽性公文，用于陈述情况，告知事项，具有桥梁、纽带作用，不具呈报、指挥与传达作用。使用时要正确认定函的使用范围，避免文种误用。

函与通知作用有相同之处，要认真加以区别：

（1）从性质看，函属商洽性公文，通知属知照性公文，二者都具有知照性。

（2）从效用看，函不具指挥传达作用，没有行政约束力；部分通知有指挥传达作用，具有行政约束力。

（3）从行文关系看，函是平行文，用于平行或不相隶属机关之间，可以在单位系统内部使用，也可用于与其他单位之间；通知属下行文，只在某种情况下用于平级机关，而且只限于在单位系统内部使用。

【参考示例】

应急管理部办公厅关于注销××省为民安全工程师咨询服务中心安全评价机构甲级资质的复函

应急厅函〔××××〕××号

××省应急管理厅：

你厅《关于注销××省为民安全工程师咨询服务中心安全评价机构甲级资质的请示》（闽应急〔××××〕38号）收悉。经研究，现函复如下：

依据《安全评价机构管理规定》（原国家安全生产监督管理总局令第22号）和《应急部办公厅关于加快推进安全监管系统所属安全评价机构转企改制或脱钩的通知》（应急厅〔××××〕208号），同意注销××省为民安全工程师咨询服务中心安全评价机构甲级资质。

请你厅做好收回该单位安全评价甲级资质证书正副本（证书编号：APJ-(国)-042）等工作。

应急管理部办公厅

××××年×月×日

第十四节 纪　　要

纪要是记述要点的文字，作为党政机关公文文种的纪要即会议纪要，是记载会议上主要情况和议定事项的一种公文文体。

一、纪要的概念

依据《条例》规定，纪要适用于记载会议主要情况和议定事项。

二、纪要的分类

（一）按用途和内容分类

依据纪要的用途和内容的不同，纪要分为两大类：一是用于反映会议议决事项的议决型会议纪要；二是用于反映会议有关信息的情况型会议纪要。

1. 议决型会议纪要

议决型会议纪要是对会议议决事项，即与会人员经过讨论或协商就其主要问题形成的一致认识，或与会各方共同确认的在完成一个共同目标过程中各方承担和享受的责任、义务、权利、利益等，经过归纳整理形成的一种公文。它实质上就是会议形成的决议或协议。

2. 情况型会议纪要

情况型会议纪要以记载会议进行的情况为内容，实事求是地反映会议的有关信息，即与会各方发表的认识和意见等。会议中没有决议形成，这类会议形成的会议纪要属于情况型会议纪要。

二者的区别在于：

（1）作用不同。议决型会议纪要，一般要求受文单位要按照纪要要求去做；情况型会议纪要，则是传达会议的有关信息。

（2）写作内容、范围不同。议决型会议纪要，要写形成一致性决定的意见；情况型会议纪要，既可以反映一致性意见，也可以反映不同意见，甚至还可以写相互对立的观点，其作用在于沟通情况，证明会议的客观存在，它具有参考性，不具有指挥性，对与会各方及有关单位不具有约束力。情况型会议纪要适用于公关性、协商性会议，以及带有新闻报道性质的消息型会议纪要。

（二）按性质和任务分类

依据会议的性质和任务的不同，将纪要分为专门会议纪要和例行会议纪要。

专门会议纪要是各级领导机关专门研究解决某一问题而召开的会议所形成的会议纪要。

例行会议纪要是研究处理日常事务的会议所形成的会议纪要。这种会议一般开会时间比较固定，或每周一次，或半月一次，或每月一次，出席人员、会议地点相对固定，如办公会、例会等。这种纪要，通常是将会议讨论和决议的事项用专门格式印发机关有关部门作为工作的依据。

三、纪要的特点

纪要与其他机关公文相比较，有着明显的区别。

（一）行文的特殊性

纪要主要用以记载会议的主要精神和议定事项，一般由机关内部自拟自用，这一点反映在会议纪要的格式上，就是没有主送机关，只有分送机关。纪要既可用于向上级汇报情况，又可用于向部属传达会议精神或作为办理某一事宜的依据，还可适用于不相隶属的机关。

（二）格式的特定性

根据《党政机关公文格式》规定：纪要发文机关标志由“××××会议纪要”组成，其标志位置同标明文种的其他机关公文，会议纪要不加盖印章。

会议纪要的格式与标明文种的公文格式的主要区别在于：可以以会议纪要标志代替公文标题；不标注主送机关，将受文机关标注在抄送栏内，将“抄送”改为“分送”；没有机关署名；一般应标注印发机关（版头无发文机关标志的应以机关而不以部门名义）和印发时间。标题或发文机关标志下的要素标注在使用中体现的不大一致，大体有四种情况：①在标题或标志下署落款时间；②例行会议纪要在标题或标志下一般不标注时间，而在括号内列出次数，如“（第×次）”；③在标题或标志下列出期数，如“（第××号）”；④在标题或标志下标注文号，如“（第××号）”。

会议纪要的生效时间：会议时间与落款时间不一致的，其生效时间以落款时间为准。以机关名义印发的，应以机关印发时间为准。

（三）写作的纪要性

会议纪要是会议研究讨论的产物，一般根据会议记录和其他会议文件（如会议简报、领导讲话、会议中各种材料）综合、提炼、归纳、整理而成，是对会议全面情况的客观反映，是整理出来而非记录下来的会议要点，因此称为“纪要”而不是“记要”。

（四）内容的指导性

会议纪要的写作内容主要是于会议上决定的各种事项或达成的一致性认识。这些议决事项或一致性认识带有一定的权威性和约束力，是有关单位做好相关工作的基本依据。有的会议纪要需要经上级批转到有关单位共同贯彻执行；有的会议纪要需要向下属单位和有关人员传达，以便贯彻执行。

四、会议纪要的拟写

（一）标题

会议纪要的标题通常有两种形式：

（1）会议名称或会议的主要内容加“纪要”。这是会议纪要常用的标题之一，例如：××领导小组工作会议纪要、灭火救援指挥系统专家评审会会议纪要。

（2）正副标题结合。正标题：事由（概括纪要中心思想）；副标题：会议名称+“纪要”。这种形式常用于隆重的大会、议决事项重大的会议，用正标题明确突出大会的主要议题，副标题标明会议的名称，如《以科学发展观为指导，开创对外开放局面——全市外经贸工作座谈会纪要》。

（二）正文

1. 导语

导语用于概述会议基本情况。通常要说明会议的根据和目的，以及会议的名称、会议的地点、会议时间、参加会议人员、会议的主持人、会议的主要议题、会议的主要议程、对会议总的估价等。

2. 主体

主体是正文的主要部分，也是会议纪要的主要内容。这部分要写出会议研究的问题，讨论的意见，作出的决定和对今后提出的任务、要求等。

主体部分要经过很好的分析、概括，提炼加工整理，把会议的主要精神和成果反映出来，常见的写法有三种：

一是概述式。该写法就是把会议的发言、情况综合到一起，列出几条概括地叙述出来。一般不反映意见性、要求性的内容，主要记载会议情况和结果。这种写法多用于小型会议，讨论的问题比较集中，意见比较一致，概括地叙述出来即可。

二是分项式。这种适用于规模比较大的会议，讨论的问题比较多，涉及的方面比较广。要求把许多意见加以分类整理，把会议内容归纳成几个问题，分项排列清楚，使之条理化。

三是记录式。这种写法是按照会上发言的顺序，把每个人发言中的主要意见整理出来。其好处是能如实地反映出会上的讨论情况和每个人的看法。一般只用于人数较少的座谈会和讨论会。

3. 结尾

结尾一般有三种写法：

（1）提出希望、号召，要求有关单位认真贯彻会议精神，努力完成会上提出的各项任务。该写法主要适用于需要马上贯彻传达的会议和有决定事项的会议。

（2）向会议的主办单位致谢，主要适用于跨系统的会议。

（3）主体写完自然结束，是最为常见的一种结尾。

五、纪要的写作要求

（一）要忠实于会议的实际情况

撰写者要实事求是地反映情况，只能取舍、概括、提炼与会者的发言，不能凭自己的主观愿望或某个领导人的意图随意增加会上根本没有涉及的内容，也不能添枝加叶或任意发挥，更不能曲解和违反会议讨论的原意。

（二）要突出会议的中心内容

“纪要”的词义就是整理要点。撰写会议纪要，必须真正摘其“要”，抓住会议的中心议题，认真分析研究与会者的发言，抓住要害和实质。一般说来，符合会议主旨和领导意图的材料、新颖独特的见解、代表性的观点、反映普遍性观点和问题等内容，都要认真分析研究，经过整理写到会议纪要中去，陈旧的一般性材料、重复性观点、繁杂的事例等都应舍弃。

（三）要注意使用提示语

在长期的写作中，会议纪要的语言形成了较鲜明的语言特色，在表述时，一般在每一个问题或段落之首都冠以“会议认为”“会议提出”“会议强调”“会议指出”“会议决定”“会议希望”等开头语，有时还以“某某指出”“某某表示”“某某认为”“某某说”等开头语叙述问题。无论用哪一种开头语，一定要语言贴切，恰到好处，切忌滥用。同时，还要搞清楚所写会议纪要的目的，目的是上报，就要用上报的口气来写，如“会议讨论了以下几个问题”“与会同志认为”“会议提出”等用语；目的是下发，则用对下级提出要求的口气来写，可用“会议决定”“会议要求”“会议强调”“会议希望”“会议号召”等起首语。

【参考示例】

中共××××××××××××××××委员会
常务委员会会议纪要

第 18 期

××××××××××组织处　　　　　　　　　　　　××××××××××× 2021 年 5 月 25 日

2021 年 5 月 24 日下午，学院在机关楼五楼党委会议室召开党委常委会会议，传达学习上级文件精神，研究审议相关事项。会议由学院党委书记×××同志主持。

一、传达学习推进《深化新时代教育评价改革总体方案》落实落地研讨班会议精神，研究贯彻落实意见。会议指出，此次中央教育工作领导小组秘书组、教育部举办研讨班，解读教育评价改革配套文件，研讨交流典型案例与热点难点问题，对于进一步凝聚改革共识，将教育评价改革引向深入具有重要作用和深远意义。当前，学院在推进教育评价改革上还存在着认识不足、站位不高、上下一般粗等突出问题，亟须在下步工作认真研究加以解决。各级**务必要在认识上再深化**，深刻领会“为什么改”“改什么”和“怎么改”精神实质，不断增强投身教育评价改革的责任感、使命感，切实站在践行立德树人根本任务以及为党育人、为消防救援事业育才初心使命的高度，系统把握教育评价改革的政治内涵。**务必要在问题上再梳理**，紧盯《总体方案》部署要求，对前期总结梳理的问题清单和工作台账开展一次“回头看”，切实让“回头看”工作成为明确改革重点和关键环节的过程、成为找准改革推进路径和工作方法的过程。**务必要在措施上再强化**，针对阶段性要求和重点目标，抓紧修订完善学院《实施方案》，将推行改革以来各级各类文件规定，分门别类汇编成册，指导建立学院管长远管长效的制度机制，切实让各级和广大干部教师有章可循、有规可依，在对标对表中逐项逐条落实到位。

会议强调，深入推进教育评价改革事关教育发展方向、事关高校立德树人根本任务、事关民族的前途命运，是学院当前和今后一个时期最重要的政治任务，是各级党组织必须要坚决扛起的最严肃的政治责任，是全体干部教师必须不折不扣完成的最核心的政治使命。**一是要在解决思想问题上狠下功夫。**各级领导班子要切实发挥好“领头雁”作用，带头深入学习领会教育评价改革的时代背景和战略深意，把改革工作纳入“三重一大”事项，定期召开会议，专题研究部署教育评价改革推进情况，坚决防止和纠正把教育评价改革当作一般性工作对待。下步，学院将召开党委扩大会议，专题围绕党组织如何深化思想认识、各级各类人员如何提高思想认识展开研究讨论，确保教育评价改革始终沿着正确的方向深入推进。**二是要在解决落实不力上狠下功夫。**要把教育评价改革作为落实主体责任的重要一环，把推进改革与学院前途命运紧密相连、与办学育人质量水平紧密相连、与教学科研根本指向紧密相连，以加强师德师风建设为切入点，切实解决好长期以来困扰学院发展的重点、难点问题，推动形成“一级带着一级干、一级做给一级看”的抓落实体系。**三是要在解决“指挥棒”不实上狠下功夫。**有什么样的评价指挥棒，就有什么样的办学导向。各级要深刻认识到，解决好教育评价指挥棒问题，是全面激发学院改革生机活力的关键，必须紧紧围绕立德树人落实机制更加完善、教师潜心育人评价制度更加健全、学员全面发展的评价办法更加多元的目标，在加强形势分析研判、主动借鉴先进经验的基础上，建立起一套符合学院实际的总体评价体系。以上工作，由×××同志牵头负责，×××同志配合。

二、审议学院《涉外国驻华使领馆人员活动管理办法》。会议研究并通过了办公室提交的《涉外国驻华使领馆人员活动管理办法》。会议强调，规范学院涉外国驻华使领馆人员活动管理是一项事关高校政治安全和意识形态领域安全的重要事项，具有极强的政治性和严肃性。学院作为国家综合性消防救援队伍的重要组成部分，贯彻“两严两准”建队要求，坚持纪律部队建设标准，更应当提高政治站位，从严管控涉外活动。会议决定，批准实施该《办法》。办公室要加强与部教育训练司、国家合作与救援司的请示报告、沟通协调，确保学院涉外工作安全规范、高效有序。

三、研究各单位关于召开党员大会（党员代表大会）选举党委委员有关事宜。

（内容略）

四、审议《面向在校生考核选拔航空救援专业人才培养对象实施方案》。会议审议并通过了学生工作处提交的《面向在校生考核选拔航空救援专业人才培养对象实施方案（送审稿）》。会议指出××××××××××××××××××××××××。

出席：×××、×××、×××、×××、×××、×××、××

列席：××、×××、×××、××

记录：××

报送：学院党委常委。

分送：各部系，机关处室，直属单位。（共印38份）

第二章　常用事务文书

第一节　概　　述

在现代社会里，各机关、部门、单位之间的联系频繁，要处理的事务日益增多，需要运用事务文书交流情况、沟通联系、总结经验、指导工作，因而事务文书的应用范围越来越广。

一、常用事务文书的特点

事务文书是为传递信息、交流情况与经验、处理公务、解决实际问题而写作的，一般有特定的发送对象和明确的发文目的，讲求实用。事务文书主要有以下几个特点。

（一）针对性

事务文书要有明确的针对性。无论是计划、总结、调查报告，或是各种简报，都要根据党和国家的有关方针政策，以及当前的形势和全局情况，联系实际，实事求是。针对性越强，事务文书的实用性和指导性也就越强，这样的事务文书才会有更大的现实效用。

（二）具体性

事务文书的应用性、指导性，必须建立在内容具体充实、观点明确的基础上。事务文书的内容具体、明确，是指陈述的情况确切、实在；反映的问题明确，有分寸；总结的经验切合实际。

（三）指导性

事务文书是用来处理事务的，其内容是针对现实情况或工作中的问题进行调查、分析、总结或研究，目的是解决实际问题，推动实际工作的开展。因此，事务文书对实际工作具有现实的指导意义。

（四）真实性

事务文书的指导性以真实性为前提。真实，是指材料信息准确、情况真实，典型经验合乎规律，观点体现普遍原则，表达实事求是。

（五）灵活性

较之党政机关公文，事务文书的体式更加自由灵活。在结构形式上，一般没有严格的限定；在表达方式上，更加多样化，常常结合使用叙述、说明、议论；在语言运用上，富于生动性，可以在真实反映情况的前提下，讲究语言表达的艺术效果。

二、常用事务文书的写作要求

（一）深入调查研究，获取第一手材料

写事务文书首先要进行深入细致的调查研究，全面了解和掌握实际情况，尽可能多地搜集、积累材料。情况清楚了，材料丰富了，文书才能写得具体、充实，才能有更大的应用价值。

（二）实事求是，切实可行

各种事务文书都是为了解决工作中的实际问题而写的，必须实事求是，这样才能使人们了解真实情况，切实指导工作，才有利于解决实际问题。与此同时，制订计划也好，提出解决问题的办法或措施也好，必须切合实际、切实可行，这样写出来的文书才具有使用价值。

（三）格式约定俗成，语言准确、简练

事务文书的格式虽然不像公文那样程式化，但许多文种的格式都有约定俗成的特点。在结构方面，事务文书要求开门见山、突出重点、层次分明；在语言方面，要求简洁、质朴，表意准确。

第二节 计　　划

计划是机关、团体、企事业单位及个人为了完成某项任务或为了达到某一目标而对一定时期的工作事先做出安排和打算时采用的一种文体。计划不仅体现工作目标、工作步骤、工作思路、工作方法和工作要求等，使各项工作有条不紊地进行，同时又可作为检查各个阶段工作完成情况的重要依据。

一、计划概说

（一）计划的特点

计划具有指导性、针对性、程序性、预见性、可行性、可变性等特点。

（1）无论制定哪类计划，都必须有明确的针对性，即每一项工作达到什么目标，要提出时间、步骤、进度、质量等方面的具体要求，能够量化的则要量化，不能量化的也要有质的要求。

（2）计划是事先对活动所做的安排与打算，而事物在其发展过程中会出现这样或那样的变化，为实现预定目标，必然要对活动过程中可能出现的情况进行分析与估计，并要对可能出现的困难、问题等提出切实有效的措施和方案。

（3）计划的内容不同，可以有不同的写法，但必须具备四要素：责任人、任务、措施和时间，即谁来做、做什么、怎么做、什么时候做，这就构成了计划的比较固定的写作程式和规范。

（4）计划在执行中可以根据现实中随机出现的特殊情况做一些增删处理。

（二）计划的分类、类型

计划的应用广泛，种类繁多，从不同的角度可以划分为不同的种类。按内容划分，有综合计划、专项计划；按性质划分，有工作计划、学习计划、训练计划、作战计划、教学计划、科研计划等；按范围划分，有国家计划、部门计划、单位计划、机关计划、中队计划、个人计划等；按时间划分，有长期计划（即规划）、中期计划（年度计划）、短期计划（季度计划、月计划、周计划）；按形式划分，有文字叙述式计划、图表式计划、文字图表结合式计划、网络计划等；按详略程度划分，有规划、纲要、要点、安排、方案、设想、部署等；按约束力的强弱划分，有指令性计划、指导性计划；按使用时机划分，有战时计划、平时计划。

规划是计划中最宏大的一种，是指为完成某一任务而做出的比较全面的长远打算。

纲要是各级领导机关根据战略方针，为实现总体目标对某一方面的工作做出长远部署的计划类文书。纲要比规划更为原则和概括，一般只对工作方向、目标提出纲领式要求和指导性措施。

要点多是从上级机关某一项重要或较大工作计划中摘录出来整理而成，使计划的主要内容简明突出，便于以文件的形式下发。

安排是短期内要做的，且范围不大、内容单一、布置十分具体的一种计划形式，是计划中最为具体的一种。

方案是计划中内容最为复杂的一种，一般从目的、要求、方式、方法、进度等方面写得具体而周密，有很强的可操作性。

设想（构想、思路和打算）是一种粗线条的、初步的、预备性的非正式计划，是为制定某些规划、计划做准备的，是一些初步想法。

二、拟制计划的一般方法

工作计划的写作没有固定的模式，通常可根据实际情况灵活拟订。但实际工作中，工作计划的拟制会反映出一些规律性的东西，正确地理解和把握好这些基本知识，是写好工作计划的前提和基础。

（一）标题

一个规范的、完整的工作计划的标题，就其内容而言，通常包括制订计划的单位、计划的时间、计划的内容和计划的类型样式等。其具体写法有以下三种：

（1）四要素法，即标题囊括上述四项内容，例如：××支队××××年战训工作要点。这里“××支队”是单位，“××××年”是时间，“战训工作”是内容，“要点”是计划的类型样式。

（2）三要素法，即标题只包括四项内容中的三项。常见的有两种写法：一种是时间、内容、类型样式，如“××××年新招录消防员装备训练计划”；另一种是单位、内容、类型样式，如“××中队艰苦奋斗教育安排”。

（3）二要素法，即标题只含有四项内容中的两项。在工作计划中，这两项一般是计划的内容和计划的类型样式，如“首期潜水救援培训计划”。

一般情况下，凡属正式行文性质的，采用四要素法的比较多；一些非正式的工作计划的标题，可酌情采用二项或三项要素法，但标题的缺项部分应在工作计划的正文或结尾处有所交代。

（二）正文

正文是计划的基本内容，它包括引言、主体、结尾三个部分。

1. 引言

引言是为了点出工作计划的主旨，引出具体内容。引言一般包括计划的指导思想、计划的政策依据、计划的总目标、计划的目的要求、工作情况的分析等内容。这些内容，并非每份工作计划都项项不漏，而是根据工作对象的实际情况，酌情取舍。

引言的写作方式，常用的有四种：一是阐述计划依据。先将党中央、国务院或上级的部署要求阐述清楚，然后引出工作计划的具体内容。二是直接提出任务。开门见山地提出计划的总目标，为叙述计划的具体内容作铺垫。三是分析工作形势。先简要回顾前段工作情况，指出存在的问题，进而引出下一步的工作打算。四是综合运用上述方式。

2. 主体

主体是工作计划的核心成分，要求写得周全明白、简洁条理。

1）主体内容

（1）目标任务：写明一段时期内工作的总任务、总目标以及阶段性的任务和目标，并作出相应数量和质量上的规定，解决“做什么”和“做到什么程度”的问题。

（2）实施步骤：对下一步工作提出时序上的要求。应写清各项工作安排的先后顺序和完成各项任务的时限，有时还要作出人力、物力上的安排。在此，主要解决“何时做”以及“分几步做”的问题。

（3）措施方法：完成任务、达到目的的方法和策略，主要解决“怎么做”的问题。这一部分是工作计划的难点，因为要提出正确有效、独具匠心、具有创造性，且同任务、目标联系紧密的措施方法，不是件容易的事情，而制订计划的熟练程度和水平，恰恰体现在这里。

（4）责任区分：根据任务的责任范围，明确哪些单位、部门或人员完成哪项任务，做到责任分明、分工合理。这部分内容主要解决“谁来做”的问题。

2）主体结构

（1）条文式：在导语之后把计划分成若干部分或条款，通过文字叙述，逐一说明计划的内容。单项工作计划通常采用这种形式。

（2）表格式：用表格的形式表达计划的内容。

（3）综合式：既有文字叙述，又有表格形式。有的以文字叙述为主，附加表格；有的以表格为主，加以文字说明。这种方式，综合性计划和单项性计划均可采用。在写作过程中，采用哪一种结构形式，应根据计划的内容和领导的意图灵活安排，不拘一格。

3. 结尾

工作计划的结尾部分，可根据行文的需要决定取舍。无须写结尾的情况下，结尾的有关内容应在主体部分有所表现。若要写，一般可以采取下列方式结尾：

（1）突出重点、指出关键环节。把未来工作中的重点任务与实施过程中的关键环节交代清楚，以便分清工作主次，有重点地、全面地完成任务。

（2）强调注意事项。依据预测到的实际工作中可能出现的问题，提出防范措施，以保证工作计划的顺利实施。

（3）提出号召，鼓舞斗志。运用鼓动性的语句，动员和激励大家坚定信心，鼓足干劲，保质保量地完成任务。

正文结束后，应写上署名和成文日期。

三、拟制计划的要求

（一）任务清楚，具体可行

计划是为完成某项任务或为了达到某一目标而对一定时期的工作事先作出的安排和打算，所以任务要交代得清楚具体。一是总任务要讲清楚，并且围绕总任务提出指导思想、工作原则、工作目标、工作思路；二是任务要具体，将任务分解为一项项具体工作或指标，并提出明确具体的目标要求，目标能够量化的要予以量化；三是任务要可行，要本着实事求是、量力而行、可望实现、留有余地的原则，将任务表述为一件件可落实的工作。

（二）措施明确，周密完善

在制定和写作计划时，措施的表述要做到以下几点：一是突出关键措施和主要措施，要表述清楚必须创造哪些主要条件、采取哪些主要手段、运用哪些主要方法，克服哪些主要问题、排除哪些主要障碍等；二是要注意逻辑顺序，重要的先说、详说，次要的后说、略说；三是表述时要理清各项措施的关系，尽量做到周密完善；四是要具体，要讲清如何做，不能太抽象、太原则化。

（三）文字简练，语言准确

计划是一种指导性很强的文体，在语言运用上应表达准确，恰如其分，讲究朴实简练，不可华而不实、夸大其词。准确包括两方面：一是语言运用要准确，否则易造成误解；二是选择修饰词语要注意分寸，否则容易出现不准确的现象。

【参考示例】

关于开好党史学习教育专题组织生活会实施方案

××党委（支部），机关党委：

为深化党史学习教育成效，交流学习体会，开展党性分析，提升学院各级党组织政治功能和组织力，按照《中共中央关于在全党开展党史学习教育的通知》和中央党史学习教育领导小组《党史学习教育工作方案》，以及部党委党史学习教育领导小组印发的《关于开好党史学习教育专题组织生活会有关事项的通知》精神，现就开好学院党史学习教育专题组织生活会，制定实施方案如下。

一、专题组织生活会主题

“七一”后，学院各级党组织围绕“学党史、悟思想、办实事、开新局”主题，认真贯彻“学史明理、学史增信、学史崇德、学史力行”要求，以党支部或党小组为单位，组织党员召开一次专题组织生活会。

各级党组织要深刻把握主题内涵，精心组织安排，认真扎实做好每个环节工作。要认真对照党史学习教育目标要求，深入总结学习的感悟和收获，深入查找自身的差距和不足。要紧密联系工作实际，以习近平总书记关于教育和应急管理重要论述和重要指示批示精神为指导，忠实践行习近平总书记重要训词精神，着力在为党育人、为消防救援事业育才上下功夫。要通过召开专题组织生活会，进一步加强各级党组织建设和对党员的教育管理监督，增强“四个意识”、坚定“四个自信”、做到“两个维护”，充分发挥党支部战斗堡垒作用和党员先锋模范作用，坚定信心、担当作为，努力推动学院转型升级、跨越发展，以优异成绩庆祝建党100周年。

二、时间安排

这次专题组织生活会，从7月初开始，原则上到7月下旬结束，具体时间由各单位党组织根据实际情况确定。党员领导干部要以普通党员身份参加所在党支部或党小组的专题组织生活会。

三、实施步骤

具体分5个步骤组织实施：

（一）组织认真学习（会前）。（内容略）

（二）普遍开展谈心谈话（7月6日前）。（内容略）

（三）深入盘点检视（7月11日前）。（内容略）

（四）严肃开展批评和自我批评（7月15日前）。（内容略）

（五）抓好整改落实（7月16日至7月下旬）。（内容略）

四、有关要求

一要高度重视，加强领导。各党组织要高度重视，切实加强领导，认真做好召开专题组织生活会有关工作。各党组织书记是开好这次专题组织生活会的第一责任人，要亲自抓，认真组织开好专题组织生活会。根据工作需要，各党委可派人列席所属党支部或党小组专题组织生活会，掌握有关情况并进行点评。

二要紧扣主题，深刻剖析。突出差距不足，突出问题导向，聚焦盘点检视内容，紧密结合实际，深入搞好党性分析，严肃开展批评和自我批评，着力增强党内政治生活的政治性、时代性、原则性、战斗性，提高组织生活会质量。

三要精心准备，开出实效。根据《通知》要求，部党委巡回指导组和学院党史学习教育领导小组要审阅党员领导干部参加专题组织生活会的具体方案和发言提纲，并采取随机抽查、列席指导、巡听旁听等方式加强督促指导。各级要按照时间节点，抓实每个步骤的工作，力戒形式主义，避免走过场，确保专题组织生活会取得实效。

专题组织生活会后，请各单位党委及时将会议情况报送学院政治部。

中共××××××学院委员会

××××年×月×日

第三节　总　　结

总结是对一定时期内工作任务的实践情况进行全面的回顾和具体分析研究，并做出总的评价和结论的一种文书。总结具有鉴定性、概括性、认识性等特点，它是人们深化认识的重要途径，是实现科学领导的重要依据，是交流经验、推动工作的基本方法，是提高干部素质的有效环节。

一、总结概说

（一）总结的种类

总结的种类较多，按时间划分，有年度总结、季度总结、月份总结、阶段总结等；按内容划分，有综合性总结、专题性总结；按范围划分，有单位总结、个人总结、业务部门总结、领导机关总结、队伍总结等；按性质划分，有学习总结、工作总结、思想总结、各种会议总结、各种活动总结等。按用途划分，有侧重于汇报工作的总结和侧重于推广经验的总结。

（二）总结的作用

总结具有客观性、说理性、自我评估性的特点。总结是对已经做过的工作实事求是的总结，应该完全忠实于客观事实，里面选用的所有材料，包括细节都必须是实际做过的，不能添枝加叶，不能只报喜不报忧，也不能只报忧不报喜，任意虚构更是不允许的。总结不是单纯的叙事性或说明性文体，不能只局限于罗列已经做过哪些工作，而是要在说明做了哪些工作取得了哪些成绩的基础上，对已经做过的工作进行深入分析，进行概括升华，并给予适当的评价。通过对工作的回顾和检查，从中找出经验和教训，以发扬成绩，克服缺点，把今后的工作做得更好。

（三）总结的基本内容

总结一般包括基本情况、经验教训、存在问题和今后意见四个部分。

（1）基本情况：一是工作的历史背景，说明是在什么情况或条件下开展工作的，有的总结则把历史背景放在导语里；二是工作的简要过程，主要是对工作过程进行概括，或者说明针对工作的特点做了哪些事；三是工作成绩，就是根据党的方针政策和上级的有关指示精神来衡量，把主要成绩和收获写出来。

（2）经验教训：是总结的重点，要把工作中的做法、效果和体会，成败得失及原因归纳出来，加以系统化、条理化，总结出带规律性的东西，以指导今后的工作。

（3）存在问题：此部分虽然篇幅不长，文字不多，但应当实事求是地把工作中存在的问题反映出来，并认真分析其原因，以起到亡羊补牢的作用。

（4）今后意见：阐明今后工作的努力方向。在肯定成绩找出经验教训的基础上，根据存在的问题，提出改进措施、今后打算。综合性总结应根据领导的意图分条详述，也可原则提出。如果“今后意见”另有专门材料，在总结中就不必再提。专题总结的“今后意见”应少写，也可省略。

二、拟制总结的一般方法

（一）标题

总结的标题有三种写法：

（1）写明总结的单位、总结的内容及总结的时间段和文种，例如：××××新训骨干集训总结、×××支队年度工作总结、新招录消防员入职集训总结。

（2）观点式标题，例如：运用条令条例，整顿作风纪律。

（3）正副标题式，用明确的观点作正标题，而在副标题中标明单位、工作项目和文种，例如：以考促学补短板 固本强基促提升——××市森林消防支队圆满完成第三季度按纲建队考核。

（二）正文

1. 正文内容

1）导语

一般是概述基本情况，简要介绍有关形势和工作背景及环境，说明开展工作的依据、条件、任务与要求，以及工作或任务完成的基本情况。目的是使读者对全面情况有一个粗线条的概括了解。这部分内容要提纲挈领，高度概括，注意用数据说明成绩。

2）主体

主体部分要对工作情况进行全面系统地回顾、检查，列出取得的主要成绩，并加以分析，回答为什么要这样做和为什么能这样做；哪些做法是成功的、行之有效的，有什么经验体会，揭示取得成绩的主客观原因。要在摆事实讲道理、摆过程讲成绩的基础上，概括出规律性的东西。综合性总结和专题性总结，都应有经验和体会。

应注意克服两种偏向：一是脱离工作实践，抽象地空谈经验和理论；二是就事论事，所谈的经验上升不到理性认识。

3）结尾

结尾即存在的问题和改进意见。表述存在问题时力求做到：一要实事求是，把工作中存在的问题、缺点和不足要恰如其分地分析，不应重笔详述，也不可轻描淡写；二要有概括性，抓住要害，概述存在的问题。表述今后意见，要简练、概括、自然，注重方向性和针对性。

2. 正文结构

正文部分的结构，多是从纵式和横式两个角度组织材料、安排结构，常见的结构形式有以下几种。

（1）部分式：把总结的基本内容分成若干部分来写，每个部分分别冠以小标题或者分别标上数码次序，在每个部分里又可分若干层次和段落。这种部分式的写法既可写成四个部分，也可写成三个部分或两个部分。四部分，即基本情况、经验教训、存在问题和今后打算；两部分，即基本情况与经验教训为一个部分，存在问题与今后意见为一个部分。这种部分式写法，对机关总结和综合性总结较为适用。

（2）阶段式：把工作的整个过程，按时间的顺序划分成几个阶段来写，每个部分写一个阶段，并把这个阶段的工作情况、经验和教训结合起来写。其好处是便于看出工作的开展进程和每个阶段的特点，适用于总结阶段性的工作。写作时，应注意各个阶段的特点及各阶段之间的连贯性。

（3）条文式：把总结内容按事物的逻辑关系穿插在一起，分成若干条来叙述，有情况、有分析、有结论。如毛泽东《关于打退第二次反共高潮的总结》，就是这种写法。这种写法适用于专题性总结。写作时，应注意条文之间的内在联系，以免出现形式上的自由和内容上的混乱。

（4）段落、条文结合式：在正文的开头一个段落写基本情况，然后用“条文式”对经验和教训逐步加以阐述，最后再以“段落式”比较原则地讲存在问题和今后意见。专题性总结采用这种方式较多。如内容单一而又比较简单的总结，就不需要分部分和条文了。

三、拟制总结的要求

拟写总结容易出现的问题：一是不予概括，记流水账；二是只谈成绩不找问题；三是前后矛盾，不予协调。解决上述问题，必须从以下几个方面做起。

（一）实事求是，一分为二

这是写好总结的基础。做任何工作都不可能是十全十美的，总会有成绩又有不足甚至是某些失误。写总结必须从客观实际出发，如实反映情况，要一分为二，既要反映成绩总结经验，又要适当批评错误，弄清存在的问题，才能写好总结，发挥总结应有的作用。

（二）全面评价，突出重点

这是写好总结的基本前提。写总结时，必须全面看问题，全面评价工作，但内容要有所侧重，不能主次不分、详略不当。要在把握整体的前提下，抓住主要问题、主要情况，加以深刻分析，力求从现象中得出规律性的结论。

（三）条理清楚，层次分明

这是写好总结的基本要求。写总结的目的不同，有的总结要向上级汇报，有的总结要向同级单位介绍，有的总结则要向下级宣讲。因此，一定要注意眉目清楚，层次分明，条目不宜繁杂，让人一目了然。

（四）分析研究，找出规律

这是写好总结的关键。写总结时，要占有大量、丰富的材料，要进行认真分析，从中找出规律性的东西。要重点总结那些具有指导意义、行之有效的典型经验，要阐明其来龙去脉，论证其发展趋势，才能总结出经验教训，写出较好的总结。

（五）叙议结合，详略得当

这是写好总结的基本方法。总结作为日常工作中常用的一种实用文体，既不同于叙事性的文章，又不同于文学作品。从表述方式上讲，既要用叙述的方式谈情况、讲做法、摆成绩，又要用议论的方式分析原因、谈出体会、揭露问题，要求叙议有机结合。语言要求准确、简明，不可拖泥带水、过分笼统和修饰。

【参考示例】

××支队开展纪律作风暨安全教育整顿总结

为深入解决队伍管理中存在的突出问题，全力确保队伍高度集中统一和安全稳定，××消防救援支队以“管、查、讲、赛”四项举措，部署开展纪律作风暨安全教育整顿活动，取得显著成效。

一、以“管”促规范提升队伍管理水平

支队党委把贯彻落实纪律作风暨安全教育工作作为当前一项重点工作摆上议事日程，精心组织，全面部署。成立督导帮扶组，从“一日生活制度、环境内务、纪律规矩、工作作风”四个方面入手，及时掌握各科室、各站有令不行、有禁不止、效率不高等问题，活动开展以来，已有29名消防救援人员因上述问题被扣发福利待遇，切实形成了“抓点带面、辐射全员”的效应。

二、以“查”补短板增强安全防控能力

支队将“安全隐患、请销假程序、履职尽责、责任落实”四个方面进行重点查摆，同时结合总队正在开展的“基层安全万里行”活动，组织班子成员对分管科室、各站营区进行安全检查、点验，对重点人、重点事进行精准管控，累计发现整改隐患58处。紧盯“涉赌、涉贷、涉密、涉酒”等重点环节，督促机关各科室负责人、各站主官在周例会上集中汇报各项安全工作落实情况，确保不漏人员、不丢环节、不留死角，及时堵塞安全漏洞，确保队伍安全稳定。

三、以“讲”强能力提高业务理论水平

支队精心组织“党课人人讲、战术研讨授课、社会消防安全培训授课”三项理论授课竞赛，通过“以论促学”的方式，随机抽取机关各科室、各站一名干部讲授“党史教育、救援案例、业务训练、防火宣传”等相关理论知识，为广大消防救援人员搭建展示自我、提升能力和交流工作的平台，增强支队干部会做思想工作、善做心理疏导、能讲业务理论的能力，在支队范围内形成“比学赶帮超”的良好氛围。

四、以“赛”抓主业提高执勤战备能力

支队以“队列会操、350兆通信组网考核、作战训练安全知识竞赛、体技能比武”四项竞赛活动，支队各科室、救援站在训练场上、答辩台上比业务、比作风、比勇气、比毅力。参赛消防救援人员、专职消防员、文员人人参与、同台竞技，锤炼了队伍、鼓舞了士气，执勤备战能力不断提升。

××支队

××××年×月×日

第四节 简 报

简报是传递某方面信息的简短的内部小报。其书面形式简短、灵活、快捷，具有汇报性、交流性和指导性特点。简报又称“动态”“简讯”“要情”“摘报”“工作通讯”“情况反映”“情况交流”“内部参考”等。在实际工作中，经常会出现新的情况需要反映，新的问题需要及时解决，新的经验需要总结，这时可以选择运用简报这种形式，扎实有效地推进工作开展。

一、简报概说

（一）简报的概念

简报是机关内部向上反映情况或向下、向平行单位沟通情况时经常使用的一种简短的文字材料。一般不作为正式文件，兼有报告和通报性质，也可以说，简报就是简要的调查报告、简要的情况报告、简要的工作报告、简要的消息报道等。它具有简、精、快、新、实、活和连续性等特点。

从简报现行的情况看，它有三方面作用：一是使上级领导及时了解本单位工作情况，以便取得上级机关的指导和帮助；二是与同级单位沟通情况，促进相互了解；三是向所属单位传达有关方面的指示精神、部署工作、介绍经验、推动各项工作。

简报作为上下级之间、平行机关之间沟通情况的一种方法。所以，我们既不能忽视简报的作用，又不能把简报的作用过分夸大。对上级，它代替不了“请示”“报告”；对下级，它代替不了“通报”“纪要”。

（二）简报的种类

简报的种类从不同角度可作如下划分：按时间，可分为快报、周报、旬报，或定期简报、不定期简报。按用途，可分为汇报性简报、动态性简报、报道性简报、总结性简报、介绍性简报。按阅读范围，可分为机密性简报、公开性简报。按形式和内容，可分为综合简报、专题简报。

1. 综合简报

“综合”是相对于“专题”而言的。它主要反映本机关、本部门的工作情况，介绍工作经验和单位、个人的简要事迹，或者揭露问题、分析矛盾，并提出解决问题的办法。其内容有工作研究、经验总结、信息交流、好人好事、批评与建议、理论探讨等。

2. 专题简报

专题简报可以分三种类型：

（1）专项业务简报：反映例行性专门业务工作的简报，如“体能训练”“基层建设”“组织建设”等。

（2）阶段性中心工作简报：围绕、服务于比较重要的中心工作的简报，如《党史学习教育简报》《××快报》等。

（3）会议简报：反映大中型或重要会议进展情况而编发的简报。其内容主要包括会议期间的重要报告、讲话、讨论发言，以及会议的规模、与会人员的态度和其他有关情况。会议简报具有连续性和完整性的特点，从会议开幕到闭幕，各个阶段的每项活动都要分期编发，即“系列简报”。例如，××总队召开的“装备操作训练经验交流会”期间的简报，就可编成系列简报。编写会议简报常用的方法有概括法、重点法、摘要法和综合法等。由此可知，专题简报是反映某一项活动或工作的具体情况或重要问题的专题汇报。

（三）简报的特点

简报的特点是由它的任务决定的。简报的任务，主要是反映和交流情况，供上级领导部门及时掌握工作中的各种动态，供下属单位或有关人员了解上级或有关单位的情况、问题、经验，以作为开展工作的参考。简报承担的这个任务，决定了它必须具备以下几个特点。

（1）“简”：这是从名称到内容的一个显著特点，是简报的固有属性。简报应该是简明扼要、精悍短小的文字材料。它是常用事务文书中的轻骑兵，起到快速传递信息的作用。如果文字搞得很长，那就成了通报或报告，简报本身的意义也就不存在了。如何做到“简”呢？首先，选材要典型，内容要集中，一个简报一个主题；其次，搞好调查，摸透情况，突出重点，抓住关键，做到以一当十；最后，开门见山，直截了当，不说空话、套话，不穿靴戴帽，删繁就简。总之，“简”是简报的要义，文字要凝练，内容不求全面，可以概括某个要点或突出某个侧面。

（2）“快”：就是快写快发，快是简报的效益体现。简报也是一种“报”，因此它还具有一定的新闻性，在这方面类似新闻报道中的消息。简报不求全，但求快。只有快，才能真正发挥简报对工作的指导作用，更何况简报也是交流传递信息的一种手段，信息讲究“快”；否则，即使内容再好，也是马后炮，它的作用会大大受影响。当然，“快”是重事实的前提下的快，如果为追求快而不顾事实粗制滥造，甚至弄虚作假，这样就完全失去了它的意义。

（3）“新”：简报的价值表现。在内容上，简报要有新意，要反映新情况、新问题、新经验，能给人以启发、借鉴。简报的价值，就在于它能迅速及时地把各种新信息汇集输送到有关单位或反馈给上级机关及领导，包括思想方面的新动态、工作方面的新经验、值得注意的新情况、富于启发的新见解，以及新事物的萌芽、错误倾向的苗头等。

（4）“实”：简报的生命所在。只有空洞概念、花架子的理论包装，没有干货，只是把上级文件的提法或社会上流行的语言罗列进去，或说一些别人都知道的空道理，那就成了理论回笼，写得再简也没有意义。同样，如果事例只属于一般情况，没有自己的特点，套在哪个头上都合适，所谓通用型，那也没有报的意义。写简报一定要实打实，才能敲打出有价值的火花，为上级领导机关所需要。而要实，首先，要有老老实实的写作态度，不要靠抄抄凑凑，不要抓到一鳞半爪的东西就借助于想象大发议论仓促编写；其次，必须坚持绝对真实的写作原则，一定要实事求是，不能虚构、假设，否则简报将是一纸空文，毫无意义。

简报的四个特点，是有机联系、缺一不可的。这些特点都无条件地服从、服务于简报的历史使命。

二、拟制简报的一般方法

（一）简报的格式

在多年实践的基础上，简报大体形成了约定俗成的格式。一般简报分为报头、按语、正文、报尾三部分。

1. 报头

报头在第一页上方，占全页三分之一左右。中间是醒目的简报名称，即用套红大字的刊头，如“党纪工作通讯”“消防宣传工作”“教学工作简报”。“刊头”下面是简报期号，可按年度编号，也可以统一编号，可以用“第×期”的形式，也可以用阿拉伯数字的形式，还可以在后面加括号“(总第××期)”。期号下面左侧是主编单位的全称，如“中央纪律检查委员会”“×× ××政治部宣传处”“××总队办公室”等，右侧是印发日期。根据需要有时在简报报头左上角写上“内部刊物，注意保存”的字样，在报头与正文之间用一条红色分隔线隔开。其形式如下：

××××简报
(第×期)

基层党支部书记集训办公室　　　　　　　　　　××××年×月××日

---

2. 按语

按语在简报正文的标题前，有时需加一段编者按语，说明这份简报编写的原因和目的。按语的字号比正文的字号小，两侧天地留得比正文两侧天地宽。

编者按分为说明性按语、指导性按语、解释性按语。

3. 正文

在报头下面写标题，正文中间可以另加小标题。一份简报一般登一份材料，也可登可几份相类、相关或比照的材料，各份材料要分开，第一页可印上目录。会议简报一般只登一份材料。

4. 报尾

报尾在末页的最下方，排印三条与版心等宽的平行分隔线，在两条分隔线中间注明本期发放范围——报、送、发或加发的单位名称和个人职务姓名。末行注明本期印发份数，以备查考。也有把主编单位和印发日期放在最后的。其形式如下：

抄送：×××、×××。	（共印××份）
×××××××	××××年××月×日印发

（二）简报的写作

简报的写作原则：怎样能简明地把情况说清楚，就怎样写。简报基本上属于新闻的范围，其正文的内容及写法与新闻中的消息、通讯有其相似的地方。但是，并不要求完全按新闻的写法去写，可以从实际情况出发，不拘一格。

1. 标题

简报的标题，类似新闻标题，不同于通用公文的标题，其总要求是：

（1）揭示主题，即让人一看就知道简报的中心要说什么，不管是工作简报还是会议简报，标题要一目了然。例如：××函授面授教学工作圆满结束、××总队基层党支部书记集训班在××学校开训。

（2）简短醒目，即让人看了标题就动心，吸引人去看。例如：获得硕士学位授予权以后怎么办——关于提高研究生培养质量讨论会的讨论情况、别开生面的“验收”、一些先进单位和个人为什么怕上报纸。要做到醒目，在具体写法上，有的采取反问的形式，有的采取双提问的手法。

2. 开头

简报的开头一般均采用类似写新闻导语的写法，即把最新鲜、最重要、最吸引人的事实，或人们最感兴趣、最关心的事放在第一段开头处，唤起阅者注意。

简报开头的写法主要有以下两种：

（1）概述法，直截了当地概括叙述简报的主要内容。如某部一份题为《健全“五员”队伍，活跃宣传工作》的简报，开头是这样写的：“为适应新时期宣传工作的需要，某部根据上级指示，从××××年起逐步恢复、健全了报告员、党课教员、宣传员、理论辅导员、通讯员队伍，目前，总队有‘五员’300余人，他们在各级党委的领导下，在宣传战线上发挥了很大作用。主要表现在……”这个开头用的是概述法，把“五员”的基本情况（如人数、时间、总的评价等）都以叙述的方式作了介绍。

（2）点题法，简明扼要地点出简报的主题。如一份题为《某物资供应站有针对性地进行党性教育》的简报，开头是这样写的：“××消防站在整改中，抓住群众反映这个站‘门难进、脸难看、话难听、事难办’的问题，有针对性地进行党性教育，全站干部、消防员的思想作风发生明显转变”。这个开头，点出了简报的主题及所解决的核心问题是什么，写得很明确。

简报开头容易出现的问题是缺乏开门见山，爱犯“戴大帽子”和“绕大弯子”的毛病，空话、套话比较多，值得注意。

3. 主体

主体是简报的中心部分，是它的精华所在。一份简报写作水平的高低，主要看这一部分观点是否鲜明，材料是否精当，条理是否清晰，语言是否简洁。

怎样写正文呢？

首先，要精选材料。简报主要靠事实说话，而事实又集中在正文的主体部分。为了增强简报的说服力，一定要精心选好正文主体部分所使用材料。所用材料要真实可靠，无论是介绍情况或经验都要实事求是、讲真话，不添枝加叶，不张冠李戴，不随意编造；材料要新鲜，不拣陈芝麻，不放马后炮。

其次，要做到观点和材料统一。如果是先阐明观点，后列举事实，则所举事实要能有力地说明观点。如果是先列举事实，后阐明观点，则所阐明的观点必须在事实基础上统合归纳出正确的结论。

最后，要安排层次。简报的结构，以层次清晰、条理井然为原则。常见安排层次的方法有三种：一是简单列举，即把选取的材料，一条一条地排列出来的方法。材料之间是并列关系时采取这种方法，如《加强队伍保障单位纪检工作，需要正确认识三个关系》中，把“正确理解监督与发展的关系，惩处与教育的关系，揭短与扬长的关系”一条条分列出来。二是按逻辑关系安排。所谓逻辑关系是指事物之间意义上的内在关联，如因果、主次、递进等。简报常按这种关系来安排材料的先后次序。采取这种方法，必须对材料之间的关系有深入透彻的了解。如《送医送药上门，搞好优质服务》中，列举了三条经验：领导重视，行动快；医务人员认识明确，积极性高；充分发挥技术骨干作用，医疗效果好。这个顺序就是按从上到下，由一般到特殊的关系来安排的。三是按时间顺序来安排。这多用在叙事为主的简报中，是把材料按照事件的发生、发展和结果的自然顺序处理的方法。例如《某部发生严重车毁人亡事故》就是按照时间顺序来写的，开始交代事故发生的经过，而后写发生事故后如何处理的，最后分析事故发生的原因和教训。这样写的好处是条理分明，层次清楚。

4. 结尾

简报要不要写结尾，因内容而定。事情比较单一、篇幅较短的，可以不单写结尾，话说完就结束，干净利落。事情较复杂，内容较多的，可以写个结尾，也就是对全文做一个小结，以加深读者的印象。有些带连续性的简报，为了引起人们注意事情以后的发展情况，有时用一句交代性的话作为结束语。例如，事件发展情况将陆续报告，问题正在进一步调查研究中等。

【参考示例】

简　　报

第××期

基层党支部书记集训办公室　　　　××××年×月××日

编者按：××基层党支部书记集训×月×日正式开训。为加强对集训工作的指导，及时反映教学动态，交流学习体会，集训期间将开办教学《简报》。希望各中队、班和每名学员踊跃投稿，真正使简报成为集训工作的向导，成为交流思想的窗口，成为学员增长知识、开阔视野的良师益友。

××总队基层党支部书记集训班在××学校开训

汉水淘淘意，夹竹桃花开。××总队基层党支部集训班×月××日在××学校如期开训。“热烈欢迎××总队基层党支部书记集训参训学员”鲜艳醒目的欢迎辞，迎来了××名来自基层一线党支部正、副书记和总队、支队部分政工领导干部。

此次集训，是总队党委为贯彻习主席关于主题主线重大战略思想，狠抓基础工程建设，提高基层党的建设科学化水平的重大举措。总队党委首长对搞好这次集训高度重视，从集训指导思想、课程设置到组织领导都一一研究确定，并成立了集训领导小组。××、×××亲自审定集训方案，多次听取工作汇报，明确集训的宗旨和要求，指出集训要注重联系基层实际、注重解决实际问题、注重提高实际水平。××学校高度重视集训准备及保障工作，创造了良好的学习生活环境，确保如期开训。

×月×日上午10时，集训队举行开训典礼。总队×××政委、政治部×××副主任，××学校××校长、×××政委及集训队全体参训学员参加典礼。会议由××学校×××政委主持，×××作了题为《提高自己，为人表率，做合格的基层党支部书记》的动员讲话。××学校副政委×××、×××站站长×××分别代表集训队领导和学员表了决心。

×××在动员讲话中，首先从形势任务所迫、职责使命所系、特点规律所定、能力素质所需四个方面阐述了此次集训的重要性和必要性。随后，×××围绕“如何当好基层党支部书记”这一主题，从认清党支部书记的地位责任、应具备的能力素质以及如何树形象作表率三个方面，进行了深入阐述，既析事明理又用事例说明，既指路子又教方法，深入浅出，具有很强的思想性、指导性和操作性，为下一步加强基层党支部书记队伍建设指明了方向。

动员辅导中，×××还与参训学员进行了交流互动，现场解答了3名学员关于新任党支部书记在具体实践中存在的问题和困惑，让大家很受启发，也极大地调动了学员参训积极性。

动员结束后，集训队以班为单位组织全体参训人员，围绕×××动员讲话进行了认真讨论。大家普遍认为，×××的动员辅导理论上有高度，见解上有深度，贴近队伍实际，是动员，是辅导，更是授课。大家纷纷表示，一定要按照集训安排，端正态度，严格要求，虚心学习，高质量完成集训任务。

抄送：机关各处（室），各中队、班。	（共印20份）
本期责任编辑：×××	××××年×月×日印发

第五节 调 查 报 告

调查研究是一种非常重要的工作方法，毛泽东曾说：“迈开你的两脚，到你的工作范围的各部分各地方去走走。学个孔夫子的‘每事问’，任凭什么才力小也能解决问题，因为你未出门时脑子是空的，归来时脑子已经不是空的了，已经载来了解决问题的各种必要材料，问题就是这样子解决了……。”调查报告是承载调查研究成果的说明性文字材料。

一、调查报告概说

调查报告，是在对某个单位、某个问题或某一事件进行深入调查和研究之后，根据调查研究成果写成的书面材料。它属于说明性文书，主要通过事实说明其观点，对调查对象作出评价，阐明其意义，或从总结的经验入手，讲明某个道理。其特点是内容真实，针对性和时效性强，反映的问题带有普遍性、倾向性。

（一）调查报告的种类

调查报告就内容和性质来说，一般可分为三种。

1. 典型经验调查报告

它是对某个单位在各项工作中涌现的先进典型，通过调查研究，所写出的调查报告。这种类型的调查报告，其调查对象可以是某单位，也可以是某一个人；其调查内容可以是全面性的，也可以是某一个侧面。写典型经验调查报告，目的是介绍推广点上的经验，用以指导面上的工作。

2. 反映情况调查报告

它用于反映某单位或某方面情况并且作出合乎实际的分析估价和判断，为拟定某一工作的方针、政策和指导工作的顺利开展提供客观依据。

3. 揭示问题调查报告

它包括两方面的内容：一是工作中出现的重大问题或严重不良倾向；二是澄清是非，弄清某一问题的真相，从而为正确处理和解决问题提供依据。

二、拟制调查报告的一般方法

（一）标题

调查报告的标题通常有三种形式：

（1）正副标题形式，正标题指明调查报告的中心内容，副标题标明调查的对象和内容，例如：沉痛的教训——关于×××贪污受贿案的调查报告。

（2）只用一个标题形式，这种形式又分为两种写法：一种是直接写明关于什么问题的调查报告，例如：关于××支队职业技能训练情况的调查报告。另一种是用调查报告的主要观点作标题，例如：新时代消防员思想的几个特点。

（3）提问式标题，常用于揭露问题的调查报告或典型经验调查报告，如《×××为什么走上犯罪的道路?》。

（二）导语

导语通常有交代式、议论式、提问式、省略式等。

（1）交代式：简要交代调查的时间、地点、对象，调查的范围等，说明调查的结果和意义。另外，有些交代式调查报告的开头除简要说明情况外，侧重叙述所调查的主要内容，使导语对全文起统领作用。

（2）议论式：开头紧紧围绕中心思想，概述所调查问题的重要意义，发表看法和议论，以引起重视。

（3）提问式：紧紧扣住调查报告的主题，首先提出问题，引起思考。

（4）省略式：调查报告中没有导语部分，直接写正文。

总之，调查报告的导语部分应视具体材料和写作习惯而定，不能强求统一格式。

（三）主体

通常分若干小标题，也有的不用小标题，但要段落清晰，层次分明。就正文的结构而言，常用的有三种。

（1）纵式结构。按照事件发生、发展的变化过程或某一事件发生时间的先后顺序安排结构。通常使用于内容单一的调查报告。这种形式适合人们思维的一般规律，能使人清楚地了解被调查事件的来龙去脉、前因后果，从中得到启发。

（2）横式结构。有些综合性调查报告或典型经验调查报告涉及面广，采用纵式结构不容易交代清楚，可按照所反映事件各部分的内在关系，归纳成几个方面或几个问题，分别加以阐述，多方面、多角度集中反映调查报告的主题，这就是通常所说的横式结构。这种结构形式条理清楚，观点鲜明。

（3）纵横式结构。即纵式和横式结构相结合的形式，可以先叙述某一事件产生的前因后果、发展过程，概括出几点经验教训或体会，再用横式结构将内容分列成几个观点，使用材料说明观点时可按照事件的发展过程或时间顺序进行，从而使正文结构纵横相间。

（四）结尾

写法较多，有的概括全文，深化主题，提高人们的认识；有的意味深长，充满热情和信心，给人以鼓舞和力量；有的提出新的问题，启发人们去思考；有的写存在的问题、处理意见或今后打算，如果这些内容在正文里已写，则不用另写结尾。

三、拟制调查报告的要求

（一）精心提炼主题

主题是文章的灵魂，提炼主题是调查报告写作中最主要的环节。调查报告的主题必须带有针对性和普遍性的指导意义，能够反映单位建设中涌现出的新事物、新经验。要抓住单位建设中急需解决的问题，使调查报告真正起到反映情况、推动工作的作用。

（二）如实反映情况

写调查报告，必须力戒发生以下现象：持有偏见，先入为主；听汇报多，实地观察少；愿听顺耳的，不愿听逆耳的等。如果调查不得法、报告不准确，不但不能推动工作，反而会造成领导决策上的失误，特别是揭露性的调查报告，如果失真，就会处理不当，甚至造成冤假错案。

（三）明确表达观点

提倡什么、反对什么、赞扬什么、批评什么，观点要鲜明，态度要明确。

【参考示例】

长深高速江苏无锡“9·28”特别重大道路交通事故调查报告

2019年9月28日7时许，长深高速公路江苏无锡段发生一起大客车碰撞重型半挂汽车列车的特别重大道路交通事故，造成36人死亡、36人受伤，直接经济损失7100余万元。

事故发生后，党中央、国务院高度重视，总书记作出重要指示，要求全力做好受伤人员救治和伤亡者家属安抚等工作，尽快查明事故原因，依法严肃追究责任，各地区和有关部门要深刻吸取事故教训，进一步深入排查各类安全隐患，坚决遏制重特大事故发生。国家总理作出批示，要求全力抢救受伤人员，最大程度减少伤亡，妥为做好伤亡人员家属安抚等善后工作，有关部门要督促指导各地进一步加强道路交通安全管理，切实排查重点行业领域安全隐患，坚决遏制重特大事故发生。国务院副总理×××、××，国务委员××、×××等领导同志也分别作出批示。按照党中央、国务院要求，应急管理部、公安部、交通运输部、全国总工会等单位有关负责同志迅速率领工作组赶赴现场，指导事故应急救援、伤员救治、事故调查和善后处置等工作。

依据有关法律法规，2019年9月29日，国务院批准成立了以应急管理部为组长单位，公安部、交通运输部、全国总工会以及江苏省、河南省人民政府为成员单位的国务院长深高速江苏无锡“9·28”特别重大道路交通事故调查组（以下简称事故调查组），同时聘请有关专家参与事故调查工作。

事故调查组认真贯彻落实中央领导同志重要指示批示精神，坚持“科学严谨、依法依规、实事求是、注重实效”的原则，通过现场勘验、调查取证、检测鉴定、专家论证等，查明了事故经过、原因、人员伤亡和直接经济损失情况，认定了事故性质，查清了事故企业存在的问题及有关地方政府和相关部门在监管方面存在的问题，并针对事故原因及暴露的突出问题，提出了事故防范措施建议。

事故调查组认定，长深高速江苏无锡“9·28”特别重大道路交通事故是一起生产安全责任事故。

一、事故有关情况

（一）事故发生经过。

（略）

（二）事故救援处置情况。

事故发生后，无锡市及宜兴市公安、交通运输、应急管理、卫生健康部门及宜兴市120急救中心、蓝天救援队等单位人员赶到现场开展事故处置和救援。7时40分起，公安交警及交通运输部门实施交通分流，并及时发布交通管制信息。事故现场共投入80余辆抢险救援车辆，350余名抢险救援人员。至16时事故现场清理完毕，道路恢复通行。

江苏省立即启动应急响应，省委、省政府相关负责同志带领省直有关部门及高速公路管理企业主要负责人赶到事故现场，指导事故救援处置等各项工作。无锡市、宜兴市相关负责人及有关部门人员赶到现场开展救援工作。江苏省成立由省长任总指挥，无锡市委市政府、宜兴市委市政府主要负责人以及公安、交通运输、卫生健康、应急管理等有关部门负责人参加的现场应急处置指挥部，设置综合协调、伤员救治、交通疏导、安全保障、现场救援、事故调查、舆情导控、善后安置、后勤保障等9个工作组有序开展工作。

国家卫生健康委和江苏省、无锡市抽调20名医疗专家、460名医护人员，对受伤人员开展“一对一”医疗救治，为每位伤员制定专门救治方案，确保伤员得到妥善治疗，救治过程中无一人死亡。无锡市、宜兴市政府抽调385名工作人员成立善后工作小组，按照“一对一”原则认真做好事故伤亡人员家属接待及安抚工作、遇难者身份确认和赔偿等工作，保持了社会稳定。

（三）事故车辆情况。

（略）

（四）事故车辆驾驶人情况。

（略）

（五）事故企业情况。

（略）

（六）事故道路情况。

（略）

二、事故直接原因

经调查认定，事故直接原因是：李金宝驾驶豫A5072V大客车在高速行驶过程中左前轮轮胎发生爆破，导致车辆失控，两次与中央隔离护栏碰撞，冲入对向车道，与对向正常行驶的大货车相撞。

经专业机构检验检测和专家综合分析论证，认为轮胎爆破与轮胎气压过高、车辆高速行驶、车辆重载引起轮胎气密层与内衬层脱层有关。排除大客车左前轮轮胎爆破系碰撞碾压路面异物所致。大客车上大部分乘员未系安全带，在事故发生时脱离座椅，被挤压或甩出车外，加重了事故伤亡后果。

经现场调查、检测鉴定，排除了人为故意以及大客车驾驶人身体疾病、酒驾、毒驾等因素导致大客车失控碰撞的嫌疑。

三、事故暴露的主要问题

（一）企业存在的问题。

（略）

（二）有关部门存在的问题。

（略）

（三）有关地方政府存在的问题。

（略）

四、对事故有关单位及责任人的处理建议

（一）公安机关已采取强制措施人员。

（略）

（二）有关公职人员。

（略）

（三）对有关企业行政处罚建议。

（略）

五、事故防范措施建议

（一）深入贯彻总书记重要指示精神切实提高政治站位。（略）

（二）有效加强道路客运企业及车辆的源头治理。（略）

（三）创新完善道路客运安全管理常态化工作机制。（略）

（四）切实加大道路客运执法查处力度。（略）

（五）进一步提升道路客运本质安全水平。（略）

第六节　述职报告

我国进行干部体制改革后，实行了岗位责任制和干部聘任制。受聘的干部或由选举出任的干部，在一定时期内，要向有关部门报告其在任期内的工作实绩，履行岗位职责情况。述职报告最初曾以“总结”或“汇报”的形式出现，经过一段时间的使用，并随着干部体制改革的不断深入和完善，逐步形成了独具特色的体式，述职报告最终成了一种新的应用文体。

一、述职报告概说

（一）述职报告的定义及作用

述职报告是一种自我述评性的应用文体，是各级领导干部、机关或专业技术人员根据制度规定或工作需要，定期或不定期向上级机关、主管部门以及本单位职工群众陈述本人在一定时期内履行岗位职责情况的书面报告。它是组织、人事部门和主管领导全面了解、考察和评价干部的重要途径，不仅有利于加强管理工作，而且有利于被考核者进一步明确职责、总结经验、吸取教训、提高素质、改进工作，还有利于增强民主监督的良好风气。

在工作中述职报告的作用主要有：总结经验，改进工作；便于上级考核；利于群众监督。

（二）述职报告的特点

述职报告是述职者陈述自己在一定时期内的工作实绩、存在问题和未来工作设想的自我评述性的事务文书，其主要内容是对任职期间工作的自我回顾、总结和评价。其特点主要表现在以下几个方面：

（1）自述性。述职人采用自述的方式述说自己在一定时期内履行岗位职责的情况，向有关方面报告自己的工作实绩，即个人在一定时期内按照岗位职责的要求，做了哪些事情，达到了什么目标，取得了什么成绩。

（2）自评性。述职人依据岗位规范和职责目标，对自己任期内的德、能、勤、绩等方面的情况作自我评估、自我鉴定和自我定性。

（3）规定性。述职人的述职内容是有规定的，必须根据自己所在岗位的职责和目标，述说做了哪些工作、取得哪些成绩、工作效率如何、还有哪些地方存在不足、工作是否有失误、工作作风如何等，不能偏离或超出自己的工作职责范围。

（4）客观性。述职报告作为干部考核、评优、晋升的一个重要依据，要求述职人必须客观地陈述自己履行岗位职责情况，不允许随意夸大事实，也不允许虚构事实，更不允许刻意掩盖工作中的失误。

（5）法定性。述职报告的使用主体是法定的，即只有担任一定职务者才能向特定对象陈述自己履行岗位职责的情况，不任职者，不存在述职的可能。

（三）述职报告的分类

依据不同的分类标准，述职报告可分为以下几种。

1. 依据内容划分

依据内容划分，述职报告可分为综合性述职报告和专题性述职报告。

（1）综合性述职报告：报告内容是一个时期所做工作全面、综合的陈述与自我评价。

（2）专题性述职报告：报告内容是对某一方面的工作所做的专题汇报与自我评价。

2. 依据时间划分

依据时间划分，述职报告可以分为任职述职报告、年度述职报告和临时性述职报告。

（1）任期述职报告：对任现职以来的全部工作所做的报告。这类报告涉及的时间较长，涉及面较广，一般要写出一届任期内的全部情况。

（2）年度述职报告：这是一年一度的述职报告，其内容是写本年度岗位职责的履行情况。

（3）临时性述职报告：就担任某一项临时性的工作而作的述职报告。

3. 依据表达形式划分

依据表达形式划分，述职报告可分为口头述职报告和书面述职报告。

（1）口头述职报告：向专家组或本单位职工群众所做的口头述职。

（2）书面述职报告：向上级领导机关或人事部门呈报的书面述职报告。

（四）述职报告与总结的区别

总结和述职报告虽然都是对自身某一时期工作的回顾、总结和自我评估，但二者的区别十分明显：

（1）写作目的不同。总结写作的目的是回顾过去、总结经验、吸取教训，以利于今后更好地工作。述职报告的写作主要是根据某一职位的要求，着重汇报个人在一定时期内履行岗位职责的情况，主要回答自己称职与否的问题。

（2）作用不同。总结的主要作用是总结成绩，发现问题，寻找解决的办法，以利于推动工作向前发展。虽然它也评价总结者的业绩，但对个人职务和职称的升迁不一定构成直接影响。述职报告是上级主管领导和有关评审组对述职人任职实绩和能力考核的依据之一，也是群众评议的基础，从某种程度上讲，具有鉴定的意义，直接影响述职人的升迁和去留。

二、拟制述职报告的一般方法

述职报告是写自己的事，要突出个人风貌，侧重面、中心是在阐述个人的领导才干、管理水平，如政策理论、开拓创造能力。归结起来说，一是政绩，二是能力，这两者在实践中又是互为因果的，要有理有据地写清楚。

（一）标题

述职报告常见的标题写法有三种：

（1）文种式：直接以文体名称作为标题，只写出“述职报告”。

（2）公文式：时限+内容+名称。例如：××××年至××××年任××职务期间的述职报告、××××年度述职报告。

（3）文章式：这类标题常用主标题点明述职报告的主题（基本评价、经验、教训等），以副标题补充说明作者、文体等。例如：深化改革 开创××工作新局面——我的述职报告。

（二）署名

署述职人所在单位的全称和本人的姓名，署在标题下面一行居中排布，也可署在正文之后。

（三）正文

正文一般分为四部分。

第一部分：写清述职人的职务、岗位职责、年度工作目标。其中心内容是个人主持工作的概况，即自己任职以来主持做了些什么工作、自己主持部门的工作作风、人们的精神面貌，要简明扼要，为主体部分的阐述作铺垫。

第二部分：政绩。主要包括以下层次：①现实观念和未来眼光，重点是从现实到未来的角度阐述自己的领导思想，要简明而且有理性。②自己是如何宣传、贯彻上级的方针、政策、指示的，效果怎样。③根据上级的方针、政策和指导精神，自己为本部门工作的开展提出过哪些创新的见解和主张，为实现这些见解和主张是怎样组织力量促其实现的，效果如何。④哪些工作开展是顺利的，原因是什么，处于顺境中是怎么做的；哪些工作开展是困难的，产生的原因是什么，处于逆境中又是怎样做的。⑤做了哪些调查研究工作，对有关问题是怎样处理的。⑥人际关系处理是否科学。⑦自己主持部门的工作是否得到健康地发展。这一部分常见的写法有分类式、条款式、重点式、顺时式。

第三部分：扼要地指出存在的不足。

第四部分：简单汇报今后的工作打算。

（四）成文日期

署在报告最后一页的右下方。

三、拟制述职报告的要求

（一）要充分反映出自己在任期内的工作实绩和问题

述职是民主考评干部的重要一环，也是干部自觉接受组织和群众监督的一种有效形式。干部作述职报告，是为了让组织和群众了解和掌握干部德才状况和履行职责的情况。因此，述职报告应该充分反映出自己任期内的工作实绩和问题，写出自身在岗位上为单位办了什么实事、结果怎么样、有哪些贡献、有哪些不足，包括工作效率、完成任务的指标、取得的效益等。工作实绩如何，是检验干部称职与否的主要标志，述职人要充分认识这一点，实事求是地把自己的工作实绩和问题反映出来。

（二）要实事求是地评价自己

对自己的评价要实事求是，不夸大、不缩小，要准确恰当、有分寸，不说过头话、大话、假话、套话、空话。要做到这样，应注意处理以下几个关系：

（1）处理好成绩和问题的关系，就是理直气壮摆成绩，诚恳大胆讲失误。

（2）处理好集体与个人的关系，不能把集体之功归于个人，也不要抹杀了个人的作用，必须分清个人实绩和集体实绩。

（3）在表述上要处理好叙和议的关系，就是以叙述为主，把自己做过的工作实绩写出来，不要大发议论、旁征博引，议论只是对照岗位规范，根据叙述的事实引出评价，不能拔高。

（三）要抓住重点，突出个性

述职报告，如果用口头报告表述，一般不超过 30 分钟；如果用书面报告表述，一般以 3000 字以内为宜。因此，表述的内容应抓住重点，抓住最能显示工作实绩的大事件或关键事写入述职报告。凡重点工作、经验、体会或问题等，一定要有理有据、充实具体，而对一般性、事务性工作宜概括说明，不必面面俱到。抓住重点，突出中心，还应突出自身工作特色，突出自己独有的气质、独有的风格、独有的贡献，让人能分辨出自己在具体工作中所起的作用。

【参考示例】

述职报告

××××年，在学院党委的正确领导下，在院务部党委班子成员以及党员干部的大力支持和积极配合下，一年来，我认真履行职责使命，坚持以习近平新时代中国特色社会主义思想为指导，深入贯彻落实应急管理部党委和学院党委决策部署，抓基层打基础，抓班子带队伍，紧扣管理保障主责主业，严格落实“一岗双责”，坚持党建与业务工作融合共促，扎实推进管理和保障工作提质增效。现将本人一年来履职情况述职如下：

一、主要工作和成效

（一）**强化政治首位意识，筑牢政治根基**。作为××部党委书记，我始终把讲政治作为第一位要求。

1. 当好“领路人”。把握好××部政治方向、思想教育的导向和建设发展的走向，引导广大党员始终牢记政治本色，履职尽责，扎实开展工作，确保了在思想上政治上行动上同学院党委保持高度一致。

2. 当好“主心骨”。作为部长，带领院务部，坚决执行上级指示批示精神和学院党委决策部署，结合管理保障工作实际，思考、谋划、制定发展目标、规划和措施，抓好以服务教学科研、服务师生为中心的各项重大任务的落实。

3. 当好“黏合剂”。强化组织功能，营造团结干事氛围，集思广益议大事、办实事，注重发挥“一班人”的作用，群策群力，注重发挥各党支部战斗堡垒和党员先锋模范作用，确保各项工作末端落实到位。

4. 当好“明白人”。我始终把学习作为修身立业、履行职责的政治责任、精神追求和良好习惯。深入学习了党的十九届六中全会精神和总书记关于应急管理相关论述，同时学习了涉及安全管理、财经管理、基建工程、卫生医疗等领域的规章制度，努力拓宽自己的知识面，不断提高自己的思想修养和工作能力。年初以来，我参加学院党委理论学习中心组集中学习 11 次，研讨交流发言 5 次，完成 1 篇调研报告，参加门诊部党支部组织生活 18 余场次。

（二）**聚焦职能任务，持续提升管理保障工作质量**。一年来，围绕服务教学科研中心工作，狠抓末端落实，管理保障工作质量稳步提升。

1. 狠抓安全管理工作。（内容略）

2. 严格规范财经运行秩序。（内容略）

3. 加快推进基础设施建设。（内容略）

4. 扎实组织应急实训基地建设。（内容略）

5. 持续提升综合服务保障质量。（内容略）

（三）**发挥组织功能，坚决打赢疫情防控阻击战**。在学院党委的坚强领导下，我带领疫情防控办公室，负责具体组织实施。

1. 建立健全防控体系。(内容略)

2. 做好后勤服务保障。(内容略)

3. 狠抓末端督导落实。(内容略)

4. 扎实开展季节性传染病防治。(内容略)

(四) 强化"一岗双责",持续推进自身建设。(内容略)

(五) 狠抓作风建设,巩固发展良好政治生态。(内容略)

二、存在的主要问题

在总结工作的同时,我也清醒地认识到,尽管做了一些工作,取得了一些成效,但是距离应急管理部党委、学院党委的要求还有不少差距,主要表现在以下四个方面:

(一) 学习的实效性还不够强。(内容略)

(二) 工作作风还不够扎实。(内容略)

(三) 创新意识还不够牢固。(内容略)

(四) 党建与业务工作融合促进还不够深入。(内容略)

三、下步打算

××××年,我将按照应急管理部党委、学院党委部署要求,围绕教学中心工作,紧贴管理保障实际,按照"优化现状、提升基础、筑牢底线、谋求发展"的工作思路,抓管理促正规、抓建设稳中心、抓保障上层次、抓末端保安全、抓自建提能力,着力推动管理和后勤工作再上新台阶,重点做好以下三个方面:

(一) 进一步端正工作理念,树立良好形象。(内容略)

(二) 进一步统筹谋划,提高工作效率。(内容略)

(三) 进一步狠抓工作落实,营造干事创业氛围。(内容略)

述职人:×××
××××年××月

第七节　讲　话　稿

领导讲话是一种重要工作方法,也是我党利用其领导工作的一项优良传统,是领导与群众进行面对面沟通交流的一种良好形式,是把机关领导意图转化为群众行动的一座桥梁,它是实施领导、开展工作的重要方法和手段。讲话稿一般应由讲话人自己起草,以便充分反映讲话人的思想和意图。有些重要讲话,虽然以某个人的名义发表,实际上是代表一定的机关、组织和单位讲话,需要经过集体讨论和组织专门人员起草。

一、讲话稿概说

(一) 讲话稿的概念

讲话稿是用于领导或有关人员在比较庄重的会议和场合宣讲的一种书面文字材料。讲话稿是能代表机关、单位发言的本单位代言人所用，它代表着机关、单位集体领导的意志，对所属机关、单位和与会人员有一定的指导和约束作用。

领导讲话稿是指领导同志在会议上讲话时所使用的一种应用文稿，如开幕词、闭幕词、大会报告、会议总结等。对于这个概念可以从三个方面来理解：

(1) 它是一种应用文稿。这就规定了讲话稿这个概念的外延界限，说明它是属于应用文范畴。撰写讲话稿时，要遵循应用文写作的基本要求，如必须做到内容真实、观点正确、概念清楚、文字准确等。

(2) 它是专供讲话用的脚本。讲话稿发挥作用的基本方式是讲话人通过讲话诉诸听众的听觉来实现的。明确这一点，可以使我们充分注意讲话稿使用过程的有声性，要产生便于读、便于听的效果；要充分利用有声语言的长处，运用语气的变化、节奏的起伏，赋予讲话以强烈的感情色彩，收到用书面语言难以产生的效果。

(3) 它只供领导使用。这是领导讲话稿区别于其他会议发言稿的显著标志。领导讲话与其他身份的人发言有很大区别：一是领导讲话稿具有权威性。领导讲话不论是以组织名义，还是以个人名义，一般都代表一级组织的声音。因此，领导讲话稿应当很严肃、很有分量，说出来是要负责的。二是领导讲话稿具有指导性。领导在讲话时分析问题、解释观点，都必须有确切的理论和政策依据、有鲜明的政治倾向，否则就会使人无所适从，甚至造成思想上的混乱。三是领导讲话稿具有规范性。领导讲话所使用的观点、概念和文字语言，都应当是很准确、很规范的。如果在领导讲话稿中出现了观点、文字语言上的错误，哪怕是一个小小的错别字，也都会造成不良影响。

（二）讲话稿的分类

讲话稿的种类很多，按不同的标准，可以有不同的类型。

1. 从形式上分

(1) 即兴式。这种讲话稿是指讲话人事先没有准备讲话，但当听到别人的讲话以后，引起自己对问题的感受，觉得有必要阐述一下自己的看法、抒发一下自己的感情，于是就临场进行准备、写出要点，接着别人提出的问题，或者按别人的话茬往下说。这种讲话稿，常常是领导临场发挥，一般不需要参谋或秘书起草。

(2) 要点式。这种讲话稿是讲话人事先准备好的，特别是要讲哪几个大问题写得比较明确，但观点里更为具体的内容，常常靠临场发挥、现想现说。

(3) 宣读式。这种讲话稿是指讲话人事先已经做了充分的准备，甚至讲话稿经过写作班子反复修改、多次讨论，履行了各种组织手续后已成定文，讲话人在会议上按照原文读。

2. 按会议性质分

讲话稿是一种会议文件，它的内容和形式都要符合会议的要求，在日常工作中，需要领导同志参加并发表讲话的会议种类很多，内容也很广泛，如总结大会、表彰大会、理论研讨会、各种事故现场会、欢迎欢送会等，会议种类的不同，领导讲话稿的种类势必多种多样。按会议的性质，讲话稿一般分为部署动员型、总结讲评型、传达贯彻型、表彰号召型、批评指导型、研究探讨型等。

3. 按会议进程分

（1）开幕词。它是大会的序曲，是在大会开始时由有关领导同志向大会作出带有指示性、方向性、指导性的讲话稿。

（2）大会报告。一般是指代表领导集体或组织进行讲话的讲话稿。这种讲话稿一般要写全面、写准确，所谓全面是指既要突出重点，又要照顾到方方面面，防止以偏概全，出现这样或那样的失误或漏洞；所谓准确是指既要符合上级精神，又要符合本单位实际，还要反应领导或集体的共同意图。如果某项重要措施、某个政策性规定，没有经过领导集体讨论或讨论未能达成共识，是不能写在报告中的。

（3）“会议主持人”发言稿。这是为“会议主持人”在会议中发言而拟写的讲稿。内容主要包括对会议报告和其他领导同志发言的看法，对会议的评价等。

（4）闭幕词。它是领导干部在会议结束前，对大会议程和会议中所解决的问题进行评价和总结的一种讲话稿。

二、拟制讲话稿的一般方法

讲话稿通常由标题、开头、主体、结尾四个部分组成。

（一）标题

讲话稿的标题，在会议上不需要读出来，但不能因此认为它可有可无，讲话稿的标题不仅重要，而且也很讲究。标题的形式一般有两种：

（1）直接标法，即直接表明是什么人、在什么会议上的讲话。格式是：

×××在×××教育动员部署会议上的讲话

又如：

×××政委在××××年秋冬季森林防火灭火工作会议上的讲话

（2）复式标法，即整个标题由一个主标题和一个副标题组成。主标题是概括讲话中心思想，副标题的内容与直接标法相同。格式是：

加强后勤建设，进一步开创后勤工作新局面

——××部长在××后勤工作会议上的讲话

又如：

努力提高治校办学质量

为建设现代化消防救援队伍提供人才支持

——×××总队长在××××座谈会上的发言

（二）开头

俗话说，“万事开头难”。写讲话稿也是这样，许多讲话稿的开头只有两三句，但是想说得恰当得体要费不少心思。用什么样的讲话方式开头，要根据会议的主题和形式灵活掌握，常见的有以下八种。

1. 开门见山

特点：只用一两句话点明讲话的核心，比较简练。

时机：在大型工作会议上常见。例如，《×××总队政委在新晋干部能力提升培训大会上的讲话》：

“同志们：

根据总队下半年的培训安排，我就如何抓好新晋干部能力提升培训工作落实，提高培训质量，讲几点意见。”（点明主题）

又如《改造我们的学习》：

“我主张将我们全党的学习方法和学习制度改造一下。”（亮出观点）

这种开头，就是首先亮出自己所要讲的问题或是要阐述的主要观点。

2. 提示说明

特点：把要讲的几个大问题用几句话简单地介绍一下，给听众一个整体轮廓，听起来眉目清楚。

时机：各种会议上均可使用。例如，《×××在××××现场会上的讲话》：

“在这个现场会上我准备讲三个问题：一是为什么要组织这次参观学习；二是通过现场参观应学些什么；三是今后工作的几个问题和会议的传达问题。下面我开始讲第一个问题……。”

3. 提问启发

开头先提出一个值得人们深思的问题。启发诱导人们通过对这个问题的思考吸引听众的注意力，让其关心下面要讲的内容。例如，《高举毛泽东思想旗帜，坚持实事求是的原则》：

“怎么样高举毛泽东思想旗帜，是个大问题。现在党内外、国内外很多人都赞成高举毛泽东思想旗帜。什么叫高举？怎样高举？大家知道，有一种议论，叫做“两个凡是”，不是很出名吗？凡是毛泽东同志圈阅的文件都不能动，凡是毛泽东同志做过的、说过的都不能动。这是不是叫高举毛泽东思想的旗帜呢？不是！这样搞下去，要损害毛泽东思想……（《邓小平文选第三卷》第121页）

这种开头就是先提出问题去吸引听众的注意力，引起听众思考问题，而问题的答案正是讲话者要揭示的论题。这个例子中，作者从实际出发、紧扣主题，提出了一连串听众关心的重要原则问题，异常尖锐和突出，吸引听众全神贯注。

4. 概括总结

这种写法是先把要讲的内容作出一个总的评价，让人们一开始就掌握全篇讲话的基调。例如，《×××在×××参谋业务考核总结时的讲话》：

“我们组织的总队、支队、大队三级战训参谋业务考核，经过三天紧张的考核，今天就要结束了。整个考核工作按预定计划，进展顺利，考出了实际水平，达到了以考促训的目的。现在我就这次考核作简要的总结。”

5. 感谢或祝贺

将与会者的感情激发出来，然后转入正题。比如，通过对与会者取得的某些成绩、获得某项荣誉表示祝贺或对与会者付出的辛勤劳动表示感谢。例如，《×××在某医院护士长以上干部会上的讲话》：

“你们工作很辛苦，日夜忙碌，为伤病员服务。做了大量工作，取得了很好的成绩。仅去年，你们就收治病人一万二千多人，门诊三十二万多人次。全院三十四个病室，超额完成任务的就有二十六个，临床诊断符合率达 95.65%，危重病人抢救成活率达 33.8%，这说明你们做了很多工作，在医疗上取得了很明显成绩，同时在科研工作、培养干部等方面也取得了好成绩，这是很可喜的事情，向你们表示祝贺。今天我想跟同志们共同讨论，今后如何把医院建设搞得更好一些。”

这种开头方式一般用于上级领导到所属单位视察工作时，或是参加所属单位的总结会、表彰会、先进事迹报告会上的讲话。这样的形式，可以很快缩短讲话人和听众的距离，使听众产生亲切感、易于接受。

6. 表明态度

讲话前先对上一名领导的讲话表明看法，然后再说正题。例如，《×××副总队长在总队后勤工作会议上的讲话》：

“刚才，×部长就装备、干部住房管理工作作了全面讲话，系统地分析了形势，指出了存在的问题，提出了今后努力方向和具体要求。讲得很好，我完全同意，下面我再强调几点……”

7. 交代背景

开始先将会议召开的背景和目的介绍清楚，然后再点明自己要讲的主要问题。例如，《×××部长在总队训练工作会议上的讲话》：

“我们这次会议，是在××××工作会议后召开的，前面已经将两个会议的主要文件进行了传达学习，应该说今年训练工作的指导思想、任务和要求都很明确了。根据会议安排，现在我就××××年总队训练工作的基本情况做个简要的回顾，结合总队的实际情况，对今年的训练工作提出一些意见和要求，供大家计划安排工作时参考。”

8. 综合交替

采用以上两种或两种以上开头方式交织在一起使用。

（三）主体

主体是讲话稿的中心内容。这部分讲述得如何，直接决定着讲话质量的高低。这部分在写作时事实要充分、用词要通俗，还要增加一些事例，最好是听众高度关注的事例，这样听众就易于接受，而且会更有说服力。

如果说讲话稿的开头是引入正题，主体部分就应该向问题的纵深展开。

1. 内容

讲话稿的种类不同决定了其内容多种多样，下面介绍几种常用讲话稿的主要内容。

1）部署动员型

这种讲话稿的主要内容包括：

（1）要开展的工作及政策、理论依据。

（2）开展工作的必要性及现实历史意义。

（3）怎样开展，包括步骤、方法要求。

其内容归结到一点就是讲决策，包括决策的依据、决策的内容和决策的执行。

写这种讲话稿要注意：既要符合上级的指示精神，又要符合本单位的实际；既要有效地动员、教育下级和群众，又要考虑下级承受能力和群众的拥护程度，既要推动一个时期或一个方面工作的开展，又要考虑各个时期或各个方面工作的开展。

2）总结讲评型

这种讲话稿的主要内容包括：

（1）前一阶段工作开展的情况，其主要特点有哪些。

（2）工作中取得了哪些成绩、存在哪些问题和不足，并用事实来说明。

（3）工作中的主要经验和体会。

（4）下一步工作怎样开展，包括指导思想、工作目标、方法步骤、措施要求等。

写这种类型的讲话稿要注意：一是要全面准确地概括，恰如其分地评价；二是突出重点，利用典型事例说明观点。

3）传达贯彻型

这种讲话稿的主要内容包括：

（1）上级组织或上级领导作了什么指示，这种指示的出处和原文，如果内容太多需要重点传达，也可摘出原文。

（2）为什么要贯彻上级指示，也就是要讲清重要意义。

（3）如何贯彻上级指示精神，结合实际提出贯彻的时间、方法、要求。

4）表彰号召型

这种讲话稿的主要内容包括：

（1）表彰推广的先进事迹和先进经验的精华是什么，为什么值得表彰推广。

（2）号召与会者重点学习什么，即归纳出具有普遍指导意义的先进思想和工作方法。

（3）提出学习先进思想和先进经验的措施、要求。

5）批评指导型

这种讲话稿的主要内容包括：

（1）分析错误行为的性质和给工作造成的损失和影响。

（2）分析错误行为产生的原因，明确它的主要责任者。

（3）分析错误行为带来的经验教训，指出防止错误发生的方法、措施。

6）研究探讨型

这种讲话稿的主要内容包括：

（1）提出新颖深刻的问题，鲜明地阐述出自己的观点。

（2）以充分可靠的事实为依据，证实所述观点的正确性。

（3）得出结论要有现实指导意义，不能高深莫测。

写这种讲话稿既要有理论色彩，又要与看得见、摸得着的实践相结合，做到深入浅出。

7）开幕词

其主要内容包括：

（1）会议的背景和意义。

（2）会议的组织工作情况以及参加人员。

（3）会议的目的、中心任务及议程安排。

（4）对与会人员的要求和对大会的希望。

8）闭幕词

其主要内容包括：

（1）会议进行的概况与估价。

（2）会议解决的主要问题和收获。

（3）向与会者提出贯彻执行决议的要求，发出号召并表示祝愿。

2. 结构

讲话稿主体部分的结构，通常有以下四种。

（1）条陈式：把要讲的内容列成若干条，逐条进行阐述。如讲行政管理工作，可将其分成贯彻条令条例情况、安全防事故情况、作风纪律情况等，逐条进行论述。

（2）层递式：由浅入深，层层深入地安排结构。就是要按照问题和理论的逻辑层次，纵向递进地安排结构，其好处是层次清楚、逻辑严密、论理深刻、主题突出。如号召人们学习某一门知识时，就可以按层递进的结构安排，先讲学习的意义，后讲学习的重点，再讲学习的方法。

（3）时序式：按照时间顺序，由前向后依次安排结构。如部署全年工作任务讲话稿的结构，可以按照上半年干什么，下半年干什么；或者以季度来划分，按时间顺序提出每个期限内实现的目标和要求。

（4）对比式：把两种不同的意见、不同方面的情况对照起来加以阐述。

以上无论采取哪种结构，一般都把要讲的内容按一定的规律分成若干个大小标题（观点），依次论述。需要注意的是，要尽量少用数字划分段落和层次。一般的文字材料，大都是“一、”“二、”三、”套“（一）”“（二）”“（三）”，再套“1.”“2.”“3.”，虽然有“开中药铺”的弊病，但一目了然一看就知道讲了哪些问题。如果讲话稿的结构也是这样，那么听起来就比较费劲，“一、”“（一）”“1.”“（1）”听众不容易分清，不仅笔记不好记，而且让人感到领导不是在讲话，而是在读文稿。如果确实需要用数字区分若干层次，可以变换一下形式，如采取第一个问题，尔后再“一、”“二、”“三、”以便听者区分。

（四）结尾

讲话稿的结尾是讲话发展的必然结果，其主要作用不亚于开头。俗话说“编筐织篓，难在收口”。讲话稿的结尾也是不容易写好的，它要求简洁有力、富于号召性、鼓舞性，做到“意尽而言止”或“言尽而意无穷”，使听众对全篇内容有清晰、完整、深刻的认识和理解，给听众留下鲜明、难忘的印象。一般结尾方式有以下四种。

1. *总括全文，点明主题*

在讲话结束时，用极精练的语言，简明扼要地对阐述的思想、内容进行总结，帮助听众加深理解，获得一个清晰、完整的印象。

2. *提出希望，感召听众*

这种结尾或者提出殷切希望，或者发出战斗号召，或者提出奋斗目标，或者展示美好前景，从而帮助听众明确前进方向，给听众以极大的鼓舞和鞭策。

3. *委婉含蓄，耐人寻味*

这种结尾一般采用蕴含哲理的名人名言、警句格言结束讲话，这样一方面可以丰富、深化讲话的主题，同时也使听众心底掀起感情的波澜、受到深刻教育，从而把讲话推向高潮；还可以用感情饱满的诗句来结尾，从而使讲话显得典雅而富有魅力，听众听了也产生清新、优美的感觉。

4. *热情赞扬，激励听众*

用简洁诚恳的赞颂，可以使讲话者和听众的关系融洽，使听众增加自豪感、光荣感，对听众有很大的鼓动力、激进力，但注意赞颂的语言不要过分夸张和庸俗捧场，否则听众会有溢美和哗众取宠的感觉。

无论采取什么样的方式结尾，都要注意以下几点：一是当止则止，切忌画蛇添足；二是要首尾呼应，通篇浑然一体；三是要简洁利落，不要拖泥带水。

三、拟制讲话稿的要求

（一）要有坚定的原则性

一篇讲话稿写得好坏，首先要看它表达了什么样的政治观点。观点的正确与否是讲话稿的生命所在，尤其是领导讲话稿，它不论是以组织的名义，还是以个人的名义，一般都代表一级组织的声音。因此，撰写领导讲话稿是一项政策性很强、非常严肃的工作，要求其内容必须符合四项基本原则，必须与党的路线、方针、政策相一致。在分析问题、论证观点时必须有确切的理论和政策依据，要有鲜明的政治倾向，不能随心所欲、写一些无原则的话或与上级指示精神不一致的内容。

（二）要有很强的针对性

领导讲话稿只有写得针对性强，做到有的放矢，才能增强讲话效果。怎样才能使讲话稿写得有针对性呢？

1. 体现会议主旨

讲话稿的中心思想应与会议的主题一致，不能毫无目的、漫无边际地写一些与会议主题无关或关系不大的内容。否则，就使领导的讲话言不及“议”，导致听众反感，不仅达不到讲话的目的，而且会影响会议的进程，冲淡会议的气氛，分散会议的主题。所以，在撰写讲话稿时，应该首先弄清会议的性质和中心任务是什么，并紧紧围绕会议的主题去安排内容，这样才能体现主旨、符合会议要求。

2. 符合领导要求

因为讲话稿是领导用的讲话脚本，因此一定要按领导的要求去写，要符合领导的身份和风格。怎样才能做到这一点呢？

（1）了解领导的意图。领导讲话稿一般都要体现领导或一级组织的思想和工作意图，所以起草讲话稿前，机关工作人员要通过多种形式，认真听取领导同志的意见，领会领导的意图。有的情况下，领导已经深思熟虑，把问题讲得比较有条理、比较深刻，机关工作人员只需给领导提供必要的资料，并进行必要的文字整理。但多数情况下，领导只能谈一些主要观点和大体思路，需要机关工作人员去综合、完善和深化。个别情况下，领导没有讲具体意见，机关人员就要先拿出一个提纲式的意见供领导参阅，然后引出领导的意见。总之，不管何种情况，都要十分重视领导的意见，当个人的某些观点、想法和领导意见矛盾时，应当尊重领导的意见。

（2）了解领导的有关情况。因为不同的领导，表达问题的习惯不一样，对讲话稿的要求也有所区别，因此在撰写时也要注意有所区别。针对领导的情况来确定讲话稿的内容和表现形式，这样才能符合领导的要求，才不至于给人一种千人一画、千腔一调的感觉。领导的情况主要包括几个方面：一是讲话人的职务特征；二是讲话人的年龄性格；三是讲话人的文化素养；四是讲话人的语言习惯。

总之，只有按领导的意图去写，根据领导的不同情况去写，才能符合领导的要求。

3. 适应听众特点

我们常说，射箭要看靶子，同样写讲话稿要看听众。如果忽略了这一点，就有可能讲一些听众早已熟知或根本听不懂的内容，这样会造成听众厌烦，达不到预期的效果。

听众的特点主要包括两个方面：

（1）听众的身份。由于会议性质、内容和范围不同，与会人员的成分也不同。召开基层全员大会，与会者大多是消防员，讲话稿就应当通俗具体一些；召开领导干部大会，与会者理论水平和分析能力高一些，讲话稿的内容就可以理论性强一些、抽象简练一些。

（2）听众的心理。撰写讲话稿时，还应考虑到与会者可能会有什么意见和要求，这样讲话稿才有针对性和说服力，才能真正起作用。

（三）要有严密的逻辑性

经常参会的人会有这样一种体会，听有的领导人讲话，尽管他的声调不高，语言也不十分生动，可是一句接一句讲得很有“劲儿”，你不得不跟着他的思路走。这是什么原因呢？这就是运用逻辑力量产生的效果。

一方面要符合逻辑。就是要做到概念明确、判断准确、推理科学。所谓概念明确，主要指运用概念时要保证其内涵和外延十分确定，避免出现偷换概念和混淆概念的现象发生。所谓判断准确就是指所做出的判断或所得出的结论必须恰如其分地反映客观事实。要做到这一点，就要求在撰写讲话稿时，对得出的任何一个判断、任何一个结论必须有充足的理由，不能居高临下、独断是非，结论性的东西多，论证性的内容少。所谓推理科学主要指在进行各种推理的时候，首先要保证推理的前提是真实的，其次是要遵循推理的规则。总之，在撰写讲话稿时，只有符合逻辑，才能保证领导讲话时思想确定、前后一贯，避免出现颠三倒四、答非所问、自相矛盾的现象发生。

另一方面要善于运用逻辑。从结构上讲，一般并列的标题，哪个排在前，哪个放在后，问题不大。但是，如果按照它们之间的某种关系安排次序，哪个在前，哪个在后，必须符合规律，才能产生逻辑力量。

（四）要有严格的规范性

所谓规范，主要指的是运用词语要规范，如果讲话稿写得语言不通顺、词不达意、错字百出，就会使领导的讲话拖泥带水，不仅不会有说服力和感召力，还会因文理混乱而令人无法理解，甚至闹出笑话来。

（五）要有感人的生动性

讲话稿发挥作用的基本方式是通过讲话人的讲话诉诸听众的听觉来实现的。因此，在撰写讲话稿时，要充分注意讲话稿使用过程的有声性，即体现出声音传递信息这一特点，来增强讲话稿的生动性，使其收到书面语言难以产生的效果。

1. 要选取典型新颖的材料

（1）选材要典型。所谓典型是指那些具有鲜明性和代表性的材料，使用这些材料才能有力地揭示事物的本质，更好地表现讲话的主题。

（2）选材要新颖。新颖是指那些生动有趣、鲜为人知的材料，使用这些材料并从这些新材料中引出新的见解，即发人所未发、讲人所欲讲的新信息和新道理，才能增强领导讲话稿的生动性，从而吸引听众，使听者有所启迪、有所收获。

2. 讲话稿的语言要符合“三化”

一位有名的讲演家说：讲话不在于你讲了些什么，而在于听众听到了什么。讲话的目的是使听众真正接收信息、产生效果。如果讲十个问题，听众只听懂和记住了两个问题，说明有八个问题等于没讲。这就要求讲话稿的语言要符合“三化”，即口语化、通俗化、形象化。

第八节　经验材料

经验材料即经验做法材料，是为了传播、交流和推广各种成功经验和有益做法所写的文字材料。经验做法材料来源于工作实践，是产生于工作实践中的智慧结晶。提炼和总结经验做法的过程是对工作实践的规律性的认识和把握，对提高工作实践的科学性、指导性和有效性具有重要的意义和作用。

一、经验材料概说

（一）经验材料的内涵

所谓经验，是指人们针对某一实践活动通过成功因素的分析和研究，上升为理性认识，从而归纳概括出来的做法、体会，是对事物规律性认识的总结。总结经验做法实际上就是从成功的实践中发现内含于其中的规律性，从中归纳和提炼出更加具有普遍指导性和适用性的工作体会和有益做法，对该项具体工作实践水平的整体提升具有积极的推动作用。

在现实工作中，不同的单位完成同一项工作，有的单位成绩很突出，有的却表现一般，而有的甚至不理想，为什么基础和环境相似、任务目标相同，但结果却相差很大，这主要是与其具体操作过程中采用的不同做法有关，获得成功的单位肯定有高人一筹的具体经验和做法，而这些经验做法也正是导致大家从同一“起跑线”出发，但却获得不同结果的原因。所以，总结经验做法不仅是自身积累经验、实现更大进步的需要，同时也是为其他单位或个人提供借鉴和参考，促进大家共同提高的客观需要。

经验做法的作用主要表现在：

（1）指导作用。抓试点、抓经验带动一般，指导工作，符合人们的形象认知和规律、人格感化规律和以点带面的工作规律，这也是推广经验做法的根本目的。

（2）榜样作用。出经验不仅有推动工作之意，也有标榜工作水平、工作思路、工作成绩的作用，体现着一个单位的工作能力水平，标志着一个单位全面建设的质量。

（二）经验材料的分类

经验即“方法”，表现在经验观点上有一定的构成特点，把握这些固有的结构形式，可以帮助我们快速准确地提炼出经验观点。按照经验观点的结构形式来划分，经验做法主要有以下几种：

1. “做法”型

“做法”是典型经验材料写作的关键。在提炼经验观点时，要简洁明快交代做好工作的方法，一般处于经验材料的各个分层次中。如某单位通过建立抓落实责任制，使基层建设取得全面进步的经验中提炼出“责任到人”“责任到位”“责任到底”的“三到”做法，具有很强的指导性。这种做法型经验观点要突出个性，寻求特色，不能总是落入“三抓”“五搞”等的一般概括中，要富有变化。

2. “方法+目的”型

经验材料主要是通过介绍某种做法达到某种目的，体现在经验观点上，前半句介绍具体做法，后半句说明这样做达到的目的。如“借助多方力量，维护消防救援人员权益”，其中“借助多方力量”是方法，“维护消防救援人员权益”是目的。

3. “目的+方法”型

与上面相反，前半句交代要达到的目的，后半句介绍达到这一目的的方法或措施。这类经验观点又分两种形式：一是直接交代目的，如“履行新使命新要求，注重提高消防救援人员驾驭新装备的能力”；二是间接交代目的，先指出问题或特点，然后交代解决这一矛盾和问题的方法措施。

4. “方法+成效”型

工作目的达到后就会转化为成效，其经验观点可演变为“方法+成效”型经验观点，如“计划落实，列入了重要项目”“工作落实，摆在了重要地位”“在后进人员身上倾注满腔热情，使‘废铁’炼成了‘钢’”。

5. “要求+方法”型

基于落实工作的要求和方法的角度切入，如“不以权力而自傲，用人格力量感化人”。

6. “认识+体会”型

典型经验材料写作的基本要求，在于成功“做法”中揭示出规律性的认识，使经验具有全局性、普遍性的指导意义；也可以从认识体会的角度切入，梳理情况。一般用因果、条件、假设关系式来分析，常用的关联词有“是”“只有……才能”“必须”等。例如，“搞好精神文明建设，是推动消防站全面建设的强大精神动力”，“只有不断提高政治机关干部的素质，才能发挥出政治工作的生机和活力”，“按纲建队必须要有一个明确的工作思路”等。

（三）经验材料的特点

通过经验做法的推广应用，以点带面来推动单位整体建设向前发展，这是我们党的基本经验和光荣传统。经验材料按内容分，可分为全面经验材料和专项性经验材料；按文件分，可分为由下级向上级呈报的经验材料和由上级以正式文件转发的经验材料；按用途分，可分为会议上发言、印发和媒体宣传推广的经验材料；按写作方法，可分为辩证型、体会型和启示型经验材料。无论是哪种经验材料，其所介绍的具体经验和做法都应具备以下特点。

1. 先进性

经验做法是用于指导工作的。因此，经验的产生者必然是先进的，其经验也必然是对成功做法的总结。也就是说，经验的产生者应是在同等的条件下，在某项工作中创造了突出业绩的单位和个人，能够起到表率作用，并且他们的做法能够为他人提供指导，他们的体会能够使他人得到借鉴。另外，这种先进必须是真实的，经验材料要符合客观实际，反映客观现实的本质与规律，坚决摒弃唯心的、迷信的思想，或把偶然当必然。如果脱离生活、脱离工作、脱离实际，不仅没有生命力，而且可能会起相反的效果。

2. 概括性

经验做法材料写作的关键是提炼。经验做法的基础是实践，但经验做法文字材料写作的重点不是对事迹的过分渲染，而是对之所以能够产生这些事迹的思想方法、工作方法、成功做法、主要体会加以概括并提练，能够给人以启示、以指导。但是，这种提炼必须是在实践基础上的综合，写作的过程是从感性认识到理性认识的升华，绝不是有意识的“拔高”，更不能是“想当然”的编造。所以，经验做法必须是以广泛的实践为基础，具有高度的概括性，要能够概括出带有普遍性和规律性的精华。

3. 操作性

不管是向上汇报，还是向外推广，发挥指导作用是经验做法写作的根本目的，便于操作是服务于这一根本目的的必然要求。经验做法的产生者也是普通的单位或个人，所做的工作也是单位日常的工作，在同等条件下他们能够做到，那么别人也应该能做到。因此，经验做法从实践中来，又要到实践中去，特别是有关内容、程序、方法等方面的经验做法，要做到从实践中来，又能回到实践中去指导实践。如果归纳的各种经验做法无法被他人所接受、所效仿，各种体会让人感到有如空中楼阁、虚无缥缈，必然不能为人所信服，也就使经验做法失去了存在的价值和意义。

4. 时代性

在国家消防救援队伍建立发展的历史进程中创造了许多成功的经验和做法，值得大家去学习、去继承。但任何一个特定时期的经验，必然是反映的当时那个时代。现在撰写经验做法材料，必须立足于当今这个时代，站在推进中国特色消防救援队伍建设的大背景下，反映在实现建设与大国地位相匹配的国家综合性消防救援队伍目标的过程中成功的经验，只有这样，其指导性和操作性才能更好地得到体现。

5. 创新性

经验应该是独特的，别人已有的经验不需要再次进行总结，因此经验材料应该具有创新性。但有一点值得注意，这种创新体现在做法的创新上，而不是为了满足材料需要人为地去虚构、人为地去创造。创新性有时还表现在材料的写作方面，比如独特的思维视角、鲜明的观点提炼等，可以起到“未见其人，先闻其声”、画龙点睛的作用，让人眼前一亮、不忍释手。

6. 真实性

写作经验做法文字材料的目的是总结、推广经验做法，使成功的经验做法能够为更多的单位所借鉴和采用，如果材料所介绍的经验做法失去了真实性，就会成为误导他人的“流毒”，后果是非常严重的。所以，此类材料所介绍的经验做法必须是来自于工作实践的真实做法，而绝不是材料作者闭门造车、凭空编造出来的经验做法，这是确保经验做法具有生命力的基本前提，也是确保此类材料写作价值的基本前提。

7. 适用性

经验做法文字材料所介绍的经验做法不仅适用于被采写单位的工作实践，而且也应适用于其他单位的工作实践，这样的经验做法才有总结和提炼的必要和价值。如果总结和提炼的经验做法不具有广泛的适用性，不能为其他单位和个人的工作实践提供一定的参考和借鉴，那样就会使经验做法失去存在的意义和价值，也就谈不上什么生命力了。所以，成功的经验做法一定是单位建设实践中带有规律性和普遍指导性的东西，能够适用于更多单位的工作实践，这也是经验做法文字材料写作的最终目的所在。

二、拟制经验材料的一般方法

经验材料是对一些单位（或个人）在一定时期内工作中的有效做法加以归纳总结，使其更具指导性、代表性的一种应用文体。在写作方法和材料的选材布局上，经验做法虽然没有严格的格式要求和行文规范，但作为一种文体，在写作过程中还是有一定的规律和方法可以遵循，特别是对文章的基本结构的组织和基本写作方法的选择要遵循一些基本规律和要求，尤其是对于初学者，掌握这些规律和要求对其写作经验做法材料有一定的帮助和指导意义。

（一）经验材料的基本结构

1. 标题

标题的主要作用是表明主题，概括内容。好的标题就像商品好的包装，能起到第一眼就吸引人的作用。一般来说，经验做法的标题应紧扣且彰显主旨。

1）按形式划分

从形式上可以划分单行题和双行标题，双行标题由主标题和副标题结合组成，多用于单位向上推荐、呈报供转发的经验材料，例如：盘活现代通信保障力——总队某通信总站谋“打赢”之路。

2）按写作方式划分

（1）直叙式，例如：×××通信总站提高通信保障能力。

（2）对称式，例如：悟透“两面理”破解“老大难”。

（3）提问式，例如：钢铁是怎样炼成的——某总队着眼提高战斗力苦练精兵。

2. 导语

导语的作用在于明确点出经验材料的主题，总体地概括正文的内容，又不能是这些内容的简单重复。导语的内容包括三个方面：一是有关单位或个人的基本情况，包括他们所处环境的自然情况、历史变革和社会背景；二是所取得的成果以及获得的成绩和荣誉，对所取得的成果要概括写出最为突出之处，并尽可能与背景相映衬；三是对所介绍的经验进行高度的提炼。导语既要把有关问题交代清楚，又要简单明了、不啰唆。

3. 正文

正文是经验材料的主体，是对经验做法的具体展开，是经验做法材料的核心部分，主要包括做法、成效和体会。写这部分内容，一般是从总体上把经验做法按照一定的逻辑关系分成几个部分，每个部分都要紧紧围绕标题、服务于标题、说明标题；各部分之间要有内在联系，但不能互相重复、互相包含，要相对独立处在一个统一体内。一般来说，应既有思想，又有具体做法；既有面上的综合，又有点上的说明，还应有一些必要的数据。

4. 结尾

结尾要根据实际情况，有的经验材料不需要结尾。如果需要结尾，主要讲取得的成绩和达到的效果，以此证实这种经验做法的正确性，是对经验做法的高度概括，是对亮点的再次强调，以达到加深人们印象的目的。

（二）经验材料写作的基本方法

俗话说“文无定法”，经验做法材料写作也一样，不一定非要按照一样的套路做文章。但是，同任何其他事物一样，经验材料写作也有其内在的规律性，把握了这一规律，掌握此类材料写作的基本方法，写起来就会更加得心应手、游刃有余。

1. 深入调查，收集素材

经验材料写作之前，作者一定要深入被采写单位或个人的工作实践，了解和掌握与所要表述经验做法相关的各种资料和信息，广泛收集相关的素材。要善于带着问题开展调查研究，针对工作实践中的问题和不足展开分析和思考，从解决问题和克服不足的具体做法中归纳和提炼出带有规律性的因素，然后再经过文字加工和理论升华，使成功的经验做法以理论形式固定和沉淀下来，供其他单位参考和借鉴。

俗话说“磨刀不误砍柴工”“万丈高楼平地起”。在经验做法材料的写作之初，展开深入细致的调查研究，广泛收集与经验做法相关的素材是一项非常重要的基础性工作，也是经验做法材料写作的一个关键环节，做好前期的准备工作，打牢基础，后续工作的开展才能够顺风顺水。

2. 仔细推敲，确定主题

拥有翔实材料之后，很重要的工作就是要定好主题。在写作之前，一定不应急于下笔，而是要仔细推敲、思考。很多经验材料，都是受命而为，要写哪一个单位或个人、要出哪一方面的经验是明确的，而其中内容写什么、怎么写则由作者自己确定。有的人认为，主题只不过是一句话，内容才是最重要的，实际不然，没有好的主题的内容就像是缺了灵魂的躯体。还有人认为，先不管主题，而是把掌握的材料进行罗列，运用了写作的方法和技巧，等这些完成之后再视情定题，这就好比一个人搞雕刻，想到雕头就雕头，想到雕身体就雕身体，最后拼接到一起再给他起名字，那可能就既不能叫张三，也不能叫李四了。但是，如果早确定好主题，按照这个主题去组织内容，就能够成为一个整体。确定主题要经过深入的观察和深思熟虑的思考，要抓住事物最本质、最主流、最有价值的东西，要充分体现经验的指导性、先进性、时代性和针对性，只有这样，主题才能准确、立意才能深刻。

3. 提炼观点

凡是写过经验材料的同志都有这样的体会，最费心思的就是提炼经验观点，因为它既要有时代气息，又要有思想深度，还要体现个性特征，在文章中它又是点睛之笔，一旦观点提炼出来了，经验做法的写作也就完成了一半。如何提炼观点呢?

（1）宏观上要把握指导性，走出评功摆好的误区。占有大量的第一手材料后，在确定经验观点时，不仅要表现出“点”上的新招，关键是宏观上要体现“面”的需要，着重看它有没有指导意义，否则就会使典型经验材料陷入为典型本身“评功摆好”的怪圈，因为推广经验是为了指导工作的。所以，在写一篇经验做法材料时要先调查了解，弄清它同类的单位或个人在这个问题上共性要求和存在的问题是什么，然后再去了解被调研单位，调查研究在调研对象单位是如何有针对性地回答上面所提出的问题。具体地说，一要紧扣时代脉搏。站在时代的高度，提炼出有时代意义、满足时代需求的经验观点，以推动单位建设发展。二要体现上级精神。党的方针政策、上级指示精神和各项规章制度，是大家共同遵守的，这是共性要求，哪个单位执行效果好、成效大，推广出来指导性无疑就强。三要抓住个性特征。指导面上的经验，关键还要点上过硬。要着眼于执行上级精神过程中呈现出的共性问题，找出单位或个人是如何结合实际解决这些问题的，使之表现出鲜活的个性色彩。四要具有推广价值。推广经验不是推广成绩，不是为典型评功摆好，而是推广调研对象单位取得成绩的灵魂——经验之所在，方法之所在。而这种经验还要对别人有指导意义，从中能得到启示、值得借鉴。否则，就成了“土”办法。

（2）微观上注重操作性，掌握好经验做法的提炼。经验做法材料的主体多为向心式结构，在宏观上把握指导性原则的前提下确定好总的经验观点后，围绕着总的经验观点从不同角度（具体经验观点）进行辐射。其基本写法大都是在提炼出总经验观点的前提下，再提炼出若干具体的经验观点，作为文章层次标题或层次领句。

（3）明确经验观点提炼的基本方向。提炼就是通过对事物的分析、归纳、概括，从表象的东西中寻找出本质，从个别中推导出普遍，把实践的东西上升为理论，把零散的做法化成为系统的经验，使事物更具思想性和指导性。就经验观点的提炼来讲，其思维方向主要有三个方面：一是提炼一种做法。“做法”是经验做法类材料写作的关键。“做法”就是经验，使实践活动取得成功的做法，是正面经验；导致实践活动失败的做法，是反面经验，即教训。适时推出一些操作性强的工作方法，是增强经验做法指导性的重要手段。二是提炼一种作风。从经验中提炼出工作作风，让人们不仅学到工作方法，重要的是透过工作方法，学到一种工作作风，起到长远的作用。三是提炼一种精神。从经验做法所能体现的精神来概括经验观点，这是一种高层次的提炼，它能鼓舞士气、激励人心、唤起大众，有催人向上的作用。例如，“特别能吃苦，特别能战斗，特别能攻关，特别能奉献”的载人航天精神。

4. *谋篇布局*

谋篇布局是指对内容进行组织安排，构建出观点与材料、内容与形式有机结合的骨架。在深入调查研究、广泛收集素材的基础之上，确定文章主题、提炼出经验观点，接下来就是动笔写作阶段。谋篇布局要做到完整、严谨、纲目清楚、层次分明、段落清晰、言之有序，避免松散与重复。具体到文章各部分，要做到标题引入、开头精要、主体凝练、结尾扼要。因为作者的个人修养、写作风格各不相同，行文并没有固定模式，但是一些规律性的写作要求还是需要认真把握。

（1）要把大题目和各个部分的题目定出来，大题目要鲜明地表达主题。各部分题目要围绕大题目列出，起到支撑题目、分解大题目、表达主题的作用。各部分题目上，在多数情况下是并列关系，也就是从不同侧面完成对大题目、对主题的支撑和反映。也有不是并列关系，而是递进关系或者几种关系结合的。大题目和各部分题目要新颖、别致，反映工作特点，能够让人留下印象，既通俗明了，又富有操作性和普遍指导性，不能牵强附会、自己编造词语，以文害义。

（2）要把大序言写什么，各部分小序言写什么，每个部分分几个层次，每个层次要介绍哪些做法，都仔细考虑一遍，并列出提纲。大序言是整个材料的统揽，要能够让人看了后明白材料是讲什么内容的，因此要有做法依据、做法效果等内容。小序言是本部分开宗明义的内容，起着阐述之所以要这样做的道理、引出下文的作用，不再讲效果，而讲目标、意图。每个部分分不分层次，要根据材料容量确定，容量大必须分，容量小不必分。若要分层次，每个层次都要有小标题，而且应基本对称。

（3）设计文章的结构，一定要把握事物发展的内部规律，围绕主题设计文章的结构和框架，结构出来了就相当于一棵树有了枝干，只要添加一些素材叶子，一棵树的轮廓就勾勒出来了。所以在材料的谋篇布局上，一定要坚持以论证文章议题的需要为中心，对文章的结构进行整体上的把握，在写作的过程中如果发现文章结构有不合理的地方，要及时进行调整和完善。

5. 掌握必要的写作技巧

有些材料会让人产生这样的感觉，即内容很好，但看着比较费劲、别扭，读起来非常拗口，原因在于一些写作的要领、技巧没有掌握住。写作技巧是显现好主题思想、经验做法的保障，应注意运用好写作的一些技巧。

1）语言运用的技巧

首先，句子不能太长，能短则短，并非多打几个标点符号，而是要通过变换表达方式、缩短句子等方式来实现。其次，用语尽量恰如其分，不能太长，如革命觉悟、为共产主义作贡献等，用得太多容易使人感到脱离现实。再次，主语前后要保持一致，不能换得太频繁。最后，注意句子间的逻辑关系，句子与句子要靠一定的逻辑关系连起来。

2）过渡的技巧

这渡的技巧也是承上启下的技巧。文章的上下衔接和前后过渡应尽量用自然法。力求自然，如“虽然取得了成绩，但还要继续努力。一要……二要……”等，就属于自然过渡。

3）切题的技巧

从哪里下笔、进入题目，也是有技巧的。这方面可分为由现实问题切题、由思想认识切题、由实践启示切题、由情况介绍切题等。

三、拟制经验材料的要求

经验做法的写作目的在于给人以经验，给人以启发，发挥以点带面的效应，为其他单位或个人提供一些可供借鉴的东西。这就要求经验做法材料在写作过程中既要从宏观上把握好方向，特别是在确定文章主题的过程中，不仅要把握政治方向，还要体现出时代特征和被采写单位的使命任务以及工作特点；同时还要从微观上遵循一定的规律，掌握一定的写作技巧，比如材料的谋篇布局、语言修辞等。只要做到宏观上把握正确，同时微观上处理得当，就能写出一篇成功的经验做法文字材料。

（一）宏观的要求

1. 围绕中心工作，把握正确方向

主题正确是撰写经验材料的基本要求，工作经验材料的主题必须依据工作所承担的任务来确定。确定材料主题，首先要保证政治方向正确。如政治工作是消防救援队伍构成战斗力的重要因素，是实现党对队伍绝对领导和队伍履行职能的根本保证，是国家综合性消防救援队伍的生命线。要以马列主义、毛泽东思想、邓小平理论、“三个代表”重要思想、科学发展观和习近平新时代中国特色社会主义思想为指导，贯彻落实训词精神，符合党和国家的方针、政策、法律、法规，与上级精神相一致。其次要紧贴中心。经验的主题要围绕中心，如消防救援队伍要以队伍抢险救援能力的提高、全面建设的成绩、各项任务的完成来体现各项工作开展的质量。这就要求作者要从工作全局来观察问题，站在单位发展角度检验工作，避免把工作写成是“自我服务”甚至是“倒服务”。经验的产生体现在日常工作中，但也有一个主动发现的过程，二者统一于单位的中心工作和中心任务，脱离了单位中心工作，工作经验材料的生命力便随之丧失。

2. 体现时代特色，反映时代精神

时代特征、时代精神是典型经验产生的深刻的社会历史根源，而经验的产生者作为时代精神的实践者、体现者，其先进性的首要表现就是时代性。先进单位和个人的确具有时代特色，撰写经验材料时就要顺应历史发展潮流，按照形势发展需要，站在时代的最前沿，既立足全局又不囿于己见，又看到未来着眼于发展，真正反映时代特色和时代精神。确定材料主题，就要多想想思想形势是否需要、和上级精神是否一致、与时代脉搏是否合拍。正所谓“时势造英雄”，否则很难体现单位和个人的先进性，也就很难理解其意义和作用。

任何一个经验做法的产生都离不开时代大背景，而任何一个时代都会涌现出体现这个时代特色和精神的典型。战争年代的“硬骨头六连”，新中国成立之初的“南京路上好八连”，汶川地震时体现伟大“抗震救灾精神”的“铁军”，中央军委提出“政治合格、军事过硬、作风优良、纪律严明、保障有力”五句话总要求之后，成都军区某炮兵团就提出了“全面搞建设、扎实打基础、反复抓落实”的做法，成为全军贯彻落实“五句话”总要求的先进典型。江西省九江市消防救援支队被授予“时代楷模”称号，这是应急管理部成立、国家综合性消防救援队伍组建以来，第一个获此殊荣的英雄集体，是消防救援队伍的光荣和骄傲，在全国消防救援队伍引起了强烈反响。以上例子说明，抓住一个时期的时代特征，确定的主题符合这一时期的时代精神，那么经验材料便成功了一半。

3. 注重推陈出新，切忌老调重弹

“新”可以说是经验材料的生命线，能否“出新”是检验经验材料成功与否的重要标志。“出新”可以是对新鲜经验的总结，也可以是对老经验的深化，但决不能是文秘工作者故意拔高、脱离实际地哗众取宠。因此，“出新”体现在两个方面：

一是体现在总结老典型的新经验。通过对材料的提炼，发现他人未发现的东西，也就是说主题一定要比原来更“深刻”。每个单位都有自己的老典型，也都非常注重培养老典型，但如何赋予老典型以新的时代意义？写作经验做法文字材料要善于在“旧”典型的身上发现新亮点，充分发挥老典型的传统优势，在继承传统的同时，大胆地进行创新，从而使提炼出来的经验做法既具有传统底蕴，又具有时代活力。

二是体现在同类典型的特别做法。这种经验材料最常见。比如，经常召开的创新理论学习经验交流会、基层建设经验交流会等会议中，一般会有很多单位来介绍经验，在撰写材料时就必须选择不同的角度、工作的不同侧面来展开，如果千篇一律，会议就会有所取舍，同类典型同样做法的经验材料不可能在同一会议上出现两篇。即使不是使用在会议中，别人已经有过的做法也不需要再去总结，已经推出的经验也不需要再去重复。如×××大学召开某次基层建设工作会议，挑选几名基层教研室领导和学员队干部介绍经验，当时大部分学员队干部都是介绍如何抓好学员的教育引导、行政管理、服务保障，如何解决学员生活中碰到的实际问题、现实中的实际困难等，而1名研究生队干部的经验材料引起了注意，题目是《争当“学术型”队长》，主要介绍自己如何为学员学习成才“导航引路”、为学员学术研究“出谋划策”、为学员创新实践“辅路架桥”。这份材料既抓住了人才培养的中心工作——教学科研，又别出心裁立题新颖；既能引发别人兴趣又具有很强的指导性和可操作性，得到了大家的广泛好评。

4. 聚焦一个问题，主题鲜明集中

一篇经验材料应只表达一个主题，重点要突出，避免在一篇文章中使用许多与主题无关的材料，使主题凌乱、分散。

经验材料主题鲜明是指其观点必须明确。材料表述要清楚、明白，而不能笼统、模棱两可甚至含糊其辞。如果一篇文章张冠李戴，或者分析原因时采取“想当然”的模式，那是写不成功的。经验材料的基础是工作实践，其主旨是调查研究后所揭示的工作实践的典型性及其本质、规律，必然需要静下心去深入调查、收集素材。现在很多同志不想做调查，怕麻烦；还有的不敢去调查、不善去调查，不知道要找哪些人调查、调查哪些事。调查研究是机关干部的一门基本功，不管做什么工作都要开展调研，要写好经验材料更是如此。调研贯穿于经验材料写作的始终，每个阶段有每个阶段的特点，方法路子也不尽相同。起草前，要带着主题调研，全面准确掌握第一手材料；起草过程中，要围绕主题思考，深刻分析灵魂在哪里？怎样围绕这个灵魂选择材料；初稿完成后，还要带着问题请教，对一些有疑点的事例、拿不准的数据、专业化的术语，一定要认真来一次回头看，并虚心请教、逐一核准。

（二）微观的要求

1. 要坚持实事求是，防止虚构编造

实事求是是经验做法文字材料写作应坚持的基本要求，材料内容的真实与否，直接关系到经验做法的生命力。只有材料内容真实可靠，才能使其他单位和个人相信并接受文章所介绍的经验做法，才能发挥此类材料启发人、引导人、鼓舞人的作用。

2. 要广泛收集资料和素材，为论证主题提供充足的论据

经验做法文字材料以阐述具体的经验做法为主，但这一过程需要有充足的论据作支撑，以论证经验做法的科学性，这样才能使文章所阐述的经验做法可信、可学、可用，为经验做法的推广应用奠定基础。因此，掌握丰富的资料和素材是写好经验做法文字材料的必要前提。

收集和掌握相关素材的视野要尽量开阔，要尽可能多地收集相关信息，对经验做法产生的背景、条件、意义等情况要了然于胸。要尽可能多地去了解，因为有时可能会从某一句话得到启示，可能会从看似没有用的材料中得到灵感。广泛收集资料仅指准备阶段占有材料而言，为总结和提炼经验做法打基础，并非指写稿时的“大而全”，“大而全”的经验材料往往谈不出什么真正经验来。经验做法写作所需要的最重要的论据是生动鲜活的实例，在收集资料和素材的过程中以具体实例的收集和考证为主要方向，特别是对相关的数据信息要尽可能多地去收集，而且还要对其真实性和准确性进行认真的核对和考证，确保所掌握的第一手资料翔实可靠。

3. 灵活运用语言和修辞，防止材料抽象枯燥

虽然经验做法文字材料不需要非常华丽的辞藻，也不需要过分地精雕细琢，但用词准确恰当、语言朴实生动、修辞手法灵活也是一篇成功经验做法文字材料的显著特征。

（1）材料语言要准确。经验做法文字材料是一种实用性文体，示范性和引导性都很强，需要的是准确质朴、恰如其分的语言，因此在用词造句上必须追求准确无误，以免对他人产生误导。材料写作过程中，对一些普遍性现象和问题的论述必须要有根据，不能为了标新立异而不负责地乱提；对一些现象的分析和评价必须恰如其分、经得起推敲，诸如据说、估计、大概、或许、基本上之类的含混不清、模棱两可的词尽量少用或不用。另外，在用词上尽量避免绝对化，要留有余地，也就是说措辞要有分寸、不讲过头话，以能够准确表达材料主题为原则，这样也有利于读者理解和接受材料所阐述的经验做法。

（2）语言文字要朴实、简明。简洁明了、干净利落、不拖泥带水，是对经验做法文字材料的基本要求。经验做法文字材料的写作，主要是通过实实在在的事实说话，这就要求在语言文字的表达上，一定要善于选择那些实在、贴切的词语，不用生僻拗口的词句，少用文学性语言，不追求辞藻华丽优美，不要人为地将材料语言复杂化。而且经验做法文字材料写作不要讲空话、套话，虚张声势、过分浮夸是此类材料写作的一大禁忌。要做到语言尽量简洁明了，凡是能用较少的话把事情说清楚的，就不要把话拉长；否则，不仅不利于材料主题的表达，而且也很容易引起读者的逆反心理，达不到效果。

（3）行文中尽可能运用恰当的修辞手法。经验做法文字材料不同于普通公文，语言应尽可能生动一些，这就需要运用一些必要的修辞手法来增加材料的可读性和感染力。要注意句式和韵律的和谐与变化，适当运用修辞、成语、谚语和带有生活气息的群众语言等，以求新鲜活泼、引人入胜。例如，有一篇介绍如何帮助大学生干部尽快适应队伍、胜任本

职岗位的经验做法材料，从论述新毕业大学生干部到营后的水土不服入手，通过全面实施成才接力工程，最后帮助新毕业大学生干部实现漂亮转身，经过这样恰当的修辞使材料显得更加生动，为表达材料主题起到了很好的效果。

总之，经验做法文字材料的目的性决定了写材料的人必须要认清问题、分析问题，充分掌握经验做法文字材料的写作规律，把握好相关要求，这样才能总结和提炼出有很强的针对性和可操作性的经验做法，才能写出有主题、有思想、有灵魂、有价值的经验做法文字材料，而且只有这样的材料读起来才能给人以深刻的启迪和教益，才能引起人们思想上的一致认同和强烈共鸣。

第九节　专 用 书 信

专用书信在日常工作中实用性强，用途广泛，使用频率高，而且种类繁多。本节结合实际情况，介绍几类常用专用书信的写作。

一、专用书信概说

专用书信一般是用来联系、促进工作开展的，具有一定使用范围和特定格式要求。专用书信的种类很多，如决心书、申请书、慰问信、感谢信、倡议书、挑战书、应战书、公开信等。

二、拟制专用书信的一般方法

专用书信的格式与一般书信略有不同，一般在第一行正中间写上书信的名称。

第二行顶格写称呼，专用书信的称呼要写全称。

有的专用书信可加问候语，如感谢信等。

正文是专用书信的主体，专用书信能否发挥应有的作用，关键是看正文写得如何。正文要求写得言简意赅，重点突出；条理清楚，层次分明，措辞恰当。

署名和日期，其格式和一般书信相同。

在格式上，各种专用书信有共同之处，但也有各自的特点，现分别介绍如下。

（一）决心书

集体或个人为了响应党、国家、军队和消防救援队伍的号召，接受某项战斗任务，或者进行某项有意义的工作，向党组织和上级表示决心和态度的书信，就叫决心书。

决心书的写作：开头一段写提出决心的原因和目的，或者自己对所要做的工作的认识；接着一段（或几个小段）写决心要做些什么、做到什么程度，有时还可以提出实现决心的具体措施；最后，向领导提出请求，或再一次表明自己的态度。

（二）申请书

申请书是个人或集体向组织或领导人表达愿望、提出请求时使用的一种书信，它的使用范围很广。

申请书的内容一般包括：一是申请什么，向组织或首长提出申请的内容；二是为什么事提出申请，即申请的原因、意义以及自己对这件事的认识；三是表示自己的决心和要求。

（三）慰问信

慰问信是以组织或个人的名义向对方表示慰问和鼓励的专用书信，它是政治工作的一种重要手段。

慰问信的使用范围：一是向做出贡献的集体或个人表示慰问，鼓励他们戒骄戒躁、继续前进；二是向由于某种原因而遭到重大损失或遇到巨大困难的单位或个人表示同情和安慰，鼓励他们战胜困难；三是适逢重大节日，向有关单位或人员表示节日慰问。

慰问信的写作一般包括以下内容：第一部分写明因为何事而向对方表示慰问；第二部分比较全面而具体地叙述对方的英雄事迹或对方所遭受的困难；第三部分结合形势和任务，提出希望或鼓励对方战胜困难；第四部分向对方表示自己的诚意；第五部分用一段鼓励或祝愿的话结尾。

（四）感谢信

感谢信是个人或单位因为工作或某种原因得到别的单位或个人的关怀、帮助、支持而表示感谢的一种专用书信。

感谢信使用的场合是很多的，特别是消防救援队伍经常走出营区驻地遂行作战、训练、执勤等各项任务，得到各级地方政府、机关、单位、团体的热情支援和帮助，写封热情洋溢、情真意切的信表示感谢，既是我们的优良传统，也是密切与群众亲密关系的一种行之有效的做法。

感谢信的写作一般包括以下内容：开头部分，说明为何事向对方表示感谢；主体部分，具体叙述对方的先进事迹，要写清楚人物、事件、时间、地点、原因、结果，重点叙说在关键时刻对方的关心、支持帮助所产生的效果，热情歌颂对方的可贵精神。并表示向对方学习的态度和决心；结尾部分，表示敬意、感谢。

（五）倡议书

倡议书是个人或集体公开提出某种合理化建议和措施，以推动某项任务或公务活动广泛开展与顺利进行的专用书信。

倡议书的作用在于支持和扶持带有方向性的新生事物，以点带面，突破一点，推动全盘；同时也是群众性的政治思想工作，可以起到互相促进、互相激励的作用。

倡议书的写作一般包括以下内容：开头部分，写倡议的缘由，即发倡议的根据、原因和目的；主体部分，是倡议的具体内容和要求，可以将所倡议的事情或活动综合列出，也可以分条列出；结尾部分，写倡议者的希望和自己的决心。

（六）挑战书

挑战书是个人或单位在完成某一任务或工作时为了展开竞赛，向有关单位或个人提出竞赛内容、带有鼓动性的专用书信。在消防救援队伍中，一项任务下达之后、投入战斗之前，常常用相互挑战的形式来鼓舞士气，调动队伍的积极性。

挑战书的写作一般包括以下内容：开头部分，写竞赛的目的和意义，即为什么要挑战；主体部分，写竞赛的范围、挑战条件和采取的措施，挑战的具体内容和条件常常写在一起，也可以分类分条列出；结尾部分，提出评判人，即提议由谁（个人或单位）评判、监督、检查；最后用一句勉励的话作结束语，用“此致”“敬礼”亦可。

（七）应战书

应战书是为了开展友谊竞赛活动，个人或单位响应有关方面的挑战而给予答复的一种专用书信。

应战书既可以鼓舞自己的士气，又可以调动对方的积极性。

应战书的写作格式与挑战书相似，内容包括：开头部分，表明应战的态度，一般是肯定的语气回答对方的挑战。用语要坚决肯定。主体部分，一是略谈己方对这场竞赛的目的、意义的认识；二是对挑战条件的答复，根据对方提出的挑战条件表明同意或部分同意的态度，还可以提出自己的竞赛条件，在取得对方同意后作为新的竞赛条件；三是表达自己对评判人的态度，明确表示同意或不同意，如需要增加或更换评判人时应写明。结尾部分，表示决心和希望。

（八）公开信

公开信是一种特殊的书信，即将不必保守秘密，并想让更多的人了解与讨论的事情和意见公布于众的信件。有时带有公告性质。

公开信不限定读者范围，往往可以在报刊上发表或在广播、电视中播出。

公开信可以分为两大类：一是以领导机关、群众团体的名义，在重大事件、纪念活动、传统节日时给有关单位、集体、个人发出的书信。二是领导机关、群众团体或个人针对某一个问题而发出的公开信，这类公开性可以是批评，可以是表扬，可以倡导新风，可以提出建议。

其写作内容包括：一是提出问题（即公开信所要阐述的主要事项），并指出提出问题的历史背景和原因；二是简略叙述事情的经过，明确提出解决问题的办法，并用充分的事实或可靠的材料来说明这个办法是行之有效的；三是表明自己对这个问题的态度，提出建议和主张；四是对特定致信对象的祝愿和鼓励。

三、拟制专用书信的要求

专用书信的写作有以下四个要求：

（1）把收信的单位名称或个人姓名写清楚、写准确。

（2）内容的写作要具体实在，涉及的人、事要叙述准确，让对方、旁人一看就明白。

（3）语言要准确、朴实、简洁，篇幅不宜长。

（4）感情要真挚、朴实、自然，与专用书信的内容吻合。

第三章 宣传文书

第一节 概 述

宣传文书是开展宣传工作的重要手段，是人们为了配合一定时期的工作或者进行社会交往活动时对公众进行宣传教育使用的文书。宣传文书写作是以宣传为目的进行的写作，即用文字传播一定的观念以影响人们的思想和行动的社会行为，在日常工作中占据着越来越重要的位置，在现代公文写作中的地位也日益突出。

现代宣传主要通过新闻媒介来进行。新闻专业性的写作模式和语言表达是宣传文书必备的基本性内容。因此，掌握新闻写作技巧，把握好新闻和宣传两者之间的关系，即在新闻基础上体现宣传的基本作用，是写好宣传文书的一个基本前提。

新闻有很多定义，不同的国家、不同的研究者对新闻有不同的定义。比如，在西方，对新闻的严肃定义有：英国《泰晤士报》认为“新闻就是变迁的记录”，英国《牛津字典》中提到“新闻就是新鲜报道”。在国外对新闻的幽默定义也有许多，如美国《纽约太阳报》博加特说“狗咬人不是新闻，人咬狗才是新闻”。我国学者对新闻也有一些定义，范长江认为“新闻就是广大群众欲知、应知而未知的很重要的事实”，陆定一认为“新闻的定义，就是新近发生的事实的报道”。总之，对于新闻，可以理解为：新闻是对新近已经发生和正在发生，或者早已发生却是新近发现的有价值的事实的及时报道。综合上述定义，可以看出，新闻主要具备如下要点：新闻必须是新近发生和新近发现的事实；新闻所报道的事实必须是有价值的；新闻必须是对事件的“报道”。

一、种类

宣传文书主要有消息、通讯、典型报道等。

消息也称新闻，是对最新发生的、有社会意义的事实的及时的报道，使用概括论述的方式传播最新事实的短篇新闻。报社、通讯社、广播电台、电视台、各大网站等新闻媒介对国内外消息的报道统称新闻。

通讯是以叙述与描写相结合为主要的手段，综合运用多种表现手段，综合运用多种表达方式，及时、具体、真实、生动地报告现实生活中新近发生的新闻价值的人物和事实的一种常用的新闻体裁。

宣传文书除了新闻体裁外，表彰嘉奖个人或集体在工作事业中做出突出贡献、宣传他们的先进事迹时，会使用典型报道这一文种。重视先进人物的选树和宣传，充分发挥先进人物的作用，是我们党的政治优势和加强思想道德建设的有效途径。

宣传文书虽然是传递信息、满足受众的信息需求，但宣传党的路线、方针、政策同样是其主要的工作任务。因此从社会意义上说，宣传文书往往含蓄地表达着一定的思想主张让受众体会。这种含蓄表达，已经内在地体现着宣传。在特定情形下，写作者还需要对某些事件、形势、问题或现象进行有效引导，从而达到引导舆论、促人思考的效果。

如何在宣传文书中体现宣传的基本作用，是宣传文书写作成功与否的一个关键。体现宣传作用，主要是指在写作中突出组织本身的地位，起到宣扬组织主张、维护组织形象的作用。写作中要使组织所散发的团体文化氛围和组织精神在字里行间得以充分彰显。

二、特点

（一）真实性

真实性是指宣传文书必须反映客观事物的原貌。所有种类的宣传文书都是以事实为依据。以新闻为例，真实性是新闻的生命，也是第一要素，是新闻的根本属性，是报纸、电台、电视等大众传媒取信于民的生命所在。

宣传文书体现的是人们对世界认识和陈述的一种方式。它和客观生活的关系，是一种反映和被反映的关系。它是对社会生活的一种反映，因此其真实性必然在反映的过程中体现出来。首先，传播者通过对现实生活的判断，从中遴选出真实的事件，作为报道的对象。其次，在选择了真实事件的基础上，传播者对事实的描述必须真实准确。以新闻为例，新闻的基本功能是告知事实。事实的真实具体还指构成新闻的基本要素必须准确无误。所谓基本要素是指时间、地点、人物、事件、结果、原因，即西方新闻学所强调的五个 W、一个 H，这些都是新闻赖以生存的因素，是弄清楚一个事实的起码条件和基本环节。在任何一个环节上若有半点虚假，都会招致读者对整个新闻事实的怀疑。一般来说，时间、地点、人物、事件、结果几个要素比较容易表达准确，主要难度在对“原因”这个要素的概括上。很多事物，尤其是比较复杂的事物，很难归结为某一个原因。单向思维、直线思维所造成的片面性与绝对化是不少报道让读者不信服的症结所在。

宣传文书中引用的各种资料必须准确无误，主要是指数字、史料、背景材料等。其所反映的事实的环境、过程、细节，以及人物的语言、动作必须真实；文书中涉及人物的思想认识和心理活动等，必须是当事人所述。宣传文书绝对不能虚构情节、合理想象、添枝加叶。以新闻为例，为了增强新闻的感染力，现在比较流行的叙事方法是故事化结构，这种方法本身无可厚非，由于多数新闻事件并不具有戏剧性，因而一些编辑记者喜欢利用“合理想象”弥补其中的环节，编制出感人肺腑、催人泪下的言行和细节，使事件的发展跌宕起伏，但这种做法往往背离真实性原则，大大削弱了事实的可信度。

传播者对事实的分析、解释和评价必须真实。这就要求传播者对事情的前因后果、来龙去脉有比较清楚的了解，从而准确地分析事件产生的动因、发展的驱动力，它的意义、影响以及将来的走向，即对事实的原因、结果、逻辑关系等的分析、解释都必须客观、准确、全面。事实上，传播者是在新闻传播客观规律的制约下，由他的主观性决定了信息的选择、组合、描述、评说和传播。因此，需要在追求客观存在和主观反映的一致性中实现宣传文书的真实性。

（二）指导性

指导性，指宣传文书通过具体的传播途径，以影响、指导受众的思想和行为，把读者引导到一定的目标上去。宣传文书是社会和自然的新情况在传播者头脑中反映的事物，它不是毫无目的地记录，也不是消极、直观地反映客观事实，而是能动地反映。传播者作为组织化的个人，必然通过组织感受来自外界的各种压力。同时，每一个传播者都有他自身的性格、信念、价值观、经验和教育、知识背景，对于任何事物都有不同的理解和判断。因此，写作者在陈述事实的同时，不可避免地传播着自身的认识、思想、感情、立场和情趣等。宣传文书是为宣传工作而服务的，任何宣传总有一定的政治目的。因为建设有中国特色的社会主义，单靠物质不行，同时还得靠精神，靠建设高度健全的社会主义民主和法制，在发展生产力的同时，努力开发民智，提高全民族的文化和精神素质。另外，在发展中会出现新现象、新问题、新矛盾、新事物，它们正确与否，也需要政府给予分析指导。

宣传文书的指导性是多方面的，是从不同角度、不同方面表现出来的，社会需要的多方面决定了宣传文书的指导作用也相应是多方面的，宣传文书的对象多种多样，有社会现象和自然现象。社会现象有思想上、工作上、方针政策上的指导，也有业务上、技术上、经营管理上的指导，还有消费、文化娱乐和日常生活的指导。自然现象上至银河系，下到地底层，自然界现象无所不包。宣传文书和传播者、受众利害关系的不同，传播着对这些现象认识的深浅程度不同，使宣传文书的指导性呈现出纷繁复杂、千姿百态的景象。只要能够给受众提供客观世界新变化的正确认识，又能产生有益的影响，就是正确的指导。

宣传文书指导性的形式是多样的，这是由不同的内容决定的。从指导效果来看，大致可以分为：第一，影响迅速。主要是与公众有直接利害关系的重大事件和日常生活消息，在受众中迅速扩散，激起各种社会舆论和行为。第二，触类旁通。像消息、通讯等宣传文书是从不同层次上反映现实生活普遍性问题或经验，受众从中受到启示，举一反三，影响特定地区的特定问题。第三，潜移默化。一种是在报道叙述语言中，传播者做出明显的价值判断，受众在接受新闻信息的同时，也接受了它的观点；另一种是知识性、趣味性、服务性的新闻，虽然与人们的生活没有直接关系，但能给予人们健康的娱乐、美好的享受和良好的休闲。

宣传文书的指导性是一种软性指导，其指导形式是一种以自愿接受为特征的不带强制成分的指导。以新闻为例，新闻机构是信息的制作者和传播者，它们可以通过新闻报道表达自己的观点和价值判断，接不接受，或者在多大程度上接受，完全取决于受众本身。受众是有选择权的，传播者无法决定受众的受拒好恶，宣传文书的指导性不具有规定性和约束性。

宣传文书的指导性是有限的。其涉及内容十分广泛，对每个社会成员、社会生活的各个角落都有一定的指导意义。但是，它的指导作用不是无限的，而是受到自身职能的限制。宣传文书的内容虽然与各部门、各系统有联系，但是它不能代替其他任何一个部门。它宣传党的方针政策，但不等于一切宣传工作都要由宣传文书包揽；它反映受众的意见，但不等于受众的一切意见都由宣传文书来反映。这一切，正如它传播新知识，却不能取代学校的教育功能一样，它不能代替党和政府对工作的指导，也不能对实际工作部门的一切事情进行干预。对宣传文书的指导作用既不能低估，也不能过分夸大。

（三）时新性

时新性有两层意义：文书内容的“新”和传播速度的“快”。这里的时新性主要指的是新闻类的宣传文书。新闻事实要新，是由社会的需要和新闻本身的功能所决定的。人们需要新信息的目的就是及时了解外界的新变化、新事物，并以此作为未来决策和采取行动的依据之一。此外，在人类的天性中，本能地对外界充满了好奇和向往。

作为新闻特性的新，它主要包含两方面的含义：一是指新近发生的事实，而不是过去很久的事实。人们总是希望知道世界上发生了什么自己未知的事情，新闻正是为了满足人们这一心理需要。二是指具有新意的事实。人们不仅希望知道新近发生了什么事，而且也想知道怎样发生的、为什么会发生、会有什么样的结果和影响。新闻就应该告诉人们那些变化着的、人们未知的并具有一定生活意义的新鲜事情，说明这些事情与人们习以为常的事情有什么不同。这两方面的含义有着层次上的不同，前者是基本的，后者是对前者的深化。二者相互联系，不可分割。

如果说，“新”是就事实本身而言的，那么“快”，则是针对传播速度而言。力求迅速、及时地把新近发生、发现的事实报道出去，将新闻事实的发生与报道出去这两者之间的时间距离做最大限度地缩减，这是新闻报道的重要特征，是新闻存活及构成新闻价值的重要条件。新闻报道是时间性极强的文字作品，有人把它称为“易碎品”。它的压力不是质量而是时间。这是由新闻的一次性消费特点决定的。“一次性”消费是指新闻的主要价值和功能在于了解受众“不知道”的问题。一旦人们知道了，新闻的作用也就消失了。而这个“知道”是一次性的，是在瞬间完成的。“一次性消费”同时带来“排他性”，先到的新闻好比雪中送炭。各媒体的竞争，实质上是对新闻时效性的竞争。任何一桩有新闻价值的新闻背后，都伴随着各媒体之间在时效上不见硝烟的“厮杀”。近年来，随着新闻的产业化和媒体间竞争日趋激烈，“新闻报料人”和“新闻线人”的作用为各地媒体所认同。这些线人、报料人在第一时间向编辑部报告，大大延伸了编辑部的触角，真正做到耳聪目明、反应迅捷，充分满足现代人对信息的欲望。

在时效性问题上，重要反对两种不良倾向：一种是片面强调快，忽视了报道的实际，应当压而不压，或者为求快影响了新闻报道的品质；另一种是片面强调时宜性，无谓地求稳，把一些本应即时发出的新闻压成了“死鱼”。新闻报道越快越好，但这不是绝对的，有时要受到其他因素的制约，主要是时宜性，所谓时宜性就是宣传的最佳时机。也就是说，新闻信息的传播要符合当时情景，包括政治局势、国家民族利益、传播者自身的考虑等。新闻不完全是客观之物，而是和社会、人的各种主观因素相关联的。“抢”是对新闻传播时间上的要求，“压”则是避免新闻产生负面效应的手段。

三、语言

宣传文书有着不同的种类，不同种类的宣传文书其语言有不同的风格和要求。以新闻为例，有的作者常用写散文或者写评论的方式写新闻，这是不准确的。如果说文学语言是艺术的语言，评论语言是说理性语言，那么新闻语言则是表述事实的语言。新闻语言作为一种独立的书面语体，它服务于事实的报道，具有质朴、实用的语言形态，明快而富有表现力的语言风格，讲求信息的运载量，使之适宜于社会的广泛传播。总的来说，宣传文书语言的特色可以概括为客观、确切、简练、朴实和通俗。

（一）客观

宣传文书的主要功能用于表达客观事实，而主观认识和感情的强烈外露，无疑会影响受众对事情原貌的了解和把握。宣传文书应该是丰富、生动的社会生活的客观再现，不能有任何不实之词、不真之事，这是由宣传文书所反映的主题决定的，否则就失去了它存在的价值。比如，说某同志工作认真、某领导身先士卒，还不如选取一些有代表性的事情把它反映出来，让读者去品味，而不是直接下结论。

然而，宣传文书也不能只陈述具体事实。从反映的主体来看，宣传文书是通过传播者这一主体进行反映，因而它必然包含着传播者自身对社会生活、对社会生活中存在的变动事实的认识和评价。也就是说，传播者总是站在一定的立场上去审视、评价他所报道的事实。从这个意义上说，离开了传播者主体，也就不存在宣传的问题了。由此可见，宣传文书语言的客观性，既包含客观事实的内容，又包含传播者主体对客观事实的客观认识和评价。

宣传文书语言的客观性通常表现为：

（1）中性词多于褒义词，即客观地描述，而不随便下结论，或者评论。宣传文书中一般不使用评议性的语言，多采用描述性的表达。即使是述评性消息，作者的评述语言也极少，多讲究分析对比，然后将极其精炼的评述语言自然落笔。例如：

近日，我省多地出现新冠病毒核酸检测阳性病例，行动轨迹波及兰州、张掖、嘉峪关、陇南等多个市（州）。兰州、张掖等市多个县区启动全员核酸检测。

……

2021.10.22　甘肃省应急管理厅网

（2）修饰语的限制性多于形容性，如“昨日气温已开始下降，最低温度已达零下5摄氏度”，这是用数字进行限制；如“昨日气温已开始下降，大家感到比前些日寒冷很多”，这就成了形容词性的修饰语，不宜用于宣传文书中。特别是在一些重大事件的新闻报道中，更需要注意修饰语的选择，以保证语言表达的效果。例如：

3月27日，省委书记×××在泰州专题调研安全生产和污染防治工作。他强调，要坚持以习近平新时代中国特色社会主义思想为指导，深刻汲取响水天嘉宜化工有限公司“3·21”特别重大爆炸事故的惨痛教训，以务实的精神、科学的态度、系统的思维扎实有效加强和改善安全生产和环境保护。×××说，安全生产涉及管理、生产、运行等各个环节，政府的监管责任要进一步加强和落实，但最终都要落实到企业的日常运行中，集中在企业的主体责任上。

……

2019.3.29 江苏省应急管理厅网

(3) 句子的陈述口气多于感叹口气。把一些事件或者现象以第三者身份客观描述出来，而不是以第一人称或第二人称去下结论或发表感叹。例如：

9月28日，省应急厅老干部处组织在兰部分退休干部赴兰州市皋兰县皋榆工委纪念馆开展主题党日活动，厅党委委员、政治部主任×××参加活动。

皋榆工委纪念馆，记录了解放战争时期中共甘肃工作委员会为推翻国民党统治，积极发展党的组织，广泛建立统一战线，领导人民进行英勇斗争，为解放兰州和甘肃全境，做出的重要贡献。在解说员的带领下……

2021.9.30 甘肃省应急管理厅网

(二) 确切

确切就是准确、贴切。在宣传文书语言的使用上，对精确性要求较高，尽量消除语言的含混性。特别是在报道科学技术、事故灾难等严肃内容的宣传文书中，语言要求表述更为精确，不仅要准确反映客观事实，还要兼顾专业领域内对于语言表述的要求。例如：

据东邦化学（上海）有限公司向暗查暗访组出示的近期安全现状评价报告，该公司使用环氧乙烷、环氧丙烷等危险化学品，甲A类罐区构成二级危险化学品重大危险源，甲B类罐区构成三级危险化学品重大危险源，生产车间构成四级危险化学品重大危险源。

……

南都记者发现，多项问题涉及未设置有毒可燃气体报警设备，或报警仪故障形同虚设。例如，企业环氧丙烷卸车栈台和环氧丙烷储罐未设置环氧丙烷气体检测报警仪……而已设置的报警设备又不合规，……环氧乙烷一级报警设置为5ppm，二级报警为10ppm，远高于国家标准，存在较大风险。此外，专家还发现，环氧乙烷储罐ST-30B受料管道安全阀出口去向环氧乙烷储罐ST-30A，进入ST-30A储罐的根部阀关闭且无铅封。

2021-05-03 来源：南方都市报

当然并不完全排斥语言的模糊性。在娱乐新闻、生活新闻等一些较为轻松的宣传文书中，对于语言精确性的要求比科学技术、事故灾难等宣传文书要低一些，允许模糊语言的出现。宣传文书的模糊语言不是语言含混不清，而是相对于精确语言来说，其精确度较低，但又不失之确切。

（三）简练

对新闻类宣传文书而言，以简练为贵，以繁冗为病。新闻语言应简洁、洗练、干净利落，切忌拖泥带水。正如鲁迅所说，“简洁的文字，有着穿透读者心胸的力量”。写新闻提倡写短句、说短话，强调简洁直叙，少曲迂回，尤忌语言杂质，不要让复杂的结构和修辞手段、表情语言湮没事实。比如，“在……的大好形势下，在……鼓舞下，在……的基础上”等繁冗的句子都应避免。例如：

财政部、应急管理部向山西、陕西预拨 8000 万元
中央自然灾害救灾资金 支持做好防汛救灾工作

10 月 11 日，财政部、应急管理部向山西、陕西两省紧急预拨中央自然灾害救灾资金 8000 万元，支持和帮助地方做好防汛救灾工作。

针对山西、陕西两省严重洪涝灾害，国家减灾委、应急管理部日前启动国家Ⅳ级救灾应急响应，并派出工作组深入山西省吕梁市孝义市、晋中市介休市和陕西省渭南市华州区、大荔县等地，实地查看房屋倒损、村庄进水受淹、农作物受灾等情况，了解抢险救援和救灾救助进展，指导督促做好受灾群众转移安置和基本生活保障工作。国家防办、应急管理部每日组织开展联合会商研判，分析研判全国雨情水情风情，及时安排部署防汛救灾工作，重点关注黄河、海河等流域秋雨秋汛，紧急调用直联泵等中央防汛物资支援山西等省开展防汛救灾。

2021-10-11　应急管理部网

（四）朴实

质朴无华，具体实在，是宣传文书语言的又一特色。宣传文书语言讲究朴实，就要“有真意，去粉饰，勿卖弄”。任何文章的写作都会遇到的基本矛盾是如何处理材料和观点的矛盾，宣传文书写作也不例外，它要处理的是客观事实与记者所要表达的观点之间的矛盾，而解决这一矛盾的基本方法是“用事实说话”。

用事实说话是指作者通过对事实材料的分析、取舍和安排，通过事实本身的内在逻辑来表达观点、立场和主张的一种方法。它是宣传文书写作的基本方法，也是一条报道原则。它寓理于事，记者把思想观点藏在精心选择的某些事实里，让受众通过事实自己领悟其中的道理，接受作者的意见。它符合人们从宣传文书中主要是了解事实和观点的基本特征，因而能潜移默化地影响受众，更具说服力。

从形式上看，宣传文书特别是新闻报道等动态消息并不直接论述对事实的观点，而是叙述和再现事实，采取“寓论断于事实之中”的方法。通过事实发表无形的意见正是宣传文书特殊的价值和独特的作用，这个基本方法又被称为“藏舌头的艺术”。

宣传文书如何用事实说话？

一是选择典型事实说话。现实生活是复杂的，事实也是大量存在的。选择什么样的事实才能表达记者的观点或倾向，这是首先要考虑的事情，一个事实选择得好，它可以有以一当十的作用。所谓典型事实就是指它必须是读者所未知的鲜活的事实，必须具有重要性而且是具体事实。有的放矢也是选择典型事实的一个标准。

二是通过再现场景说话。所谓再现场景就是把新闻事实的某些现场情景具体地描述出来。新闻中的人和事一般都是有形的，把它们逼真地再现，使新闻报道做到有神有形，使读者仿佛亲临其境、亲眼所见，这种方法会加强可信性和说服力。

三是运用背景材料说话。背景材料常被称为“新闻背后的新闻”，对其简单的定义是“用来说明新事实的旧事实”。可见，背景材料本身也是事实，用背景材料说话属于用事实说话的一种方法。怎样运用背景材料说话呢？对比，有助于发现问题，能帮助读者认识事物的本质。

四是借助“直接引语”说话。直接引语是指记者通过采访得来的被采访者的原话。它是新闻报道中不同身份、不同个性人物所说的话，引用它们可使报道具有现场感，富有变化和人情味，有助于克服宣传文书写作中容易出现的单调乏味与概念化。在报道中直接引用原话已经成为宣传文书写作中不可或缺的手法。直接引语一般都有出处，即消息来源，有助于提高真实性和权威性。把用记者的嘴说话，改为用被访者的嘴说话，这样的报道看来更客观，因而能增强说服力。例如：

杨武东，33 岁，白族，2004 年 12 月参加消防工作。14 年来，他先后荣立一等功 1 次、二等功 1 次、三等功 3 次，获嘉奖 10 余次，并获得“全国优秀人民警察”“全国抗震救灾先进个人”“四川省十大最美人民警察”等荣誉称号。

杨武东身上有一股不服输的劲儿。在汶川大地震抗震救灾中，他表现英勇，后被保送入学……。

2012 年 1 月，理塘县城一栋 3 层居民房发生火灾。他仔细观察后，抱起水枪冲上去，和队员们一起成功扑灭大火。……他就带着干粮、扛着消防宣传资料，徒步前往寺庙进行宣传。他凭借耐心和热情，赢得了僧侣和群众对消防工作的支持。

2018.12.02　搜狐网

（五）通俗

宣传文书语言的通俗性，要求从读者的认知水平出发，运用群众熟悉的语言形式，即接近口语的书面语。在宣传文书写作时，用语不以作者的认识标准为准，也不以行业内的认识为标准，而应以最广大读者的认识为标准，对一些特殊用词或者专有名词，应该加以必要的注释。特别是在智慧消防等一些专业科技领域的宣传文书中，更要注意语言的通俗性。例如：

8 月 26—29 日，2019 中国国际智能产业博览会在重庆悦来国际会议中心举办。

为确保打赢本届智博会消防安保战役，市消防救援总队围绕“智慧消防”这一主题，结合日常管理工作要求和实战应用需求，打造了“重大活动消防勤务管理信息系统”等一系列“智慧消防”利器，用“数据链”织密火灾防控网，全方位护航智博会消防安保工作。

8 月 24 日，距离 2019 智博会正式召开还有 2 天。上午 10 时，参加智博会 S4 场馆消防安保工作的周琰在通过测温仪测量发现……25 日上午 11 时，N3 号馆一展台由于施工人员错接两根电线，导致电路超高温达50℃……

走进智博会市消防救援总队消防安保前线指挥部，大屏幕上，“重大活动消防勤务管理信息系统”把关于本次智博会安保期间的消防安全隐患类型、涉及场馆的位置、隐患数量等信息显示得一目了然。

本次智博会期间，参与安保的消防指战员手机上均安装了一个“重大活动消防勤务管理信息系统”App，该系统以空间地理信息和物联网设备为平台，融合了5G、BIM、AR等新一代信息技术，指战员不仅可以通过它及时查看勤务方案、力量部署、通讯录等涉及会务的实用信息，更可以通过这个App及时进行事件上报，建立火灾隐患数据库，实现安保场所的消防相关物联网信息、巡检信息的收集和预警，消防实战场景中空间、车辆、装备、人员、部门等实况展示、实时指挥、高效协同，指挥部则可根据实时情况进行监管、决策、应急指挥，真正实现了“智慧消防”的防、消结合这一终极目标。

此外，市消防救援总队还在智博会现场17个展厅设置了58个组合式电气火灾监测器、19部智能单兵终端、21台红外线热成像仪、4架无人机等，全方位、全时段为智博会举办“保驾护航”。

……

2019.9.9　重庆日报

第二节　消　　息

消息是最常见、最经常采用的新闻体裁。一般来说，新闻在报道事件时，常常会先发一条消息，把最重要的信息迅速传播出去。消息重在报道事情的概貌，而不是展开讲述具体的经过和细节。消息要求报道及时快速，注重时效。

一、定义

消息是迅速简洁地报道新近发生的事件，反映事物发展过程中的新动态的一种新闻体裁。消息一般用客观叙述的方法，不掺杂记者的主观意见，而是尽量发挥事实的效力。消息只需及时报道最新的事实，不需要把事件的根源及相关问题挖得很深很透，要求文字简明扼要，表现方法灵活生动。

二、特点

（一）及时性

实效性是消息最突出的特点。在反映现实的速度方面，消息居于各种文体之首。消息必须迅速准确地将最新的事实报告给读者，延误了的消息没有任何新闻价值。

（二）真实性

真实性是消息最基本的特征。在反映客观事实方面，消息必须完全准确真实。把确凿的事实传递给读者，绝不允许虚构情节、展开想象。

（三）准确性

准确性是对消息诸多要素的基本要求。无论是构成消息要素的时间、地点、人物、事件和结果，还是消息所引用的背景材料、数字，都要准确可靠、来源真实。

三、结构

消息一般由标题、导语、主体、背景和结尾五个部分组成，在结构上由“倒金字塔结构”与“非倒金字塔结构”两大类。

（一）倒金字塔结构

以新闻价值的大小来排列新闻事实的文本结构，是19世纪电报时代的产物。写好此种结构的消息对记者来说仍然是非常重要的一项基本功，首先是训练记者对新闻价值判断能力的最有效的方法，其次可以保证忙碌的受众不至于被迫忍受某些记者自作聪明的写作，从而迅速了解新闻事实的要点。

倒金字塔结构一般不按事件发生、发展的时间顺序安排段落，而是把最重要、最新鲜、最精彩的事实放在开端；一般采用“部分要素导语”，只讲主要事实；对事件过程的叙述比较简略，文字简练；各段之间有逻辑上的联系，下一段是上一段的具体化和补充。标题和导语的重要性超过主体。例如：

甘肃宏达铝型材有限公司熔铸车间发生一起生产安全事故

（二）非倒金字塔结构

1. 时序结构

这种结构通常使用在时间因素显得极为重要的报道中，时间顺序式结构通常不一定有单独的导语，往往按时间顺序来安排事实，先发生的放在前面，后发生的放在后面。这种结构叙事条理清晰、现场感强，很适合写故事性强、以情节取胜的新闻，尤其适合写现场目击记录。其缺点是开头平淡，难以一下子吸引受众；消息的精华也可能湮没在长篇的叙述之中。

2. 总括—并列结构

此结构通常把新闻中最重要的事实概括到导语中，然后将多项需并列出示的内容并行分别列出来。例如：

最简审批程序 最短服务半径

3. 悬念式结构

这是一些喜爱挑战传统的记者所偏爱的样式，他们往往不在报道的开头直接展示事件的真相，而是先设谜题，然后引导受众在报道所披露的调查材料中寻找答案。

四、分类

按写作特点，消息分为动态消息、综合消息、经验消息、述评消息四种。

（一）动态消息

动态消息是以报道动态情况为主的消息。它篇幅短小，事情新鲜，反映及时，一般不涉及人物和事物的细节，只对变动情况的概貌作叙述。动态消息依照事实运动时态的不同，在形式上可分为三种：

（1）对新近发生的相对独立的事实的报道。这种消息本身即是一个完整的发展过程，写作上采用过去时态。

示例：

《中国骄傲》完成录制已于昨晚播出

（2）对连续发展的事件的报道。这种消息，事件本身有较强的连续性，报道只能摄取其中的一个镜头或侧面，写法上一般采用现在时态。

示例：

防汛应急响应　聊城在行动

（3）对即将发生的事实的报道。这种消息也叫预告消息，写法上采用将来时态。

示例：

《中国骄傲》相约今晚

（二）综合消息

综合消息一般指围绕一个主题对几个同质或相近事实的报道。同动态消息相比，它不限于一时、一地、一事，时间、空间跨度较大。综合消息一般有三种类型：

（1）横向综合，即按照横断面，就全国或一个地区、一条战线围绕某项活动，某个问题所进行的报道。

示例：

各地出实招加强冬春火灾防控

（2）纵向综合，即按照纵断面，就某个地区或部门围绕一定时期或阶段的工作进展或某一事件的发展所进行的报道。

示例：

忠诚守护红土地　服务老区新发展

（3）纵、横结合，即纵、横两个断面交织的报道。

示例：

瞒报近10倍！泉港碳九事故真相大白

（三）经验消息

经验消息是对某个单位或部门的典型经验和成功做法进行报道的消息。它是报道各行各业在工作中的典型经验，能够集中地从一个点或一个面上体现党的方针政策，揭示事物发展的普遍规律，为解决工作中存在的普遍问题以及人们社会生活中存在的普遍矛盾提供直接或间接的经验，因而具有较强的针对性和指导性。

经验消息需要根据党的中心工作和现实中存在的带有倾向性的问题，审慎立题、审慎取材，既要说清楚报道这一经验的必要性，也要说清楚这一经验的可行性，以便能使人们因地制宜地学习或借鉴。

示例：

山西煤监局阳泉监察分局

推行“六化”执法新模式

（四）述评消息

述评消息是介于新闻和评论之间的一种新闻体裁。述评消息夹叙夹议、边述边评，兼有新闻和评论两种作用 。

述评消息的依据是事实，着眼点却是议论，因此事实的叙述比较概括、扼要，议论却需要针针见血。它的题材一般比较重要，大多针对具有普遍的思想倾向或社会问题而发，针对性、指导性较强。

示例：

乌干达一船舶沉 没至少31人死亡

多重因素作用酿成悲剧

五、写作

（一）消息标题的写作

标题是消息的招牌，是对新闻内涵的高度概括和浓缩。制作标题是新闻报道的延续和新闻稿件的最后完成。“题好一半文”，好的标题是作者智慧的结晶。

1. 标题的类型

消息标题有引题、正题、副题三种。

（1）引题：介绍背景，渲染气氛，揭示文义，引出正题。

（2）正题：揭示新闻最主要的事实和内容。

（3）副题：对正题概括的内容作补充、说明。例如：

全国消防行业职业技能大赛翻开崭新一页

西藏选拔赛开幕

7个地市的41名消防救援人员参赛

2. 标题的形态

消息标题有两类形态。

1）单一结构标题

该标题仅有一个正题，用简短的文字概述新闻的主要事实，一般由一个完整的句子构成。例如：

多彩活动寓教于乐 守护孩子健康成长

兰州加强消防宣传促暑期防溺水工作

2）复合结构标题

此类标题有三种形式：

（1）引题+正题+副题。这类标题多用于报道重大事件，重要因素较多的消息。例如：

就澳大利亚发生森林大火事件

×××向××总统致慰问电

×××向澳方民众致慰问电

（2）引题+正题。例如：

无人机助力火场救援　智慧应急彰显硬实力

中国消防救援学院无人机火场救援展示

又如：

深刻汲取台湾高雄“城中城”大楼火灾教训

国务院安委办、应急管理部部署加强消防安全工作

（3）正题+副题。例如：

平凉市崆峒区发生一起触电事故

2人死亡3人受伤

又如：

杨柳飞絮四月天，防范火灾莫大意！

杨柳絮也能引发火灾

在这些标题中，还存在虚实之分，实题为了传达事实，虚题为了揭示本质或引申出的思想、观念。一般来说，主标题较短、也实，是消息最主要内容。引题有两种情况：一种比较实，或者是对新闻事件的概括，或者交代新闻事件的条件或新闻事件中的主要人物等；另一种比较虚，是从主要新闻事件中引申出来的思想、观念等。例如：

谱写消防卫士的奉献之歌

应急管理部颁令授予×××十大杰出消防卫士称号

又如：

暴雨来袭，安全度汛

河北有效应对16次强降雨

3. 标题的拟制技巧

1）叙述式

把新闻中最重要、最有价值的内容直截了当地叙述出来。例如：

长汀开展消防安全检查

财政部、应急管理部向山西、陕西预拨8000万元

中央自然灾害救灾资金 支持做好防汛救灾工作

2）运用修辞格

修辞格是人们在长期语言实践中固定下来、具有特定表达效果的稳定的语言运用格式。它是对语音、词汇、语法等语言要素的运用。适当运用修辞格制作标题可以使之更生动。

（1）比喻：俗称打比方，是在描写某一事物或说明某一道理时，用与它有相似点的别的事物或道理来说明。比喻富有形象性，喻体必须是受众熟悉的事物，本体和喻体必须有可比的共同特征。例如：

雨天驾车遇到城市内涝，当心“驶入”这些“坑”

（2）借代：借用客体来替换主体。例如：

谁违犯法律 就摘谁的“乌纱”

响水县应急管理局局长××等被判刑

（3）顺就：就是顺势移就，它是把标题前面出现的某一词语用于标题后面，以表达不同的意义，也可以词性、意义均不相同。例如：

网连线 线连段 段连片 片连人

山西侯马多策并举全力维护社会稳定

（4）对偶：也叫对仗，是运用一组结构相同或相似、字数相等的语句来表达相似、相关或相反意义的修辞方法。例如：

上为政府分忧 下为百姓解难

济南消防十项服务暖人心

（5）排比：如果把对偶的规模扩大，将一连串同一范畴、同样性质的事物用结构相同、意思相近的短语组成句子，一项一项地表达出来，就成了排比。例如：

安全职责不明确、危化品违规储存、特殊作业不规范

——国务院安委办明查暗访第五工作组聚焦危化品企业重大隐患

4. 标题写作要求

（1）消息标题必须准确展示新闻的核心事实，做到题文一致。

（2）消息标题必须简洁明快，以最少的字词传达尽可能丰富的信息，有利于受众在很短时间内抓住和理解主要新闻事实。

（3）复合结构标题的各个标题应当各司其职、各尽所能，并且应该形成一个有机的整体。

（4）标题要生动。生动性主要表现为形象性。标题写作时可适当运用修辞方法，是指在写作中追求生动活泼的同时，又要掌握分寸、不失严肃。比如下面的两则标题就存在不妥：

春节临近麻烦多 忙坏消防119

夫妻二人齐上阵 点燃大楼被判处

（二）消息导语的写作

1. 导语的含义与特点

导语是消息文本的开头部分，并不用来介绍事由、缘起，也并不只起一种引导作用，它用来揭示消息的要点与精华。

从形式上看，是文本的第一个自然段。

从内容上看，它用生动简洁的语言展示事实中最具有新闻价值的和受众最感兴趣的部分。

从功能上看，导语展示两点，激起受众阅读兴趣。随着生活节奏的加快，人们阅读新闻消息不同于欣赏文学作品，而是快速地阅读、有选择地吸收。因此，记者要在纷繁复杂的素材中，挑选出最能打动人、最有新闻价值的材料作为导语。这需要较高的洞察力和较好的文字表达技巧。

2. 导语的类型

导语一般分为直接性导语和间接性导语。

1）直接性导语

直接性导语是一种最常用的导语形式，即导语中开门见山、简明扼要地写出表现最新鲜、最重要的事实，或最有个性特色、最具有新闻价值的内容。它适用于时效性较强的事件性消息。直接性导语又可以分为叙述式、摘要式和评述式等。

（1）叙述式。用叙述的方法，简明扼要、开门见山地把消息中最重要、最新鲜的事实置于消息的开头。例如：

据中国地震台网测定，2021 年 9 月 16 日 4 时 33 分，四川泸州市泸县（北纬 29.20 度，东经 105.34 度）发生 6.0 级地震，震源深度 10 千米。

又如：

本报广州 7 月 6 日电（中国青年报 中青在线记者张夺 林洁）今天下午，广州至河源高速公路龙门段发生一起客车翻车事故，造成 19 人死亡，25 人受伤。伤者已全部送往附近医院抢救，现场已开始恢复通行。

（2）摘要式。摘取主要事实，对消息内容进行高度概括。

（3）评述式。它通常是在开头概述最重要的事实之后，立即对这一事实发表评论，作出评价或提示。例如：

10 月 21 日，陕西省长赵一德主持召开省政府专题会议，研究部署该省灾后恢复重建工作。他强调，要深入学习贯彻总书记关于防汛救灾工作重要论述和来陕考察重要讲话重要指示精神，按照省委省政府工作部署，全力以赴抓好灾后恢复重建各项工作，立足当前保障受灾群众生活，着眼长远提高防灾减灾能力。副省长程福波、魏建锋出席会议。

2）间接性导语

间接性导语又称延缓性导语，即导语迂回舒展地引出新闻的核心事实或新闻要旨。它曲径通幽、引人入胜。它又分为描写式、引用式、对比式、提问式等。

描写式导语示例：

新华社安徽 7 月 6 日电　随着“咚！咚！”两声巨响，淮河唐垛湖下游的口门大坝被撕开一个月 1500 米宽的口子，滚滚淮河水涌向堤外的田野。

提问式导语示例：

近年来，因车辆落水造成车内人员溺水身亡的悲剧屡次发生。车辆落水后，由于熄火、水下压力等因素导致车内人员很难打开车门，想要安全逃离并不是一件容易的事。那么，遭遇车辆落水事故，应该如何自救呢？

3. 导语的写法

（1）导语必须有实质性内容，用事实概括，不空泛。所谓实质性内容，是指新闻事实或事实中的要点。大家有时看到这样的导语："中国长城机械公司总经理，今天在北京召开的公司第三次董事会上作报告。"这样的导语几乎没给读者带来什么信息。人们关心的不是谁作了报告，而是报告中有哪些引人注目的内容，这些内容有多少与读者有直接或间接的关系，这才是有新闻价值的东西，才是报道的重心所在。例如，下面这条导语基本上看不出什么具体的信息，空洞、模糊。

中共宁夏回族自治区贺兰县消防中队，注意从本地实际出发，结合具体现象，建立和完善有利于生产安全的各种责任制，全县消防安全工作开始出现新气象。

（2）导语写作中，一是应将最具价值、最有吸引力的事实写进导语。具体来说，就是最新鲜的材料。在时间上它们是刚刚发生、新近出现的，或者虽然不是新近发生的，却是迄今为止人们尚未知晓的。二是选择最重要、最具有影响力的材料。依据新闻价值判断，开始构思导语之前，先将材料分解成若干独立的部分，比较后看哪一部分最有资格充当导语。三是选择最有趣、最富有戏剧性和人情味的材料。导语的基本目的是吸引读者，能够吸引读者的第一要件是事实和信息的重要性、影响性，其次便是新奇的、有故事性的、有人情味的事实。

（3）练字练句，力求简短。导语不可太长，字数过多会冲淡趣味性、湮没"亮点"，令受众失去耐心。写作短导语的关键是要明确报道主旨，抓住事件要害，选择部分要素作导语，但不必六要素俱全。多用短句、单句，少用长句、复句。行文忌啰唆、重复，尽量少用专业名词。

冗长导语示例：

江苏省盐城市中级人民法院和所辖响水、射阳、滨海等 7 个基层人民法院，对长期违法违规贮存、处置硝化废料，违反国家规定，非法焚烧危险废物，严重污染环境，企业管理混乱的江苏响水天嘉宜化工有限公司"3·21"特大爆炸事故所涉及的……等非法储存危险物质罪、污染环境罪、单位行贿罪等 22 起刑事案件进行一审公开宣判，对天嘉宜公司、盐城市环境监测中心、响水县应急管理局等 7 个被告单位和张××、吴××、倪××、杨×、耿×等 53 名被告人依法判处刑罚。

修改后：

江苏省盐城市中级人民法院和所辖响水、射阳、滨海等 7 个基层人民法院，对江苏响水天嘉宜化工有限公司"3·21"特大爆炸事故所涉 22 起刑事案件进行一审公开宣判，对 7 个被告单位和 53 名被告人依法判处刑罚。

（4）突出最新的时间概念，特别是一些非事件性的新闻，如综合新闻、阶段性新闻、人物新闻等。在导语中应该尽可能由近及远，找一个最新的、时间概念明确的新闻由头。事件的最新变动点可以是最新统计数字、记功、授奖、发布会、表彰会等。例如：

全省消防职业技能大赛再摘桂冠！

石家庄代表队在消防设施操作员竞赛项目中斩获团体个人“双第一”

10 月 14 日，全省首届消防行业职业技能大赛圆满落下帷幕，石家庄市代表队三名企业优秀代表在消防设施操作员竞赛中，凭借过硬的理论知识素养、娴熟的业务技能、沉着冷静、稳定发挥，最终取得消防设施操作员竞赛项目单项成绩团队第一、单项成绩个人第一的优异成绩。

4. 导语写作时的注意事项

导语要“立片言以居要”，但在写作时，容易出现以下问题，注意避免：

（1）导语罗列大串名称，堆砌数字，冗长沉闷，显得既啰唆又臃肿，核心事实被湮没。统计数字一般来说是枯燥乏味的，最好不要将其放进导语内，即使要写，也应将数字形象化。

（2）导语概念公式化。一些通讯员或记者喜欢用一个框框去套多种内容，导语内无具体事实，充斥大而空的套话、官话。结果是千篇一律，面目可憎。

（3）导语由背景材料构成。背景材料一般是解释导语和主体内容的，导语应开门见山叙述核心事实，开始就用背景材料，不仅难以解释清楚核心事实，而且也容易使受众如坠雾里。

（4）导语充斥大量学术语言。将一些学术专业性强、艰深难懂的专业名词放在导语中，读之使人费解。办法是做好“第二种语言的翻译”，使之通俗化、大众化、口语化。

（三）消息主体的写作

1. 主体的含义与功能

主体是消息的主干部分，也是具体展示和叙述新闻事实的部分，是提供相对完整的新闻信息的部分。其功能主要有如下三点：

（1）阐释型主体，即完成对标题和导语所涉及的新闻事实的具体展示，将“高度概括”的标题和导语的内容加以展示，使受众了解新闻事实的具体过程、相关背景以及他们想要了解的方方面面。

（2）补充型主体，即对标题和导语所涉及的新闻事实加以必要的补充和延伸。新闻导语一般只涉及最新鲜、最重要的事实，在部分要素导语中往往只突出新闻六要素中的某两三个要素，新闻主体要补充导语中未涉及的新闻内容，使新闻六要素得以完备。

（3）阐释、补充合一型主体，即主体对于标题和导语的内容，既有所阐释又有所补充。

2. 主体写作要点

（1）围绕主题、扣紧导语。导语、主体、结尾构成了一篇完整的消息，写作时对选材和结构要通盘考虑。消息主体部分所涉及的内容比较多，不能随意罗列，仍要紧紧围绕导语中确立的主题思想来挑选和排列。

（2）叙事具体、充实，使读者对于所报道的人物或事件有较为完整而真切的了解。所谓具体，就是说要围绕报道主题，以生动、具体的材料进一步阐释和深化导语中所涉及的内容。所谓充实，就是说除了补充和完善导语中所涉及的内容外，还要不断提供与之有关的新的事实。

（3）段落分明、启承自然。消息主体所占的篇幅较大，写作一般有两种顺序结构：一是以时间推进为序来安排材料；二是根据事实的主次、因果等逻辑关系，按照先重后轻或有点有面等顺序来安排内容。每一段最好只表达一层意思，提倡段落短一点，段落可以多一点。段落之间的过渡，存在有机联系。

（4）手法灵活、叙述生动。消息主体部分要保持读者的阅读兴趣，除了叙述生动之外，还要关注读者最关心的是什么，看了前面的报道，还想知道哪些内容，还会有什么疑问需要解答。导语中所涉及的问题，在主题部分是否都讲清楚了，新六要素是否都交代齐全了，不要让读者带着疑团放下报纸。

【参考示例】

湖南：今年入汛以来最强降雨结束　无人员伤亡报告

湖南今年入汛以来最强降雨过程已经过去。今日起，全省大部分地区天气转好。来自湖南省应急管理厅的消息显示，5 月 2 日晚至 4 日全省遭遇强降雨、风雹等强对流天气，受灾人口 40782 人、紧急转移安置 1609 人，接报小型地质灾害 8 起，无一人因灾伤亡，做到了较大以上事故“零发生”。

此次暴雨导致汇流速度快，部分河库水位涨幅大。根据湖南省委省政府部署，省防办闻汛而动，全面强化会商研判、组织部署和值班值守，做到了“强降雨在哪里，督促督导就跟进到哪里”；全省应急系统坚持“一日一会商”“一日一研判”“一日一调度”。湖南省安委办会同省自然资源厅、文化和旅游厅、公安厅交警总队、交通运输厅、省气象局、国网电力减灾中心就假期灾害天气、雨情水情汛情、交通运输安全、旅游安全等风险状况进行形势分析；市县两级坚决贯彻省委、省政府和省防指工作部署，做到各项工作有序有效推进。由于组织部署及时、指挥调度得当、巡查防守有力、转移避灾到位，全省未造成人员伤亡，未发生重大灾险情。

湖南省防汛办提醒，目前全省即将进入降雨集中期、灾害多发期、防汛实战期。虽然全省大部分地区天气转好，但 5 月 6 日开始受低空切变线及增强的西南暖湿气流影响，湘南地区局地仍有大到暴雨。各级各部门仍然要提高思想认识，坚决按照省委、省政府和省防指要求和部署，密切关注天气形势变化，从严从实做好可能来临的强降雨应对防范各项工作，积小胜为大胜，全力确保今年防汛抗旱五个确保总目标顺利实现。

（四）消息背景的写作

1. 含义与作用

消息背景是新闻背景的一种。新闻背景，指事件的历史背景、周围环境及与其他方面的联系等。写消息等新闻有时需要交代背景，目的在于帮助读者深刻理解其内容和价值，起到衬托、深化主题的作用，也就是回答五个“W”中的Why（为什么）。

消息背景的作用主要有如下四点：一是从不同侧面对新闻事实进行烘托，使新闻事实获得可供比较的参照系；二是用于对新闻事实加以必要的解释和说明，使受众得以排除阅读和接受的障碍；三是使受众加深对新闻事实的意义和价值的认识；四是一些消息中，背景是用事实说话的一个重要构成部分，为表明记者的观点，交代和运用背景是消息写作中一个不可忽视的重要环节。

2. 类型

1）衬托对比性材料

一篇新闻的特点和意义，常寓于当前情况与过去情况、此一事物与彼一事物的比较之中，记者经常借此来增加新闻的可读性或凸显事件背后的深长意味。

2）解释说明性材料

解释说明性背景材料，往往用来说明新闻事实产生的原因、条件和环境，通过横向或纵向的联系，把事情的来龙去脉、因果关系交代清楚，有助于读者对新闻的理解。解释说明性背景材料，在很多情况下，是引导人们从“未知”跨向“已知”的桥梁，在报道一些科技新闻以及一般人所感到陌生的事物时是必不可少的。例如，21世纪经济报道刊发的一则题为“国务院安委办明查暗访宁夏钢铁企业：高炉炉基积水酿爆炸隐患，企业主要负责人安全生产管理存漏洞”的消息时，考虑到一般读者不知道为什么“高炉炉基积水”是重大事故隐患，于是就借助专家解释和以往案例来引导人们理解这到底是怎么回事。

【参考示例】

明查暗访组在对昊丰伟业钢铁进行现场检查的过程中发现，炼铁厂1580立方米高炉炉基回水槽内存在积水，且未保持流动，对照《工贸行业重大生产安全事故隐患判定标准（2017版）》，属于重大事故隐患。

该处积水源于高炉水冲渣沟的底部渗漏，岗位人员为了避免生产现场脏乱，图省事、求便捷，将泄漏部位焊接收水箱，并在空中架设排水管，将收水箱中的水利用自然角度引至高炉炉基回水槽内，人为造成回水槽内部积水。明查暗访组专家赵占波指出，水冲渣沟底部渗漏，企业应该对泄漏的部位进行处理，并应对处理方案组织论证。

“高炉炉基必须保持干燥，如果高炉主沟、炉缸侵蚀严重，就有可能导致高温液态铁水泄漏到高炉炉基，高温液态金属泄漏遇积水会使水瞬间汽化，引发爆炸，导致高炉炉前作业人员和炉基周围人员受到伤亡威胁。基于此原因才把高炉炉基存在积水定为重大事故隐患，这样的隐患必须消除，避免产生重大事故后果。”赵占波解释。

2018年，江阴易泽铝业发生较大爆炸事故，事故共造成5人死亡1人重伤。直接原因就是铸造底座失稳倾斜，导致铸造盘上的大量铝液突然倾倒入冷却水内，高温铝液与冷却水发生剧烈反应，在半密闭空间瞬间积聚大量能量，形成猛烈蒸汽爆炸。作为冶金企业，昊丰伟业钢铁当汲取前车之鉴。

3）分析解释性材料

有些消息所涉及的问题错综复杂，一般读者不能通晓明了，这就需要有一些分析解释性背景材料来指点迷津。分析解释是为了化难为易，使所报道的内容明白显豁、易于理解，因此在写作上要尽可能生动、通俗、深入浅出。

3. 运用

消息背景材料若运用得好，可以解释、烘托和深化报道主题，有助于突出消息的内涵和特点，提高新闻价值。它能代替作者的议论从而使新闻显得更客观；可以传播知识，为消息增添情趣，增强消息的可读性。具体运用消息背景材料的时候要注意以下几点：

（1）背景材料不要喧宾夺主。消息背景一定要紧扣报道主题或新闻主要事实，凡是与报道主题关系不太紧密的背景材料要坚决删除，不能横生枝蔓，令读者舍本逐末。有些人尽皆知的知识背景，不必写入稿件中。

（2）运用背景材料要有明确的针对性，回答读者关心的问题。写消息要研究读者心理，不同的报纸有不同的读者对象，他们的接受能力、对外界的关心程度和了解程度往往有较大差异。为不同的报社写稿，对消息背景的详略运用是不同的，要设身处地地为读者着想，了解他们想知道什么，还有什么不清楚、不理解的地方，需要用背景材料作出说明、注释或解释。

（3）灵活穿插消息背景。消息背景材料在消息中的位置是灵活的，它是消息的从属部分，可以独立成段，也可以穿插在消息的导语、主体或结尾之中。一般而言，穿插在导语中的往往是对比性材料，穿插在消息主体和结尾中的往往是解释说明性或分析解释性材料。凡是用于穿插的材料，一般只是一两句话，有时甚至只是一些简单的句子成分。

【参考示例】

兰州消防大队党军：应急救援科研的“追梦人”

个头不高，体型瘦削，眼睛炯炯有神，黑红的脸庞透着坚毅……谁能想到，这位貌不惊人的森林消防基层指战员竟是国家两项科研专利的研发人，也是不忘初心、立足岗位创新的“科研尖兵”“武教头”。

他就是甘肃省森林消防总队兰州大队一中队中队长党军，一个名副其实的应急救援科研的“追梦人”、科技强能路上的“勇先锋”。

说干就干，自主研发地图编号查询系统

“平凡的岗位也可以追梦，敢于追梦的路上总会有意想不到的收获”。这是党军常说的一句话。

2017 年初，党军带领中队备战总队军事比武。备战伊始，他发现识图用图科目是很多参赛队员的一个“拦路虎”。如何让队员在 1 分钟内计算出图幅编号，成为他要解决的问题。

说干就干，认准的事必须干成。这是党军一贯的工作作风。经过近千次推算，他找到了从5万到100万比例尺五种图幅编号计算公式，将复杂计算变成了简单的数字带入。最终，他们该科目比分远远高出其他参赛队伍，斩获单项第一。

“如何把图幅编号计算公式与手机结合编成简便实用的软件程序，并推广到全队伍，转化为战斗力？”党军又有了新想法。大家听后都以为他在开玩笑。经过调查，党军了解到这样一款软件从设计、编程到运营，需要至少十几人的专业团队才能完成。

“没有技术员，自己学着干，我必须用成功回应大家的质疑。”他自购专业书籍，边学习边钻研边实践，为解决页面之间数据传输问题熬到凌晨三四点成为常态。

经过2000多次尝试，他在2018年1月研创出了“地图编号查询系统”第一版本，这一版本虽然仅能够查询不同比例尺的地图编号，但初步实现了地图编号查询智能化，效率提高数百倍。“不怕做不到，就怕想不到”，这是党军第一次编程成功后的一点感悟。

在第一版本基础上，他广泛征求森林消防队伍参谋人员以及有关专家对此软件的意见，然后继续深入探索，又进行500多次试验，开创性增加获取站立点坐标、导航、指北针水平仪、国家92编图规则、火场信息研判和信息共享，实现了系统软件功能的多样化。

党军用57000多个代码解决了队伍几十年以来都没有解决的地图编号查询难题，并获得国家专利。这款系统软件的推出，让有关专家都眼前一亮：这项成果填补了业内乃至全国在此领域的空白。

目前，这款系统软件已经免费应用到森林消防队伍、地方救援队以及部队等任务领域，在全国有用户近2000人，应用前景广阔。据网友尖兵反馈说：“这款软件方便、快捷、高效，是一款为参谋人员和指挥员决策指挥量身打造的好助手。”

废寝忘食，设计革新无轴四旋翼多功能无人机

任务拓展到哪里，党军的研究视野就延伸到哪里。一次偶然的机会，党军了解到国内目前最高云梯消防车为101米。“如果更高的楼着火，那该怎么办呢？”这成为党军琢磨的一件事。

党军是无人机爱好者，他关注到当前无人机在消防救援中主要用于信息监测，而真正用于应急救援则未有先例。他一下有了新思路：设计一种救援无人机，也许就能解决101米之上的应急救援难题。

压力就是动力，挑战激发潜能。2018年10月，党军开始新的研究探索，他到处查资料，购买了10本专业书籍研读，就连吃饭和睡觉时也满脑子都是救援无人机。他发现现有多旋翼无人机均采用有轴蓄电式工作方式，存在续航时间短、载重能力弱、安全系数低的问题，无法应对恶劣天气和完成长时间大型救援任务。如何解决这些难题？党军在研究中不断摸索解决办法。最终，他提出了无轴四旋翼多功能救援无人机的设想。

党军一点点摸索、一步步实验、一次次手绘救援无人机设计图纸，他先后进行过800多次技术参数论证，设计废掉的图纸就有20余厘米厚。

功夫不负有心人，2018 年 12 月，党军成功设计出无轴四旋翼多功能救援无人机图纸，并申请国家专利。这款无人机采取有线输电方式，采用无轴空气推进技术，工作时间和环境不受限制，适用高层救援、高空灭火、消防作业，目前设计救援高度达 200 米左右，未来一旦投入市场，将解决城市高层应急救援和山岳搜救的瓶颈难题。

“梦想花开，那是最开心和有成就感的时刻。通过自己的奋斗能为应急救援破解一个瓶颈问题，就是自己努力的价值所在。”党军自豪地说道。

2019-10-03　来源：人民网

（五）消息结尾的写作

1. 作用

消息的结尾主要有如下几点作用：

（1）对新闻事实加以概括。

（2）对全篇报道进行升华。

（3）对事实的新闻价值和蕴含的意义进行点化。

（4）对前文所报道的新闻事实予以补充。

2. 写法

一般而言，消息结尾多为短小精悍。其写法主要有下列几种方式。

（1）背景性结尾：在报道的末尾引入富有意味的背景资料，在增加信息量的同时为读者提供一个耐人寻味的思考空间。

（2）描写性结尾：使用极富影响效果的场面描写来结束自己的报道。

（3）引语式结尾：精彩的直接引语是记者最为珍视的材料，即使在匆忙写就的消息中，一些记者也总是设法把最有力的直接引语安置在报道的末尾，以给读者最后留下一个鲜明深刻的印象。

（4）评论式结尾：在消息写作中，标题、导语、主体是必须有的，背景和结尾在某些消息中可以没有。

第三节　通　　讯

通讯常用于报道新闻事实的全过程或全貌，能够使读者获得更为丰富的新闻信息。通讯通过详尽的描写和深刻的议论感动人、感染人，从而使读者受到理性的启迪。通讯能全面具体地展示新闻的各个要素，表达方式和表现手法多样，要求严格真实、报道客观，描写生动形象，议论色彩较浓，时效性较弱。

一、定义

通讯是以叙述、描写为主要表达方式，比较详尽、生动地对具有新闻价值的人物或事件及时、具体、生动地予以报道的新闻体裁。相较于消息，通讯在报道上更具有延展性，包括内容、时间、空间及背景的延展。

二、特点

（一）明确的主题

有了明确的主题，取舍材料才有标准，起笔、过渡、高潮、结尾才有依据。

（二）恰当的材料

按照主题思想的要求，去掂量材料、选取材料；把最能反映事物本质的、具有典型意义的和最有吸引力的材料写进去。

（三）突出的人与事

写人物通讯固然要写人，即使是写事件通讯、工作通讯、概貌通讯，也要时刻记得写人。当然，写人离不开事例、细节、情节，否则会写得空洞。

（四）新颖的角度

通讯以叙述为主，除此之外，还可以描写、议论，也可以穿插自叙、对话或者体会、感受，既可以用第三人称报道，也可以用第一人称撰写。

（五）鲜明的立场

大部分的新闻都会体现鲜明的立场态度。需要注意，通讯不要过多地去议论抒情，而是要用客观事实打动读者。

三、结构

（一）纵式结构

（1）时间顺序式：按照客观事实发生、发展、结束的时间顺序，安排层次段落。这种结构线索单一、清晰，便于读者掌握事件的来龙去脉。时间顺序结构绝非流水账，而是要抓住事件的关键环节依次来写。

（2）逻辑递进式：按照客观事实的内涵意义及表达主题思想的递进顺序安排层次。这种结构具有强烈的理性特征。

（二）横式结构

（1）空间并列式：根据客观事实发生地点的变化来组织文章结构。在这类通讯中，通常所记述的是同一时间点上或同时间段发生在不同空间中的事情。有时，作者选取某一时间点，然后向不同的空间延伸，记述诸多的人或事；有时选取的是跨度不大的某一时间段，记述不同空间的人和事。在这里，时间的推移非常缓慢，给人以时间被拉长的感觉。

（2）角度并列式：按照客观事实的不同观察角度来安排内容结构。

（三）蒙太奇式结构

蒙太奇是一种电影语言，其基本特点就是镜头之间讲究必要的跳跃和组接。对应到通讯的写作中，可以理解为通讯中描写的多个场景的跳跃和组接。不需要刻意过渡，追求一种蒙太奇般的镜头效果。

四、分类

根据通讯所反映的具体内容，可分为人物通讯、事件通讯、工作通讯、概貌通讯。

（一）人物通讯

人物通讯是以报道各行各业的先进人物和新闻人物为主的通讯。它以表现人物为中心，从不同角度反映人物的事迹和思想，有的写一个人的一生，为人物全面立传；有的写一个人的一个或几个侧面，集中反映人物的思想品质；也有的写群像。报道的目的是反映人物的先进事迹，展示人物的崇高品质，为社会树立榜样，孔繁森、李素丽、任长霞等人物报道都属于此类。

（二）事件通讯

事件通讯以记写事件为中心，重点描绘社会生活中带有倾向性和典型性的生动事件及具有普遍教育作用的事件。它的特点是以记事为主，交代清楚事件的原委，从而表达某种思想倾向。

（三）工作通讯

工作通讯又称经验通讯，是以报道先进工作经验或某项工作成就或揭示工作中存在的问题为主要内容的通讯。它对提升一个地方的工作水平、总结经验、指导工作、宣传政策很有帮助。写工作通讯要有针对性，抓住当前带有普遍性又需要解决的问题。报道的经验要科学、有理论根据，经验要写得具体，使人看得见、摸得着、学得到。

（四）概貌通讯

概貌通讯也叫风貌通讯、综合通讯。它主要反映一个地区的新风貌、新气象、新变化，以报道当地社会生活、风土人情、自然风光和建设成就为主。这类通讯取材广、气势大、笔墨重，对某个地区的报道给人以完整深刻的印象。

五、写作

（一）主题的确立

通讯的主题是指通讯要表达的中心思想，是作者经过对现实社会的观察、体验、分析、研究，通过对通讯素材的提炼和组织，所表达的对客观世界的一种认识或一种思想观念。主题是通讯的灵魂和统率。

通讯是作者在一种思想观念统辖下“组织起来”的新闻报道体裁。在写作之前，作者必须清楚，自己最终要表达什么观念？采访素材中的人物对话、现场观察的材料、有声有色的动人细节，如果没有一个鲜明的主题来统率，就会成为一堆杂乱无序的东西。

主题该如何确立？首先，主题来自客观事实本身。要从采访得到的客观事实中提炼主题，不能失真、扭曲或人为拔高。其次，主题要深刻，能反映事物的内在规律。采访中记者面对的是错综复杂、瞬息万变的世界，要善于透过现象看本质，将丰富的感性材料去粗取精、去伪存真，进行一番由此及彼、由表及里的逻辑分析，准确地进行价值判断，努力追求并揭示事物的本质。

确立主体的具体做法：

（1）要有全局观。任何事物都不是孤立发生的，作者要将新闻人物和事件放在整个社会发展的大背景下去考察，在分析比对中就容易找出通讯的意义和价值。

（2）要有历史观。把很多事件放在历史的纵向发展中去考察，其新闻价值便赫然显现。例如，《科技下乡巫师“下岗”》一文，就是从历史角度显现主题的通讯。

（3）主题要体现时代精神，力求新颖、独特。作者应致力于潜心研究时代精神中积极进取的方向，在他人尚未涉足的思维领域确立主题，追求新颖、拒绝平庸。把握时代主旋律，体现时代最强音。

【参考示例】

他们，是人民安全的最美“守夜人”

2020年是极不平凡的一年。在这一年里，无数应急管理工作者一直英勇奋战在应对危机和突发事件的最前线。

近日，中央宣传部、应急管理部联合向全社会公开发布2020年“最美应急管理工作者”先进事迹，7名个人和3个集体获得2020年“最美应急管理工作者”称号。在防汛救灾、抗击新冠肺炎疫情、煤矿安全监察、装备技术革新、守护历史文化街区、探索防震抗震规律的一线，他们英勇顽强、勤勉敬业，甘于牺牲奉献，勇于担当作为，善于开拓创新，在平凡岗位上争创一流业绩、争当应急先锋，是人民安全的最美“守夜人”。

危急关头，他们冲锋在应急救援一线

危急关头，冲锋在前。这是安徽省合肥市庐江县消防救援大队原政治教导员陈陆用生命承担起的责任。

2020年入汛以来，安徽合肥降雨量突破有气象记录以来历史极值。7月22日，庐江县石大圩漫堤溃口，百年一遇的洪水让庐江县的人民群众处在最危急的时刻。陈陆和战友们携带救生装备，驾驶4艘橡皮艇火速奔赴救援现场。成功转移两名被困群众后，在继续搜救群众的行进途中，打头阵的陈陆遭遇急流，橡皮艇侧翻，陈陆不幸落水牺牲。从7月18日到落水的那一刻，陈陆已奋战96个小时，共出警411次，解救和疏散群众2655人。

在抗击新冠肺炎疫情的战场上，湖北省武汉市消防救援支队特勤大队一站站长助理陈建冲锋在前。作为武汉市消防救援支队的一员，在抗击新冠肺炎疫情的战斗中，陈建积极请战、身先士卒，与战友们先后参与了转送病患、搬运物资、医废转运、场所消杀等紧急任务。35个日夜，陈建与病毒“零距离”同行，不停地往返于医疗单位和垃圾转运站、指定处理点之间，累计转运医疗废弃物2186桶，170.49吨，行程16000公里。

在新冠肺炎疫情防控阻击战中，湖北省应急管理厅应急指挥中心副主任朱学忠也在第一时间就申请参加党员突击队，担负应急值守、指挥协调、运输保障和应急救援任务。

在紧急任务中，航空应急救援具有不可替代的重要作用。朱学忠牵头制定的湖北省应急管理厅《疫情期间应急响应手册》、牵头编制的《湖北省在生产及复工复产企业新冠肺炎疫情防控应急预案（导则）》、牵头建立的“半小时起飞、全省域调度”的湖北应急飞行模式，提高了应急救援效率，为协调调度各路应急救援力量提供保障。

面对难题，他们潜心钻研推进技术革新

内容（略）

坚守本职，他们在平凡岗位上守卫平安

内容（略）

2021-01-06 来源：光明日报

（二）表达方式

严格意义上说，通讯的表达方式并无特殊之处，它仍然属于宣传文书的范畴，仍然要真实、准确、客观，以叙述为主。但是通讯的表达方式除了叙述以外，相较于消息还会用描写、抒情、议论等表达方式以强化其感染力。

1. 叙述

叙述是消息和通讯的主要表达方式。但叙述风格各有不同，有的简洁通俗，有的饱含深情，有的文采飞扬、不拘一格。通讯中的叙述比消息中的叙述来得具体、舒展。

例如，上海市黄浦区消防救援支队的通讯《传承红色基因 践行训词精神 守卫初心之地 做忠诚消防卫士》，有一段精彩的语言描写：

2019 年 8 月 10 日上午 10 时，超强台风利奇马逼近上海，一幢高层建筑楼顶广告牌松动，随时可能被台风吹落，下面便是人员密集的商业区和居民区，需及时排除险情。

松动的广告牌位于 150 米高的 43 楼楼顶，当时风速已快达 12 级，人站在楼顶，被风吹得根本无法站立，一旦处置不当，救援队员也极有可能坠落。

“队长，让我上吧，我经验足，班里其他兄弟上，我不放心！”王岳主动挑起重任。

在近乎悬空的状态下，钻孔、绑绳子、拆卸螺丝，这几个平日里看起来十分简单的操作，在超强台风的侵扰下，却变得异常艰难。

经过一个多小时的不懈努力，松动广告牌成功被拆卸下来，执行完任务的王岳被战友拉上平台后，双腿早已麻木，那一刻，他和战友相拥而泣。

“我们也是凡人，也有牵挂，也会哭泣，但遇到险情时，我们必须挺身而出，因为我们是消防员。”王岳说，处置险情时，党员先上、干部先上，在黄浦区消防救援支队早已成为铁律。

值得注意的是，通讯中的人物语言描写，必须是记者采访时获取的，是完全真实的，而不是妙笔生花编造出来的。

2. 描写

消息中也会用到描写，但仅限于白描，文字极为简洁，而且很少进行人物心理的描写。通讯作品常常需要对人、事、景、物进行比较细致的描写。

例如，通讯《董博：森林消防救援的另类“医者”》中，对于董博的一系列动作描写，细致入微，生动而又具体：

“班长！机房设备出故障了……”11月30日凌晨4时30分，熟睡中的董博被一阵急促的敲门声惊醒。他立即翻身下床，披上外套，飞奔到机房，对设备故障进行检查、排除……15分钟后，故障消除，设备恢复正常。

董博是伊犁森林消防支队警勤排通信班副班长，练就了过硬的“医术”，通过“望、闻、听、检、测”就能快速解决“疑难杂症”。10年来，他“手到病除”多少故障，自己都数不清。

3. 抒情

通讯是种可以较多地包含抒情性成分的新闻文体。例如，北京市天安门地区消防救援支队故宫特勤中队的通讯《壮丽70年·奋斗新时代 | 49年，忠诚坚守在祖国“心脏”》，用翔实的材料记叙了中队队员们的感人事迹，叙事和抒情相结合，穿插了不少抒情成分：

在故宫，没有灭火战功是队员们最大的追求，有了立战功的机会就等于失职。

49年来，故宫特勤中队没有一名队员失职。但他们心里满怀对家人病危不能照看，妻子临盆不能陪伴，亲人在宫门外苦苦等待见不上一面的那种近在咫尺、却似天涯的亏欠……

营区宿舍不够，中队干部便睡车库、睡在暗河上的营房，把床让给新队员；没有晾衣房，队员们的衣服就在车库阴干，衣服上没有阳光的味道，只有汽油的味道；大家排长队洗澡、分三拨儿吃饭，为了不破坏古建风貌，夜间在宿舍里忍受着透窗袭来的寒风。

但队员们说，小“牺牲”换来故宫的大安全，值！

情感因素在通讯写作中具有重要作用。通讯的主要目的是表现事实，感染读者，这种感染主要通过客观化处理情感因素起作用。同时，情感因素也是记者采访的内在动力，它能缩短采访者与被访者之间的距离，驱动着记者的构思和表述。美国记者朱尔斯·洛说，记者处理的“不单是事实和细节材料，而是事实材料中的微妙之处：情绪和情感”。在实践中，具有情感内容的通讯作品，也确实更能以丰富的感情色彩打动人、感染人。

抒情的方式灵活多样，可以是饱含深情的叙述，可以是作者把自己的情感熔铸于对人物、场面和细节的描写中，也可以借物抒情、议论抒情，甚至直接抒情。

4. 议论

通讯写作中并不提倡长篇大段的直接议论，而是在叙述中夹杂着适当的、依据事实的简要议论。例如：

丁良浩先后赴江苏、安徽、辽宁、四川、甘肃及福建等6省，为全体新训消防员作事迹报告，为广大新消防员树立了前进的标杆，指明了努力的方向。他还担任着辖区校外辅导员的职责，多次前往学校宣传消防知识，期间，累计开展消防培训600多课时，受众面达数千人。今年以来，他还先后赴宁海中学、宝塔街道、江苏省委党校等地作事迹报告和交流发言，展现了南京消防的良好形象，受到了人民群众和学校师生的一致好评。

丁良浩同志在19年的消防工作中，始终竭诚为民不动摇，在为人民服务的实践中当好应急救援的主力军，始终聚焦打赢不动摇，不断提升应对复杂灾情的攻坚克难能力，用自己的实际行动创造了不平凡的业绩，在一次次生与死、血与火的考验中，生动诠释了“消防卫士为人民”的铮铮誓言。

（三）人物通讯的写作

人物通讯是以报道人物为主的通讯，它的报道对象主要是那些能体现时代精神的先进人物，反映一个或几个人物的思想、言行、事迹，人物通讯在一个主题贯穿下容纳着相当丰富的材料，着重以人物的精神面貌和先进事迹来感染、教育读者。

人物通讯的写作方法：

（1）要有时代气息，体现出时代特征。新华社著名记者穆青说过：“一篇好的人物通讯，往往会起到人物的某段传记，时代的某种记录的作用。”他认为“能否高瞻远瞩地提炼出能够反映时代特征的主题，并且从这个高度来表现英雄人物的革命精神和思想风貌，就成为决定人物通讯成败、优劣的关键”。比如：

雷锋是正值全国提倡“为人民服务”的背景下产生的先进；孔繁森是全国“反腐倡廉”的形势下产生的典型；郑培民、任长霞是“立党为公、执政为民”的典型。

提炼和确定能够反映时代特征的报道主题，一方面要洞察当前社会发展方向和群众迫切需要解答的重大课题，使人物通讯具有强烈的现实针对性；另一方面要考察人物本身具有哪些最能体现时代特征的精神特质。一定要把时代的需要与通讯人物本身所具有的特点结合起来。

（2）要体现人物个性，把人物写活。要善于通过人物的语言、行动等外在气质来表现人物内在性格与精神境界。人物通讯不仅要写出报道对象的行为事迹，更要注意写出他们的行为依据，他为什么要这样做，是什么思想支配他这样做。然而又不能用记者发议论、贴标签的方法，而是要通过精心刻画其言行与外在气质的方法来表现。言行是人物内心世界的反映，有什么样的思想感情，就有什么样的行为和语言，因此表现人物的思想和性格，都离不开收集和引用报道对象的语言和行为，有了这些人物自己的行动和语言来表现人物，那么即使对人物不加鉴定式的赞语，读者也会自然得出应有的结论。这种结论是读者自觉接受的，而不是外加的，更不是强加的。

（3）要抓住有特色的情节展现人物个性。人物通讯特别讲究细节的描绘和情节的展开。所谓情节，就是事情的变化和经过，它是由一系列能显示人物与人物之间、人物与环境之间的复杂关系的具体事件组成的。一篇人物通讯应该有张有弛，对于关键性情节要不惜精雕细刻、着意渲染。对于一般的情节可一笔带过，以求精练。情节是由诸多细节构成的，着意刻画好有特色的细节，就可以给人以情节生动、人物形象充实之感。好的人物通讯，一般具有一定的故事性，情节波澜曲折、引人入胜，如果什么情节都展开来写，事无巨细，反而拖沓、混乱，难以突出关键性材料。

（4）要在特定环境中表现特定人物。任何一个人物，都是生活在一定的社会环境之中的，他与这个社会环境有着千丝万缕的联系，他的言行往往受社会环境的影响，是对周围环境（包括人际关系）做出的反应。写作时要表现一个人，不能脱离社会环境孤立地去写，脱离了社会环境这个大背景，人物的许多行为就显得不可理解，人物的言谈会失去感染力。若是不展示西藏的贫穷、缺氧、高寒，就无法显示孔繁森远离亲人、甘当藏族人民好儿子的高尚品格。

（5）要在特定环境中表现特定人物，就要善于真实地、具体地再现特定的历史环境，展现人物的历史命运，刻画人物的个性特征。其主要抓住三对矛盾：人与自然的矛盾、人与人之间的矛盾和人物自身思想上的矛盾，通过一定的故事情节把它们表现出来。要在特定的环境中表现特定的人物，还要注意处理好报道对象与周围群众的关系，更恰如其分地反映人们之间的关怀、帮助和影响。

【参考示例】

鲁文贵：谱写消防卫士的奉献之歌

鲁文贵，贵州省消防救援总队黔南州支队长安路特勤站一分队分队长，22 年来参加灭火救援战斗 1000 多场，抢救遇险群众 200 余人，疏散 1100 余名群众，抢救和疏散各类物资上千万元。因成绩突出，荣立个人二等功 5 次、三等功 2 次，先后多次被评为优秀共产党员、优秀消防卫士、灭火救援尖兵、执勤岗位练兵先进个人、贵州省“明礼知耻·崇德向善”道德模范和“我最喜爱的人民警察”，荣获贵州青年“五四”奖章等荣誉 40 余项。

努力成长为合格的消防卫士

1982 年，鲁文贵出生在云南省昭通市国家级贫困县大关县的一个偏僻山村，1998 年成为一名光荣的消防战士，2000 年 7 月加入中国共产党。从小非常要强的他，刚进消防队就被深深地“打击”了一次——无论是最初的队列训练，还是体能素质、业务能力，都比其他战友差很远。

第一次走上火场，鲁文贵因为太紧张竟然没能抱住水枪，他因此受到中队长任鹏万严厉批评：“消防员灭火，连水枪都抱不住，这是莫大的耻辱！”

“绝不能掉队，绝不能再丢消防员的脸！”从那时开始，不管三九严寒还是烈日炎炎，鲁文贵始终坚持完成他为自己量身定制的训练。经过日复一日的“自我加压”，鲁文贵成长为中队骨干和业务尖子。不管是面对急难险重任务，还是其他日常工作，他总是奋勇争先。

2011年11月1日，贵州省福泉市马场坪收费站旁有一辆装载炸药的货车突然起火燃烧。鲁文贵负责对爆炸现场、贵州省储备粮管理总公司福泉直属库周围进行搜救。

“当时的爆炸把我们都炸懵了，仓库转瞬间全是大火，眼看就要倒塌……”回忆起当时的场景，被救群众仍然心有余悸。

危急时刻，鲁文贵迅速携带好个人防护装备，毅然决然投入到搜索行动中。凭借丰富的抢险救援经验，他多次深入坍塌危险场所，将10余名伤员成功救出。

2014年8月27日，福泉市道坪镇英坪村发生山体滑坡。鲁文贵只身进入废墟深处，用手刨、挖，顾不得血肉模糊的双手，在没有着力点、身体蜷曲的状态下将1名被困群众救出。

2020年1月17日，福泉市马场坪兴发化工厂发生爆炸。鲁文贵连续战斗24小时，为68名参战指战员提供强有力的装备物资保障。抢险一线哪里需要帮助，哪里就有他忙碌的身影。

“一名刚参加工作时仅有初中文化的农家子弟，我从他身上看到了成长。他对得起曾经的‘橄榄绿’，更对得起现在的‘火焰蓝’”，指导员李杨说。

用心创新为消防事业添砖加瓦

“装备是消防员的第二生命。”鲁文贵喜欢钻研装备，他结合执勤训练实际认真研究，把淘汰的器材构件重新组合，修旧利废、变废为宝，为消防队伍节约经费87万余元。

2014年4月6日，福建漳州古雷石化大火，鲁文贵发现现场泡沫输转极为不便，需要4到5个消防员才能搬运一桶泡沫，他便认真思考如何快速输转泡沫。

最初，鲁文贵利用中队废旧的空气呼吸器接头、气管和泡沫桶桶盖做出了第一代便携式泡沫液输转装置。然而，新装置要么漏气，要么接头开裂，效果并不理想。

这次失败后，鲁文贵吸取经验，经过长时间研制、思考，最终他研发出了比以往效率高出近30倍的泡沫输转装置，并在2015年10月原公安部消防局组织的灭火救援装备“小革新、小发明、小创造”活动中，荣获大赛最高奖项，并获得发明专利。

有很多家消防设备公司想购买这项专利权，但让他们没想到的是，原本就不富裕的鲁文贵竟然毫不犹豫拒绝了他们。而当时，鲁文贵父亲身患癌症，正是需要解决巨额医疗费的关键时候。面对很多人的不理解，鲁文贵总是笑着说：“消防装备本就属于消防事业，就应该免费为人民群众服务。”

随即，鲁文贵将专利项目无偿向全省推广，投入基层一线使用，不收取任何费用。此举为全省消防救援队伍节约装备经费100余万元。

近期，鲁文贵了解到当前基层部分装备实用性不强。为此，他从实战角度出发，深入研究推出了一批实用新型装备，包括不锈钢折叠式器材运输车、指环剪切组合工具组2项发明，并全部列装至各基层消防救援站。目前，这两项发明正在积极申请专利。

“22年来，他刻苦钻研，从一名普通消防员成长为爱岗敬业的消防能手，成为了全省有名的装备技师。”龙胜刚政委说。

这就是鲁文贵，面对常人难以承受的险境他没有退却，面对随时可能发生的意外他没有彷徨，在消防事业之“大我”和个人利益之“小我”产生矛盾时，他没有太多顾虑。他用火热青春，谱写着消防卫士的奉献之歌。

2020 年 07 月 08 日　来源：人民网

（四）工作通讯的写作

工作通讯，是一种报道工作中的新经验、探讨工作中的新问题，较为直接地反映和指导实际工作的宣传文书体裁。

工作通讯不仅要告诉受众发生了什么事，而且要宣传党和政府的方针政策，以及政策贯彻中出现的各种情况，交流经验，树立榜样，指导实际工作。这类报道带有一定的理论色彩，是调查与研究的成果，具有一定的思想深度。但是，由于这一类报道所涉及的不是突发性事件，它往往要反映事物发展的一个比较长的过程，因此在时效上要受到影响。有时以消息的形式来反映这类问题是困难的，甚至是费力不讨好的，而用工作通讯来反映上述内容则可扬长避短。通讯这种体裁本来就可以夹叙夹议，在时效要求上，也有更多的宽容度，很适合用来反映有深刻内容的题材。

1. 工作通讯的主要内容

（1）通过报道各种生动典型的事例，介绍各地区、各单位贯彻党与政府的各项方针政策的具体经验。这种经验对其他地区或有关单位有所启发或有所借鉴。

（2）揭示分析实际工作中存在的问题。这些问题必须具有一定的普遍意义，可以发人深省、举一反三或引起警戒。

（3）对新形势下面临的新情况、新课题进行探讨和研究。这类探讨和研究必须以叙述事实为主，在叙事的基础上进行分析研究，带有明显的新闻报道性质。

不少工作通讯所反映的内容是与工作总结相类似的，但它的读者对象与工作总结的读者对象不同，因而在写作上也有不同的要求。总结报告一般是写给有关领导、工作部门或同行业有关单位的同志看的，它的内容比较全面，一般是按时间顺序或内容的主次，有头有尾地交代清楚一些问题的前因后果、过去怎么样、现在怎么样、取得了什么效果、基本做法有哪几条、经验教训有哪几条，面面俱到。而工作通讯要抓住特点，即在选材时，抓住新的问题、新的做法，突出“新”字。在讲一件事情的时候，不罗列一般的现象和过程，要在众多的材料中选择最突出、最有意义的内容，以生动形象的手法表现出来。在语言表达上，工作总结用概括性的语言较多，而工作通讯则要用生动的细节、形象的描写，加上画龙点睛的议论来取代工作总结中一般的叙述。

2. 工作通讯写作要点

（1）题材要抓得准，有现实针对性。判断一篇工作通讯的优劣，首先要看它是否反映了当前实际工作中比较重要的、具有普遍意义的问题，是否具有现实针对性。对问题抓得准不准，取决于作者对党和政府的方针政策和对实际工作进展情况的了解程度，取决于对这个问题的判断是否正确、认识是否深刻。如果能够认真地学习研究有关的理论与政策，虚心向行家请教，经过深入的调查、缜密的分析，抓住问题的症结所在，那么报道就会切中时弊，引起较大反响。

（2）问题要抓得早。工作通讯往往是用来指导工作的，因此要说出大家普遍关心、想说而未说出的话，或者提出大家尚未注意到的问题或倾向，或者介绍大家迫切需要的典型经验。总之，要雪中送炭，不要雨后送伞。事实上，许多问题当它真正成为一个问题的时候，往往就孕育着许多新的萌芽和推动事物前进的一些积极因素。写作者如果抓住这些萌芽，把问题及时提出来，他就能够站在新事物的面前，用工作通讯来推进工作、指导实际。

（3）写出思想深度。工作通讯所涉及的往往是一个单位、一个部门的具体业务，它是实践与研究的共同产物，必须来自实践第一线。采访时自然要先“钻进去”深入研究，充分占有第一手材料。但是真正要写时，又要“跳出来”，不能被具体的工作程序牵着鼻子走，不能搞现象罗列。必须从全局出发，对全部的材料进行科学的综合、分析、提炼和加工，抓住事物的内在联系，挖掘出其中蕴含的思想意义。阐述问题和经验力求做到具体和透彻，使受众了解经验的精神实质、问题的前因后果，便于经验的掌握和运用。

（4）要利用多种表现手法，尽可能写得生动活泼、引人入胜。工作通讯是谈经验、谈问题的，比起人物通讯、事件通讯或风貌通讯，题材的生动性往往欠缺一点，容易给人以沉闷和乏味之感，因此在写作上要格外注意用多种手法使之生动活泼。在叙述事实的过程中，可以适当穿插对话、对比材料，适当进行一些分析说理。在分析问题时，把报道事实与分析议论结合起来，叙中带议或寓说理于叙述之中，使事实的叙述由于有分析理论而显得有生命力，分析议论也由于有事实依据而更显得有说服力。

【参考示例】

四川森林消防总队：多措并举抓实队伍安全管控

为使队伍凝神聚力加快推进转型强能，四川省森林消防总队在继承发扬部队教育管理优良传统的基础上，严格制度规定、狠抓末端落实，队伍“四个秩序”更加正规，各级按纲抓建心无旁骛。

赓续优良传统营造和谐氛围

针对队伍长期驻防分散，点多线长面广，森林草原防火压力大，队员容易产生疲劳麻痹思想、思亲念家情绪和焦虑急躁心理，队伍管控难度大、人员现实思想活的实际，四川省森林消防总队坚持用部队管理教育优良传统摸思想、查底数、析根源、解疙瘩，收到了显著成效。

队伍虽然转制应急管理体系，但总队始终把部队长期坚持的“三互”“双四一”、谈心谈话、个别人排查和心理测查疏导等活动作为摸清指战员现实思想底数、当前情绪状态和倾向性心理问题的重要手段长抓常抓。仅新年度第一个月，该总队就实现了谈心谈话全员覆盖，心理测查不漏一人，健康辅导及时跟进，并根据谈心谈话、心理测查和“三互”“双四一”情况梳理和问题反馈对个别人进行了全面排查，切实摸清了队伍当前思想状况、心理指数和管理教育中存在的薄弱环节，为进一步正规“四个秩序”提供了遵循。

严格制度规定筑牢思想防线

在“强化政治意识、提高政治能力”教育整顿检查剖析中，总队党委指出事故案件的发生多因有法不依、有令不行，执法不严、制度规定坚持不严格。为此，总队党委严令各级以高压态势抓队伍安全、刚性措施抓疫情防控、紧盯任务抓战备工作。

四川森林消防总队根据森林消防队伍安全工作特点规律，继续发挥“三互”“双四一”和“日碰头、零报告”等传统有效载体作用的基础上，严格落实请假销假、查铺查哨、干部留营住宿、安全责任清单、经常性督导检查和通报讲评等制度，不断夯实队伍安全建设基础。持续发挥心理工作预防和化解隐患苗头作用，在前期对全队伍全员纳入开展心理测查的基础上，抓好结果评估运用和针对性地干预，最大限度地将队员思想心理问题止于未发。并以“12部法规性文件”为依据抓规范促整改，及时调整新旧不一致的规定32处。

继续推广“安全工作大家谈”试点经验，运用“四不两直”等有效手段，加强检查督导，打好抓安保稳主动仗。针对疫情反弹和国家号召“就地过年”的倡议，紧急召开应对疫情防控会议，购齐配足防疫物资，严格控制人员流动，修订完善疫情期间应急救援方案预案，努力做到防疫工作救援三不误三促进。

狠抓末端落实秩序更加正规

世界上最怕认真二字，共产党就最讲认真。四川省森林消防总队政治部就制度是否落实，落实到什么程度坚持“日碰头、零报告”、经常性检查督查和不定期通报讲评。

他们通过一体化平台检查、实地点名抽查和电话督查的方式，对全总队4个支队机关、29个中队级以上单位、12个靠前驻防点，进行不间断检查抽查800余人次。1月6日以来，每天上班对本级机关全体人员进行酒精测试测查，始终做到发现隐患及时报告、出现问题及时处理、纠正问题客观严肃、追责问责公开公正，在队伍内部形成了抓落实人人有责、抓落实人人尽责的良好局面。

总队始终把完成任务与确保安全融为一体、狠抓不放。借助四川省防灭火工作体制机制调整之机，发挥总队主要领导兼任省森防指副指挥长和火灾科学扑救组组长的优势，遇有火灾第一时间前出，始终掌握防火灭火主动权。派出总队党委委员带队的省级防火督查组，每月对挂钩重点火险县进行督查，提前排除防火灭火隐患，确保队伍任务绝对安全。持续树牢“两个至上”的理念，严把机动途中、实施救援和野外宿营“三个关口”，落实好地方党委政府统一指挥、队伍内部垂直指挥相关规定，把接近火场、扑打火线、清理火场等纳入遂行任务安全掌控，队伍各项秩序愈加更规，人员安全管控日趋顺畅，全体指战员得以心无旁骛、凝神聚力投身队伍转型强能。

第四节 典型报道

有学者认为，典型报道理论是毛泽东的典型思想方法在新闻理论中的运用，这种思想方法是他在认识世界和发动群众、组织群众进行革命和建设中总结出来并经常运用的方法，其发端是典型调查。以毛泽东的党报理论为指导的党的新闻工作把典型思想方法运用于新闻宣传，便出现了典型报道。

一、典型报道概述

我国的典型报道始于20世纪40年代。新中国成立后，典型报道高潮迭起。抗美援朝中的上甘岭英雄黄继光、罗盛教等，是“保家卫国”的典型。在国民经济恢复的第一个五年计划时期，推出了鞍钢、王崇伦、郝建秀、耿长锁等先进集体和先进人物。60年代初期，典型报道走向成熟，先后推出“毛主席的好战士——雷锋”“县委书记的榜样——焦裕禄”以及“种棉模范吴吉昌”“舍身救火的向秀丽”等先进人物的典型报道，以及关于大庆、大寨等先进集体的典型报道。

“文革”后，针对一些人对共产主义丧失信心的情况，中央要求树立大量先进典型，以坚定人们的信仰，于是有了张海迪等先进典型的报道。1981—1983年，配合落实党的知识分子政策，充分调动广大知识分子建设“四化”的积极性，先后宣传了蒋筑英、罗健夫等先进知识分子典型，同时报道了陈秀云、贝兆汉等爱惜人才、尊重知识分子的典型。1984年，以城市为重点的经济体制改革全方位展开，经济体制改革中的典型人物、典型经验和典型问题不断出现，典型报道日趋活跃。步鑫生、马胜利、关广梅、鲁冠球等是这一时期敢想敢干的企业家典型的代表。

20世纪90年代后，媒体又推出了一批人物典型，如徐洪刚、李素丽、徐虎、邹延龄、孔繁森、苏宁、李向群等先进人物，他们对祖国的精神文明建设起到了巨大的推动作用。进入新世纪，媒体报道了李国安、任长霞、牛玉儒、郑培民、张云泉、许志功、华益慰、李中华、方永刚等英雄楷模人物。

纵观典型报道的发展可以看出，典型报道是在党和国家领导人的倡导下发展起来的，是为宣传党的方针政策服务的，典型报道自始至终肩负着政治使命。典型报道是对一定时期内产生的最突出或最具有代表性的事物进行的重点报道。其特点是，有鲜明的时代性和强烈的现实针对性，既有独特性，又有广泛的代表性，能够起到“标杆”和“引擎”的作用。典型报道以教育和启迪大众为新闻理念，强调事实的社会性、时代性，突出报道的先进性、思想性，选择典型事实、典型人物作深度报道，有很强的宣传性。其具体形式有消息、特写、通讯、评论等。本节主要研究典型人物通讯的写法，兼顾其他形式。

典型人物通讯报道是人物新闻报道最重要的形式。它以报道人物的先进事迹为主，并深刻揭示他们的思想境界。一篇成功的典型报道，不仅要善于运用以事写人、以言见人、以景写人和细节描写等手法，让笔下的人物语言有声有色，行动具体形象，更重要的是提炼出典型人物的精神内核，形成与时代精神一致的主题。社会是发展的，时代特点也在不断变化，这就决定了不同时期涌现的先进人物的思想品德、英雄行为、性格特征有不同的特点。近年来，红门英烈杨科璋、谢勇，中国消防忠诚卫士、感动中国十大人物四川森林消防员陈陆，“时代楷模”江西九江消防救援支队等先进个人和群体，他们的事迹让消防精神永放光芒，正是这些具有鲜明时代特征的主题，使报道这些重大典型的人物通讯引起了读者的共鸣，激起了巨大反响。

二、典型报道的写作准备

（一）选准典型

一篇典型报道是否成功，最根本的是典型的选择。选准典型是写好典型的基础。典型本身是否具有过硬的事迹，是否具有指导意义，是否具有推广价值，在很大程度上决定着典型材料的成败。要把典型选准，有四条原则需要把握。

（1）要有鲜明的时代性。典型是时代的精华，代表着时代发展的方向。必须站在时代的高度，选择最符合时代要求、最有时代特色的先进单位和个人作为典型来宣传。这就要求我们在选择典型时立足全局，着眼未来，着眼发展，紧扣时代的需要。

（2）要有普遍的指导性。要使典型得到群众的认可，引起社会效应，一是典型本身要有超出常人的感人事迹，二是要有来自社会的客观需要。也就是说，社会需要这样的典型来发挥感召和引领作用，这样的典型才有普遍指导意义，才能引起社会的关注和群众的共鸣。因此，选择典型要认真研究单位建设的主要矛盾和面临的问题，特别是急需解决的带普遍性倾向性的问题，针对单位需要和人员思想实际，选择具有普遍指导意义的典型。

（3）要有很强的群众性。典型的感召力来自典型的先进性和群众性。没有先进性，就不能反映时代精神，不能体现时代特征，不能真正发挥表率、示范和引导作用；同样，不具有群众性，得不到群众的认可，也不可能引起群众思想感情的共鸣，进而通过典型提升大多数人的思想境界，推动各项事业的发展。这就要求在典型宣传中，选择那些既体现时代精神，又具有深厚群众基础的先进典型，使典型人物与群众息息相通，使受众走进先进典型人物的内心世界，引起共鸣，感到典型可敬、可信、可学、可爱，而不是感到高不可攀，因而敬而远之。

（4）要有很强的政策性。典型经验和典型事迹仅仅感人还不够，还要符合党、国家和上级的政策。树立一个典型，实际上就是倡导一种做法，弘扬一种精神，提倡一种思想，体现一项政策。因此，政策不提倡、不允许或者与条令条例不符，宣传后可能会引起副作用的人或事不能作为典型来宣传。总之，典型报道要紧扣时代脉搏、紧跟形势潮流、走在时代前列，能够集中体现时代需要和正确导向的人物作为报道对象，主导民族精神，弘扬时代主旋律。

选准报道对象，是典型报道准备工作的重中之重。但多数情况下，在接受典型报道任务时这个问题已经解决了，上级党委可能已经作出了向某典型单位和个人学习的决定。此时，摆在我们面前的任务是通过深入地采访进一步熟悉典型，写出质量上乘的典型报道。

（二）搞好采访

典型报道需要大量具体的事实。材料充实、丰富、感人，是写好典型报道的关键。而要充分占有材料，就必须对典型进行深入细致的调查、采访，广泛收集与之相关的各种材料。没有深入的调查、采访，典型报道就成了无源之水、无本之木。因此，下功夫搞好调查研究和采访非常重要。

对典型的采访，特别是重大典型的采访，各级政治机关都很重视，通常由几级政治机关、多个新闻单位组成采访团通力合作、集中采访。搞好典型采访，除了遵循新闻采访的一般要求和方法、途径外，还应注意以下几点。

1. 既要听领导介绍，又要听群众反映

到一个单位搞典型调查，一般程序是先请典型单位的领导介绍情况，然后听取群众的反映。这个程序是对的，但要防止重领导、轻群众的倾向。在听取领导介绍基本情况后，要认真听取群众对典型的反映，并且对领导、群众讲的情况和意见进行客观、辩证地分析，从而得出正确的结论。

2. 既要听取正面意见，又要听取反面意见

没有十全十美的典型。在典型采访时，既要听取大家反映的大量先进事迹和褒奖之词，又要倾听人们对典型的批评和“挑剔”，以便正确认识典型，使典型材料更加客观适度，使典型在人们的心目中更加真实。一些典型之所以会“墙内开花墙外香”，一个很重要的原因是以俊遮丑，把典型写成了完美无缺的一朵花。

3. 既要了解典型的现状，又要纵观典型的历史

任何事物都是发展变化的，对典型的调查采访必须着眼于发展变化的过程，不仅要了解典型的现在，还要搞清典型的过去。有的典型长期处于先进状态，被人们称为“老典型”，在调查这类典型时，要特别注意其新发展新经验，使“老面孔”焕发出“新容颜”。

4. 既要收集典型事例，又要把握综合素材

要撰写出生动感人的典型材料，必须运用大量的典型事例，因此典型调查采访要重视收集典型事例，收集得越多越好。但在收集大量典型事例的同时，还要搞好综合素材的调查统计。因为综合素材最能反映典型的全貌和本质。只有把典型事例同综合素材紧密结合起来，才能既生动形象又全面、本质地反映典型的本来面目，使所写的典型报道具有厚重感。

在明确采访目的的前提下，要拟一份采访计划。采访中，注意运用科学的采访方法，学会利用座谈会、个别谈话、问卷等形式进行采访。采访要认真仔细，处处留心，事事在

意，听、思、问、看并用。只有这样，才能充分占有第一手材料，为撰写典型报道打下坚实的基础。

“听”，就是认真听取各方面的情况和意见。领导讲的要听，群众讲的也要听；正面的情况要听，反面的情况也要听；现实的情况要听，历史的情况同样要听。这样，通过前后对比、正反对比，才能真正了解典型，认清典型的价值所在。

“思”，就是在听的过程中，边听边思，顺着汇报、座谈的思路，想一想有哪些该谈的没有涉及，哪些观点和材料没有讲明白。同时，要善于联想与此相关的情况和问题，力求从中发现新的采访线索。

“问”，就是没有弄清的情况和问题要问清楚，没有弄明白的观点和材料要问明白，事情的来龙去脉要寻根问底。问，应力求采取研究探讨的方式，以利于双方的交流。如遇到汇报人或参加座谈的同志说不清楚的情况，可事后找有关人员了解，切不可因为对方讲不清楚而流露出不满情绪。

“看”，就是查看有关档案资料、原始记录、各种现场和有关活动等。通过看，可获得第一手资料，鉴别听到的情况是否真实，弥补听的不足。

总之，在典型采访中，要将听、思、问、看有机地结合起来，不断对掌握的材料进行筛选、分析、判断、综合，在采访过程中把思路理清楚。

（三）提炼主题

凡是单位党委决定作为重大典型宣传的典型人物，一般都有突出的成绩、过硬的事迹和大量感人的事例。宣扬典型不是表扬好人好事，典型报道也不是罗列感人事例，而是探寻典型人物的精神世界，找出典型人物与时代的结合点，从而使典型宣传产生最大的社会效应。这就要求在深入采访的过程中，寻求典型最独特的东西，从中提炼报道的主题，找准宣传的最佳角度。

解放军报社记者王士彬在谈到采写先进典型华益慰的体会时这样写道：

新闻视角，是指记者把握、选择新闻角度的着眼点。在新闻采写实践中，我们都有这样的体会：同一事件，记者观察的角度不同、立场不同，就会有不同的主题；同样的新闻事实，由于选择的视角不同，不同的记者写出的作品会大相径庭，表现出的新闻价值也会高低悬殊。因此，确定报道思路，选择好新闻视角，是新闻采写非常重要的环节。

不同时代出现的典型，无疑都具有鲜明的时代特色。华益慰是新时期涌现出的一位先进典型。他行医56年，接诊上万人，手术数千例，从没出现过一起医疗事故，从没收过病人的一个“红包”，病危之际还立下遗嘱，去世后把遗体捐献给祖国的医学事业。他把对党的忠诚融入了人生的每个阶段和工作的每个细节，堪称共产党员的楷模、广大医务工作者的杰出代表。

我们采访组一行于6月26日，在解放军报社赵险峰副总编的带领下，进入某军区总医院采写华益慰典型事迹。……大家冒着高温酷暑，白天连轴转采访，晚上在一起碰例子，确定报道思路，每晚都加班到深夜。随着采访的深入，大家对华益慰这一重大典型的定位也越来越清晰。其一，他一生扎根临床，默默无闻地用高超的医术为患者解除病痛，没有任何医疗事故；其二，他从来不收患者“红包”，一辈子没做过对不起病人的事。把他高超的医术和高尚的医德，放在一些人崇尚拜金主义、荣辱观念淡漠、医患关系紧张的大背景下去考问，其独特的人格魅力就凸显出来了。从总体上来看，华益慰事迹充分体现出了共产党员的先进性和社会主义荣辱观的本质特征，我们应该着重反映他的医德医风。本着这一定位，我们写出了《闪耀在手术刀上的道德光芒》《燃烧在无影灯下的生命火焰》《耸立在人们心中的人格丰碑》3 篇分别长达 8000 字的通讯。

（四）选好事例

典型报道跟一般典型材料（如典型事迹材料）不同，它所需要的事例应有以下特点。

（1）事例要有独特性，一般人做不到、做不出。《正气撼人心——记浙江省金华军分区政委范匡夫》中有这样一个事例：

部队现役军人享受的是公费医疗，哪有师级领导干部自办医疗保险的？有，范匡夫。他是去年和妻子一起到保险公司投的保。应记者要求，范匡夫的妻子王志萍拿出他俩与保险公司签的一份协议书和投保金额发票。依照规定，两人每年缴纳一定数额的保金，连续 15 年，就可享受终身医疗保险。

“你们夫妇以后退下来，按国家政策规定都可享受公费医疗，为啥自己花这笔钱？”范匡夫答：“目前国家已步入老龄化社会，退下来的老同志越来越多，都由国家和军队包下来，负担太重了，我就琢磨着如何为国家和军队减轻点负担。我俩工资都不低，两个女儿也工作了，拿得出这笔钱。”

这个事例就有独特性。拒腐蚀、永不沾、退“红包”、不收礼、公私分明、秉公办事，尽管应该，尽管难得，毕竟有好多干部做得到。但是，为了减轻国家和军队的负担，放着公费医疗不去享受，却要自掏腰包办医疗保险，这就不是一般人所能办到的了。正因为难得，所以这个看似平淡的事例读后让人过目不忘。

（2）事例有典型意义，能表现典型人物的思想境界和精神风貌。事例不见得大，关键是能够反映典型人物的精神。解放军报社记者王士彬在谈到采写华益慰的体会时这样写道：

写典型人物，细节描写必不可少，它可以生动地反映出人物的情感和精神，使之成为独特的“这一个”，使记者笔下的人物更加丰满、细腻、生动。一个细节，短则一个字一个神情或一句话，长则一个故事一个事例。细节就是品位，细节决定深度。如果说生动的事例和典型的环境是人物通讯的主体和骨干，那么精彩的细节就是血肉。

我们在深入采访中被感动着的同时，也饱含激情记录着一个个独特的细节。即使是医院提供的“公共例子”，我们都力求见人见事，在细节上求胜。

一次采访中，我们听一位医生谈到，华益慰给病人摸肚子检查时，时常竖起女同志式的“兰花指”。一位患者打趣道：“华主任，你这个指头翘得挺漂亮。”华益慰说：“小手指头，末梢循环，这个指头最凉！”那位患者感动得一句话都说不出来了。

这些的传神细节，如果不是记者在现场用眼睛去看、用手去摸，甚至用嘴去尝、用鼻子去闻、用心去记，是很难捕捉到的。

（3）事例生动感人，不能平淡无奇。为此，就要有典型的环境、典型的动作、典型的语言，这样的事例才能让人过目不忘。例如（摘自《血性丁晓兵》）：

几次申请未获批准，丁晓兵“嗖”地从腰间抽出匕首，刺破手指，用鲜血在一张靶纸的背面写下一份血书：“我坚决要求参加战斗，打头阵，当尖兵，请党在战斗中考验我！”首长们被他的血性豪情所感动，破例让他上一线。

一个先进典型能否打动人、教育人，一个重要的因素就是要善于抓取他们的个性特点和动情点、闪光点，在普通中寻找不普通之处，在平凡中寻找不平凡之点，这样典型人物的血肉才能变得丰满起来。

（五）拟定标题

标题作为新闻作品的眼睛，地位和作用不可忽视。典型报道的标题与其他典型材料相比，有什么特殊要求呢？概而言之有三条：一是准确，就是表意正确，标题要准确地反映报道的主题，不能文题不符；二是鲜明，就是标题要响亮、醒目，有视觉冲击力；三是生动，就是标题要生动感人，有动感、有文采，不要四平八稳、老气横秋。总之，标题要有吸引力和感染力，能够吸引眼球。生动感人、深刻凝练的标题，往往能以开门见山、先声夺人之势，率先占领读者的视野和心灵，吸引读者不由自主地读下去。好的典型报道，其标题必须语言新颖、内涵丰富、表意深刻、生动传神。

（1）单一标题，直截了当，简洁明快，朴素大方，没有修饰。例如：县委书记的榜样——焦裕禄、模范团长李国安、试飞英雄邹延龄。与此相似的标题，如“宗道辉：共和国新型士兵”。这类标题，典型人物的姓名出现在标题中，属于写实性标题，响亮、易记，便于传播，特别适合有英雄称号的典型人物。

（2）也是单一标题，但标题中不出现典型人物的姓名。例如：钢铁蓝鲸是这样炼成的、生命在平凡中不朽、特殊材料制成的人、一个真正的共产党员。这类标题侧重于思想内容和意境的表现，特点是比较含蓄，但定向不够唯一、表意不够确切，因而现在这种标题用得不多。

（3）复合标题，前虚后实。前者从虚，突出思想性；后者从实，说明典型人物是谁。例如：

索玛花儿为什么这样红——记优秀共产党员、木里县马班邮路乡邮员王顺友

又如：

导弹司令的生命之光——第二炮兵某基地原司令员杨业功献身新时期军事斗争准备系列报道之一

再如：

为党的事业“唱黑脸”——记沈阳军区“模范财务干部”黑喜栓

标题制作要注意什么问题？概括地说，含蓄而不晦涩；简明而不直白；讲究意境和韵

味，但不要太虚；文字尽量简短，但不可过于笼统。

三、典型报道的写作方法与技巧

（一）怎样开头——兼谈典型人物的“出场”

典型报道的开头，实际就是为典型人物的出场创造一个环境、搭建一个平台、营造一种气氛，使典型人物一出场就牢牢地“抓住”读者，吸引读者一口气读下去。

那么，典型人物怎样出场呢？先看新华社记者张严平写的关于华益慰的长篇通讯《大医有魂》的开头：

他深深地陷在洁白的病榻里，身上插满了管子，说话吃力，不能侧身，甚至连一口唾沫都不能吞咽，唯有一双眼睛凝视着天花板，目光深沉而坚毅。

他就是那位一年要做上百台手术、一生救治了数以千计病人的外科专家吗？他就是那位让病人一见面就愿意将生命相托的良医吗？他就是那位留下遗嘱，死后做遗体解剖以为后人积累经验的晚期胃癌患者吗？望着他，眼里蓦然有泪。

一个人的生命是有限的，然而，一个高尚的灵魂将超越有限的生命而永生。

人们将记住这个名字——华益慰。

这个开头无疑是非常精彩的。作者以素描式的笔触，为华老的出场选取了一个特定的场景。紧接着，以饱含深情的三问，概括了华益慰高尚的医德医风。然后，以充满哲理的语言，为全文奠定基调——一个人的生命是有限的，然而，一个高尚的灵魂将超越有限的生命而永生。最后一句结论性的断语，情感深厚，先声夺人，典型人物正式登场。

越来越多的通讯不再用叙述的方法开头，而是以描写的方法。工作通讯、事件通讯惯用的场面描写，被大量地运用于人物通讯，简洁的电影分镜头式的语言，使读者仿佛坐在电视机前观看电视专题片。下面是《凭海临风望环宇——记国防大学教授金一南》的开头，不足240个字，分了5段，画面感极强：

机翼划开白云，像双桨泛舟云海……

从舷窗望去，一片赭红色的土地横亘在机翼下。这是去年5月中东上空的一架国际航班。

从太平洋西岸来到红海之滨访问，金一南踏上了这块他曾无数次在地图上凝望过的土地，去倾听它沉重的呼吸。

这是他自1997年以来的第8次出访。从那时起，金一南先后访问了英国、美国、日本、以色列等国家，并在英国皇家科学院、美国国防大学进修。

凭海临风望环宇。站在世界舞台上，金一南展示了当代中国军事学者的风采，收获了许多思考的果实。

（二）怎样设计层次标题

大部分典型人物报道都有小标题，其作用跟一般文章相近，数量三五个不等。篇幅简短的报道，也有不设小标题的，但长篇报道应有层次标题。有的长篇报道用“一、”

“二、”“三、”“四、”做标题，其作用只是把全文分为几个部分，实际上没有起到标题的作用。现在这种做法已很少见。综合分析发现，近年来典型人物报道的层次标题呈现以下几个特点。

1. 直接用典型人物的“闪光语言”作标题

例如，《凭海临风望环宇——记国防大学教授金一南》的小标题如下：

军徽不仅闪耀在帽墙上，更应闪耀在军人心中

深刻而透彻地了解世界，也是一种力量的象征

尊严不光靠胆量来维护，更要靠实力来捍卫

未来很远，但是我们的目光必须更远

这些标题，都是主人公有代表性的语言，反映了金一南的志向和对使命、责任的理解，是这篇典型报道的灵魂。这些语言饱含哲理，内涵丰富而深刻，使人读后引起共鸣、深受启发。

2. 标题从不同侧面概括典型人物的思想境界

例如，通讯《试飞英雄邹延龄》的三个小标题，分别概括了试飞英雄邹延龄的三种精神，即“硬汉子”精神、“探险者”精神和“登山”精神。邹延龄的所有事迹，都在这三种精神的统驭之下闪闪发光。

为了中国航空事业的腾飞，他有一种为中国军人争气的“硬汉子”精神

为了给国家填补空白，他有一种敢为天下先的“探险者”精神

在学习与进取的路上，他有一种勇攀科技高峰的“登山”精神

3. 标题是典型人物的内心独白，反映典型的高尚情怀

例如，通讯《一名理论战士的如火激情——记忠诚党的创新理论的楷模方永刚》的小标题如下：

党的创新理论是引导中国科学发展的指南，让更多的人了解党的创新理论是我最大的心愿

作为穿军装的理论工作者，我要和全军将士一起，在自己的岗位上保持冲锋的姿势、战斗的状态

迎着难题走，让自己透彻地分析解开听众的心结，是理论工作者最大的乐趣和幸福

我是党的创新理论的直接受益者，我对党的创新理论有发自内心的深厚感情

尽管病魔正在威胁我的生命，只要一息尚存，我就要用如火的激情去追寻春天的阳光

标题一表现了方永刚以宣传党的创新理论为己任的使命感；标题二表现了方永刚昂扬向上的工作姿态；标题三表现了方永刚在宣传党的创新理论中的幸福感受；标题四表现了方永刚对党的创新理论的特殊情感；标题五表现了方永刚面对病魔威胁时初衷不改的炽热情怀。

4. 把典型人物的语言与特定的背景结合起来

例如，《李中华：中华惊天之胆》的标题就是这样：

国宝级的科研试验飞机突然失去控制，眼看就要机毁人亡，他镇定自若，果敢操

纵——“科研试飞岗位是军事变革的前沿，当试飞员就要有为现代化建设勇蹚雷阵的精神”

试飞，是“刀尖上的舞蹈”。科研试飞18载，他20次历险，每次都以弥天大勇化险为夷——“试飞遇险不足为奇，平安无事才不可思议。战胜危险是试飞员的使命，更是试飞员的光荣”

危险，时时相伴。有人曾劝他换个职业，他却坚定地说：假如有一天中国只剩下一个试飞员，那就是我——“与死神20次‘掰手腕’，我都赢了。只要科学加勇气，下次一定还会赢”

这种写法，事与理、说与行有机结合，相互辉映，相得益彰。上面三个标题，从结构上看，前面是客观描述，如雷霆万钧，后面是人物独白，似闲庭信步，两者形成极大反差，李中华的大无畏精神栩栩如生、跃然纸上。

层次标题的设计制作，起决定作用的并非文字技巧，而是对典型人物的理解和把握，这说明设计制作标题时要把功夫下在提炼思想上。对典型的理解深刻了，思想提炼到位了，站立点高了，标题就会呼之欲出、水到渠成。否则，冥思苦想憋出来的标题，是不会有感染力和启发性的。

（三）用好叙述这个“常规武器”

叙述，仍然是撰写典型报道的主要表现手段。运用叙述的方法写典型报道，有利于压缩篇幅，增大文字容量。一般只叙述“做了什么”和“结果如何”，而不叙述“怎么做的”。例如（摘自《模范团长李国安》）：

37年前，李国安别亲离土，只身来到了内蒙古大草原，成了一名年轻的骑兵战士。13年后，一纸命令，李国安来到刚组建不久的给水工程团。从此，他的命运就与水紧密地联系在一起。24年来，他先后担任军医、团后勤处副处长、挂职编余、后勤处处长、团长、内蒙古军区装备技术部副部长兼给水工程团团长，不管岗位怎么变，有一点却始终没有变，那就是无论干什么，都兢兢业业，一丝不苟，干一行，爱一行，钻一行。当军医、卫生队长他是一名称职的医务人员；当处长他是一名响当当理财管家人；挂职编余他没有任何怨言，主动要求到条件艰苦的北大荒团农场工作；当团长他呕心沥血，夜以继日。他掉过泪，流过血，受过委屈，他冒着生命危险抢救过战友……

在典型报道中，叙述的运用非常普遍，可以说是典型人物报道写作的“常规武器”。叙述并不意味着平铺直叙，叙述也可以写得跌宕起伏、引人入胜。要想达到这个效果也可以在叙述中注入描写的元素，而纯粹的叙述是没有描写的。

（四）增强现场感和画面感

典型报道所表现的是已经发生过的事实，而不是正在发生的事实。也就是说，它写的是“过去时”而不是“现在时”。但是，为了增强报道的感染力，又不能满足于回忆式的叙述，而是要努力增强报道的现场感和画面感，制造一种身临其境的氛围。现场感和画面感主要是通过描述来实现的。在典型人物报道中，要注重选择适当的文字，以视觉化的描述调动读者的诸多感官体验，激起读者的审美情感。视觉化写作能让典型人物报道具有较强的画面感、视觉感、镜头感，从而大大增强感染力与影响力。比如，可以选用具体、形象的字和词，对现场、人物和事件进行画面式摹写，刺激读者的视觉、听觉、嗅觉、触觉等感官，唤起读者既有的审美体验，引领读者融入人物的活动现场中去。例如，《李中华：中华冲天之志》中李中华在俄罗斯试飞三角翼战机的一组“镜头”：

俄罗斯大地，雪霁初晴，李中华驾驶某型三角翼战机起飞。12000 米高空，飞机瞬间进入螺旋，旋滚着坠向茫茫雪野……1 圈、2 圈、3 圈……飞机以每秒 300 米的速度扑向大地！“快改出！没时间了，李，快！”耳机里传来教官卡兹洛夫急切的指令。

4 圈、5 圈……李中华仍在等待飞机失速的完整数据。8000 米高度，李中华顺势推杆，试图冲破螺旋。意想不到的险情出现了——两台发动机停车！

3000 米高度，李中华镇定地重新启动，发动机轰然鸣响，飞机冲出螺旋！

这是中国人首次闯过三角翼战机失速尾旋世界航空禁区。成功，让李中华信心大增：一定要在祖国的天空上，驾驶国产三角翼战机征服“死亡螺旋”。

（五）努力写出人物的个性

为什么有的典型人物有突出的业绩、过硬的事迹，但人们读后却感到印象不深，甚至有陌生感呢？其中一个重要原因就是表现方法陈旧、语言老套，抽象过多、形象太少，数千字的报道竟没有一处对人物形象和神态的描写。读者读报道时，人物没有浮现在眼前；读完报道，人物没有镌刻于脑海。要解决这个问题，就要在突出人物个性上下功夫，努力写出人物的个性。好的典型人物报道应该让人读后有如见其人、如闻其声的感觉。

关于乡邮员王顺友，《索玛花儿为什么这样红——记优秀共产党员、木里县马班邮路乡邮员王顺友》是这样写的：

眼前这位苗族汉子矮小、苍老，40 岁的人看上去有 50 开外，与人说话时，憨厚的眼神会变得游离而紧张，一副无助的样子，只是当他与那匹驮着邮包的枣红马交流时，便透出一种会心的安宁。

整整一天，我们一直跟着他在大山中被骡马踩出的一趟脚窝窝里艰难地走着，险峻处，错过一个马蹄之外就是万丈悬崖。

傍晚，就地宿营，在原始森林的一面山坡上，大家燃起篝火，扯成圈儿跳起了舞。他有些羞涩地被拉进了跳舞的人群，一曲未了，竟跳得如醉如痴。“我太高兴了！我太高兴了！”他嘴里不停地说着。“今晚真像做梦，20 年里，我在这条路上从没有见过这么多的人！如果天天有这么多人，我愿走到老死，我愿……”忽然，他用手捂住脸，哭了，泪水从黝黑的手指间淌落下来……

在这个高原的夜晚，我永远地记住了他——四川省凉山州木里藏族自治县马班邮路乡邮员王顺友。苗族名字：咪桑。

（六）突出细节的描写

细节是精彩的源泉，是深度的门槛，是文章的魅力所在。典型人物报道里总会有一些精彩的故事。这些故事往往是凸显文章主题的亮点，或给人以警醒，或表现人物的个性。

写人物通讯要学会讲故事，故事的生动在于细节。突出细节，并不是事无巨细、不厌其烦，而是选择有典型意义，能表现人物的个性和思想境界的语言、动作和场景，把这些有意义的细节组织到特定的典型画面中，绘声绘色地展现给读者。

（1）运用有魅力的语言细节，塑造典型人物个性气质。穆青说过，“语言是人物个性和精神充分流露的渠道”。捕捉到人物细节中最具代表性和魅力的语言，就在人物形象的刻画上迈出了一大步。每个人都有最能代表其个性和气质的个性化语言。要努力挖掘和采集这种个性化的语言，尽量不用千篇一律的“公共”语言。下面是引自《不息的“钟声”——记国防大学教授金一南》中典型的“金”式语言：

——大器晚成的奥秘在哪里？金一南说：“做一名重复前人结论的教员不难，难的是用自己的眼睛，从晴空看到风雨的信息。”

——“理论本身做到无懈可击不难，难的是面对严峻的实践考验。如果我们的理论不能解释实践，那么理论的战斗性又在哪里？”

——凭海临风看世界，金一南常说：“战略研究学者，思考问题必须未雨绸缪。我不相信未来一定是晴天”。

——对此，金一南冷静地说：“在和平崛起的条件下维护国家安全，是中国面临的新课题。当我们踏上征途就会明白，使征战大军疲惫的并不是前面的大山，而往往是鞋里的沙子。”

如上面所列，简单几句话，金一南教授的高瞻远瞩和忧患意识便跃然纸上。这就是语言细节的魅力所在。

（2）捕捉动作细节，从外在形象突出人物的内在品质。例如（摘自《血性丁晓兵》）：

为了不影响回撤行动。丁晓兵拔出匕首，一刀将连着皮的断臂割了下来，别在腰带上。他悄悄地找来镊子、棉球，自己咬牙把弹片从肉里拽出来。

（3）抓住心理活动细节，展示主题人物的内心世界，架设与读者相通的心灵桥梁。例如（摘自《不息的“钟声”》）：

永定河畔，站在“卢沟晓月”的碑亭前，金一南沉思：如果一个孩子突然向大人发问：“抗日战争怎么会在这里爆发？这儿是中国和日本的分界线吗？”今天的人们该如何回答？

作者巧用主人公的内心活动细节带动了读者的内心活动，并给人警醒。通过这一细节，作者提出了一个令人深思的问题，深刻地反映了金一南的精神品质和忧患意识，深深地攫住了读者的心，给读者留下了深刻的印象。

（七）巧用对比和反衬手法

对比和反衬都是很有表现力的写作手法。典型报道写的是先进人物、英雄楷模人物，更要注意用对比和反衬的方法突出典型人物的先进性。对比，是最有说服力的表现手法。对比，既包括跟他人比，也包括跟自己比，反差越大，效果越好。××××年×月××日，《新华日报》刊登了反映全国拥军模范庄印芳的通讯《拥军一百年，奉献一百万》。第一部分，先写庄印芳的“慷慨”（她曾捐赠70万元给部队设立战士立功奖励基金），再写庄印芳对自己的“吝啬”。写“吝啬”是为了衬托她的“慷慨”，“吝啬”是“慷慨”的背景材料。关于她的“吝啬”，作者是这样写的：

庄印芳很富有吗？今年元月18日，记者来到了邳州市庄印芳的家。这是怎样一个家！除了部队送给她的一台彩电外，几乎没有一样值钱的东西。一张大桌子，土改时分的；一张沙发，已露出了棉花。厨房里堆着一篮子煎饼，小柜子上放着一碗盐豆子，这就是她平常的饭食。元月19日，记者跟着她来到邳州市火车站南货场，现场看她发运石膏……发货现场，只见石膏粉飞扬，说话呛嗓子，站一会儿，眉毛都成白的了。可庄印芳要在尘雾中跑前跑后，忙这忙那……

这里，用记者亲眼见到的庄印芳清贫的家和挣钱的艰辛，来衬托她拥军的“慷慨”，产生了震撼性的效果。反衬有时是作为一种间接表现方法来运用的。典型报道中经常通过群众对典型人物的爱戴来衬托典型人物的形象。

（八）恰到好处地抒情和议论

典型报道跟消息等新闻体裁不同，它不是一种纯粹客观的描述。也就是说，作者不是局外人，而是读者的向导，引领读者近距离地观察典型人物，感悟典型人物。为此，记者有必要把自己写进去，使人们感到典型可亲、可近、可敬。记者的叙述不应是“中性”的，而是带着感情色彩，充满对典型人物的由衷敬佩和深深的爱。不仅要带着感情叙述，而且不时穿插议论和抒情。议论与叙述的结合要紧密而自然，夹叙夹议，顺理成章。例如：

王顺友是幸福的，他的幸福来自于他的工作。尽管他长年一个人默默地行走，但是他的胸膛间却激荡着大山内外的心声；尽管他身躯矮小，但是他却在党和人民之间托起了一条血脉相连的纽带；尽管他朴实如石，但是他又挺立如山。他就像高原上的一道脊梁，用无声的力量实践了自己心中一个朴素的信念：为党和政府做事了不起，为人民做事了不起！

议论和抒情常常难以分开，因为通讯中的议论往往是抒情式的议论，抒情往往是议论式的抒情。议论和抒情要少而精。议论不能长篇大论，旁若无人，喧宾夺主；抒情不能脱离主题，无病呻吟，过多过滥。抒情要真挚热烈，发自肺腑。

第四章　消防战训文书

第一节　概　　述

消防战训文书是消防救援队伍组织战备、训练和灭火救援行动的依据，是首长决心的体现和队伍行动的重要依据。

一、消防战训文书的定义与作用

消防战训文书是消防队伍各级战训机关在战备、训练、灭火救援行动中形成和使用的电报、文件、图表的总称，是消防文书的重要组成部分。

消防战训文书的作用：一是指挥性，一旦发出，责令队伍和人员必须照章办事，不折不扣地执行命令；二是保障性，例如各种保障通知和一些计划文书，大多是为执行任务规定各种保障的原则、方法和措施；三是周知性和限制性，供执行任务的所属机关、队伍知晓情况，互通信息，但要防止泄密。

二、消防战训文书的特点

消防队伍是一支与火灾和其他灾害事故作斗争的队伍。消防队伍的性质、任务和特点决定了消防战训文书的特点。

（一）强烈的政策性，法定的强制性

消防战训文书体现了党和国家对消防工作的方针、政策。因此，在消防战训文书写作中必须严格依据消防法律、法规，绝对不能违反。

（二）使用的广泛性

消防战训文书既要在队伍内部使用，又要在消防工作中对地方单位使用。队伍中无论是首长还是战训助理都必须学会拟制消防战训文书。战训助理工作的广泛性决定了消防战训文书使用的广泛性。

（三）材料的准确性，文书的规范性

消防战训文书必须严格按照“以事实为根据，以法律、法规为准绳”的原则运用材料。材料要受到事实的严格限制，必须查证属实，各类消防战训文书必须符合规范性的要求。各种消防战训文书都有一定的规格和内容方面的要求。在写作时必须严格遵循规范，不能各行其是、另搞一套，当然有了统一的格式和规范性的要求，并不意味着消防战训文

书的写作问题就解决了，还必须根据不同消防战训文书的特点精心写作。

（四）时间的紧迫性

雷厉风行、令行禁止历来是消防队伍的传统作风。消防队伍在战备、训练、灭火救援等消防工作中都强调紧张快速、争分夺秒、讲求效率。这就决定了消防战训文书在时间上的紧迫性。因此，要求文书制作者必须做到：调查研究收集资料快，拟制成文快，首长签发快，打印下发快，贯彻落实快。

三、消防战训文书写作修养

消防队伍各级战训业务机关，都要运用各式各样的文书来指导和推动工作。上至应急管理部，下至基层队站，之所以能够下情上传，上情下达，协调一致，运转自如，都离不开常用文书。

写好消防战训文书，主要应从四个方面加强写作修养，锻炼基本功。

（一）要有一定的分析判断和解决问题的能力

写好消防战训文书关键是具有分析判断问题和解决问题的能力。要提高思想认识水平，掌握分析判断和解决问题的武器，需要学习马列主义、毛泽东思想、邓小平理论和习近平新时代中国特色社会主义理论体系，学习唯物辩证法。

（二）要有掌握情况，调查研究的能力

在起草消防战训文书之前，对所写对象必须有全面的调查了解，并能掌握工作进程中发生的新情况、新问题，通过分析研究，引出新经验、新教训，提出解决问题的新办法。这样才能抓住要害，有的放矢。

（三）要不断提高消防战训业务能力

消防战训人员必须精通消防战训业务，不断提高工作能力。消防战训文书中的内容和文字，都必须具有科学性，符合消防队伍的实际，符合消防工作的客观规律，因此战训人员必须认真学习，努力钻研消防战训业务，精通战训业务技能。这样，就能具体地把党的方针、政策和消防工作中出现的新情况、新问题结合起来，撰写出实在的、能够指导消防战训业务工作的、质量较高的消防战训文书。

（四）要有一定的文字表达能力

掌握了实际情况，具有了分析问题和判断问题的能力，消防战训业务能力又好，可以说已经为写好消防战训文书打好了基础，但还不能说这样就一定能写出好的消防战训文书。要写好消防战训文书，还必须在提高文字表达能力上下一番工夫。提高文字表达能力，唯一的办法是多读多写，要经常练习各种格式的消防战训文书写作，还要注意搜集群众中和各种材料中的生动活泼的语言，这样日积月累、积少成多、熟能生巧，写作时才能得心应手。

实践出真知，实践长才干。撰写消防战训文书和写作其他文章一样，要坚持不懈地练基本功，并在实践中自觉地总结经验教训，虚心向内行人学习，取长补短，持之以恒。

第二节 灭火救援预案

灭火救援预案是对火灾扑救、应急救援等做出预先筹划和安排的计划性文书，是针对重点地区、重点单位或重大活动可能发生的火灾或其他灾害事故，依据灭火救援行动的指导思想和原则，结合现场情况、现有装备器材和灭火救援力量而拟定的灭火救援行动方案。

灭火救援预案是消防队伍实施火灾扑救、应急救援和重大活动现场消防勤务的重要参考资料。根据执勤任务需要，在调查研究的基础上，制订并执行灭火救援预案，对于有效实施计划指挥，提高消防队伍处置各类灾害事故的能力具有十分重要的意义。

按照最大、最难、最危险、最复杂情况下灭火与应急救援任务的需要，制订灭火救援预案，包括重点单位灭火救援预案、扑救森林火灾行动预案、抢险救援预案和重大活动现场消防勤务预案。

一、重点单位灭火救援预案

重点单位灭火救援预案，是针对消防安全重点单位或部位可能发生的火灾事故，对灭火救援行动有关问题预先安排的战训文书。它是准备和实施灭火救援行动的基本依据，是执勤工作的重要组成部分，也是一项十分重要的经常性基础工作。

（一）预案制订的范围

该范围主要包括人员密集场所、危险化学品单位、高层公共建筑、地下建筑、仓储单位、重要机关和单位等。

1. 人员密集场所

例如，宾馆、饭店、商场、集贸市场、体育场馆、会堂、公共娱乐场所等公众聚集场所；医院的门诊楼、病房楼，学校的教学楼、图书馆和集体宿舍，养老院、托儿所、幼儿园；客运车站、码头，民用机场的候车、候船、候机厅楼；公共图书馆的阅览室、公共展览馆的展览厅；劳动密集型企业的生产加工车间、员工集体宿舍等。

2. 危险化学品单位

例如，危险化学品生产、充装、储存、经营和使用的单位等。

3. 高层公共建筑

例如，写字楼、商住楼等。

4. 地下建筑

例如，地下铁道、地下观光隧道、地下仓库、地下商场（市场）、地下娱乐场所等。

5. 仓储单位

例如，大型粮、棉、木材、百货等物资仓库和堆场。

6. 重要机关和单位

例如，党政机关、广播、电视和邮政、通信枢纽、发电厂（站）和电网经营企业、重要的科研单位等。

7. 其他类

例如，易燃建筑密集区、古建筑、重点工程的施工现场、发生火灾可能性较大以及一旦发生火灾可能造成重大人员伤亡或者财产损失的区域和单位。

（二）预案制订的内容

重点单位灭火救援预案内容主要包括重点单位或部位的基本情况、可供调度使用的灭火力量、灾情设定、组织指挥、灭火力量部署五个方面的内容及其他附属内容。

1. 单位基本情况

单位基本情况是指灭火指挥人员和战斗员必须了解和掌握的消防安全重点单位的有关情况。其主要包括以下内容：

（1）单位地理位置及毗邻情况。

（2）单位电话和其他联系方式、方法。

（3）单位内建筑设施情况，如占地面积、建筑布局、容纳人数等。

（4）单位性质（居住、公共、商业、生产、贮存、运输等）。

（5）火灾可能蔓延的方向，火灾性质等事故特点。

（6）水源，包括内部水源和外部水源，如消火栓和消防水池位置、数量及供水能力等。

（7）消防队距事故地的距离和行车路线。

（8）单位所在地区的气象情况及对灭火救援行动的影响等。

编写单位基本情况时，用语要简练，表述要准确，主要情况作重点介绍，次要情况可概略介绍，详略程度可根据实际需要而定，以满足灭火救援行动要求为原则。

2. 可供调度使用的灭火力量

可供调度使用的灭火力量是指在一定的区域内、一定的火情预想下和一定的时间要求下所能调集使用的灭火力量。其主要包括：

（1）辖区消防站所能出动的人员、车辆数量及种类、其他器材等。

（2）增援力量能调出的人员、车辆数量及种类、其他器材等。

（3）单位内部消防组织及力量（也可在单位基本情况中体现）。

3. 灾情设定

对重点单位可能发生的火灾或事故作出的结合实际、有根据的，以及符合火灾发生、发展蔓延规律的设想。一般包括：

（1）起火点。一般设在重点单位的要害部位。为了使预想的火灾情况更复杂一些，有时可多确定几个起火点。

（2）起火物品及发展蔓延的条件、燃烧面积（范围）和主要蔓延的方向。

（3）火灾发生后，造成的危害和影响（如爆炸、倒塌、人员伤亡、人员被困等情况），以及火势发展变化的趋势和可能造成的严重后果等。

不同类型火灾事故有其各自不同的特点，在制订重点单位灭火救援预案时，要充分考虑火灾事故特点。

假定火灾情况，要在调查分析、科学计算的基础上，从客观实际出发，根据火灾特点，参考以往战例，使火灾情况设想有的放矢、合情合理，并有较强的针对性。叙述时要准确贴切，使用消防专业术语。主要的火灾情况要详细介绍，次要的情况可只作简单的表述。假定火灾情况还要通盘考虑，各种情况要互相联系，使之形成一个有机整体。

4. 组织指挥

该组织指挥包括本级指挥机构的开设时机、开设位置、编成、任务、派出时机及正常和特殊情况下的组织指挥方法等。

5. 灭火力量部署

灭火力量部署是指挥员通过对火灾情况进行正确分析和判断，形成的灭火救援行动和技术战术措施的总体构思。它是重点单位灭火救援预案的核心部分，内容包括：

（1）对火灾情况的分析和判断。

（2）灭火任务和使用的灭火力量（车辆、防护装备器材、人员、其他协助单位等）。

（3）灭火救援行动力量的具体部署和任务分工。

（4）火场供水、通信等各种战斗协同和保障等。

灭火力量部署时应根据灭火战术原则、灭火救援行动特点、灭火救援行动能力、着火对象及地形条件等编写。其表述的次序是：对火灾情况的分析和判断，灭火救援行动的任务、目的、方向、部位，欲达到的目标，采取的技术战术措施（包括使用的装备器材，救人、控制火势、疏散物资的方法等）。

确定技术战术措施时应根据决心和具体目标，要灵活多样、注重实用。在灭火力量的使用上，要从火场实际和现有灭火力量考虑，既要做到尽可能集中调集力量，又要做到科学使用灭火力量，要重视国家综合性消防救援队伍、专职消防队和志愿消防队的协同灭火救援。在技术手段的运用上，要做到常规装备、特种装备、固定灭火设施、半固定设施的相互配合。

灭火力量部署在编写时，表述要详细具体。叙述任务要按照先主要，后次要；先国家综合性消防救援队伍，后专职消防队、志愿消防队；先灭火救援行动任务，后协调保障的顺序进行。

二、扑救森林火灾行动预案

扑救森林火灾行动预案是针对辖区和承担跨区灭火救援任务，对灭火救援行动有关问题预先安排的战训文书。它是准备和实施灭火救援行动的基本依据，是救援工作的重要组成部分，也是一项十分重要的经常性基础工作。

（一）预案制订的范围

该范围主要包括辖区内森林火灾扑救及跨区森林火灾扑救。

（二）预案制订的内容

预案内容主要包括基本情况、灾害分级（灾情设定）、组织指挥、应急响应、综合保障及其他附属内容。

1. 基本情况

预案内容的基本情况是指灭火指挥人员和战斗员必须了解和掌握的任务区与灭火救援行动相关的基本情况与队伍执行灭火救援能力情况，主要包括以下内容：

（1）气候条件分析。

（2）林（草）情分析。

（3）社情分析。

（4）任务形势。

（5）遂行任务能力情况。

2. 灾害分级（灾情设定）

（1）一般森林火灾：受害森林面积在1公顷以下或者其他林地起火的，或者死亡1人以上3人以下的，或者重伤1人以上10人以下的。

（2）较大森林火灾：受害森林面积在1公顷以上100公顷以下的，或者死亡3人以上10人以下的，或者重伤10人以上50人以下的。

（3）重大森林火灾：受害森林面积在100公顷以上1000公顷以下的，或者死亡10人以上30人以下的，或者重伤50人以上100人以下的。

（4）特别重大森林火灾：受害森林面积在1000公顷以上的，或者死亡30人以上的，或者重伤100人以上的。

注："以上"包括本数，"以下"不包括本数。

灾情也可结合不同区域、不同救援行动方向进行设定。

3. 组织指挥

该组织指挥包括本级指挥机构的开设时机、开设位置、编成、任务、派出时机及正常和特殊情况下的组织指挥方法等。

4. 应急响应

1）力量编成与运用

（1）四级响应时属地及增援灭火救援行动时力量编成与运用。

（2）三级响应时属地及增援灭火救援行动时力量编成与运用。

（3）二级响应时属地及增援灭火救援行动时力量编成与运用。

（4）一级响应时属地及增援灭火救援行动时力量编成与运用。

注：可按本级对应等级或区分不同救援方向重点编写。

力量编成与运用包括队伍任务方向（目标）、队伍组成、动用人数、梯次划分等内容。

2）机动方式

应急响应的机动方式包括属地灭火救援行动输送方式和增援灭火救援行动输送方式两种。

机动方式通常写明队伍机动与输送的目的地、机动方式、距离等内容，内容复杂时可用附件形式以图表表示。

5. 综合保障

（1）通信保障。

（2）政治工作。

（3）后装保障。

三、抢险救援预案的制订

抢险救援预案是针对危险化学品泄漏、建（构）筑物倒塌、重大交通事故、自然灾害、恐怖袭击事件等灾害事故，依据抢险救援行动要则、程序和方法，以及现有人员装备实际而制订的行动方案。

（一）预案制订的范围

该范围主要包括危险化学品泄漏事故；建（构）筑物倒（坍）塌事故；空难、重大交通事故；震灾、水灾、风灾等自然灾害；恐怖袭击和破坏等突发性事件等。

（二）预案制订的内容

抢险救援预案的主要内容包括灾情设定、危害特性、力量调集、处置程序和方法、注意事项及救援保障等。

1. 灾情设定

（1）发生灾害事故的类型。

（2）灾害发生的地点、环境。

（3）发生的灾害规模、危害程度。

（4）发生灾害区域的气象、地理条件等。

2. 危害特性

（1）灾害特点。

（2）可能对人员造成的危害。

（3）可能对建筑物及环境造成的破坏。

（4）可能对抢险救援行动造成的影响。

3. 力量调集

（1）依据灾情的类型或等级，确定出动力量。

（2）根据灾情的规模与危害，确定需调集的公安、交通、市政、救护、驻军等社会救援力量。

（3）增援力量的申请程序及调集方法。

(4) 救援力量的任务分工与行动部署。

4. 处置程序和方法

(1) 通报地方政府的条件与程序，根据灾情适时调集增援力量和社会有关部门及专业队参与抢险救援程序，现场指挥部的成立方式及组成人员。

(2) 侦察、检测、确定现场防护等级的方法与措施。

(3) 划定警戒区域，实施现场警戒与安全防护的方法与措施。

(4) 疏散与抢救人员的方法与措施。

(5) 疏散贵重物资的方法与措施。

(6) 控制、消除灾情发展的方法与措施。

(7) 防止次生、衍生、耦合灾害的措施。

5. 注意事项

(1) 人员防护的注意事项。

(2) 现场侦检的注意事项。

(3) 现场警戒的注意事项。

(4) 现场中和、堵漏、输转、洗消的注意事项。

(5) 清理的注意事项。

(6) 其他需要特别警示的事项。

6. 救援保障

(1) 现场通信保障。

(2) 装备保障。

(3) 医疗救护保障。

(4) 饮食保障。

(5) 油料保障。

四、重大活动现场消防勤务预案

重大活动现场消防勤务预案，是针对重要警卫勤务、重要活动、重大节日等可能发生的毒害、爆炸、建（构）筑物倒塌、人员踩踏等灾害事故，依据有关法律法规和重大活动的特点，结合人员、装备器材实际而制订的勤务保卫预案。

（一）预案制订的范围

该范围主要包括党和国家举行的大型政治活动；党和国家、军队举办的重大节日庆典活动及重大集会；大型国际政治、文化、科技交流会议；国际及国家级大型文化艺术、体育活动；国际级、国家级、地区级商品交易会和科技博览会等；具有地域、民俗、文化传统特点的群众性重大活动。

（二）预案制订的内容

重大活动现场消防勤务预案内容一般包括：活动概况、指挥机构、重点目标、力量部署、注意事项、勤务保障。

1. 活动概况

（1）活动基本情况：包括活动主（承）办单位、主要内容、规模大小、日程安排、持续时间等。

（2）活动场所情况：包括活动场所位置、平面布局、重点部位、消防通道、消防水源、消防设施、疏散通道、周围环境、临时搭建棚架等情况。

（3）临时用火用电情况。

2. 指挥机构

（1）重大活动现场消防勤务指挥部构成及任务。

（2）人员疏散、险情排除、通信联络、现场驻防等人员构成及任务。

（3）消防监督检查成员及任务分工。

3. 重点目标

（1）用火用电集中部位和临时用火用电场所。

（2）疏散通道和安全出口。

（3）贵宾席、舞台、更衣室、休息室等重要人物和人员集中活动场所。

（4）施放氢气球、燃放烟花等场所。

（5）易燃、可燃部位和可燃物资集中场所。

4. 力量部署

（1）执勤力量、备勤力量的调集。

（2）驻防车辆停车位置、驻防地点设置。

（3）各执勤力量任务分工。

（4）各执勤力量之间的协同配合。

5. 注意事项

（1）驻防执勤中应注意的问题。

（2）险情排除中应注意的问题。

（3）疏散人员中应注意的问题。

（4）使用灭火剂中应注意的问题。

（5）作业过程中安全防护问题。

6. 勤务保障

（1）现场通信保障。

（2）装备器材保障。

（3）疏散、避难场所保障。

（4）医疗保障。

（5）饮食保障。

第三节 训练计划

消防训练计划是体现消防训练方针、原则、规定训练内容、要求和方法的消防战训文书，是组织实施消防训练的重要依据，是上级机关或首长下达队伍训练的任务和计划，或对队伍的训练活动进行具体安排时所撰写的计划性战训文书，是具体组织、实施、协调、监督、控制、保障、考核消防训练的重要依据。训练计划不是法定公文，不能单独下发，因此训练计划一般以指示性文件附载在通知的后面下达。

一、训练计划的种类

训练计划按制定详细程度，主要包括年度训练计划、季度（阶段）、月训练计划和周训练计划。

（一）年度训练计划

消防队伍年度训练计划是对全年消防训练的计划和安排。在新的年度训练开始之前，由上级队伍领导机关拟制后逐级下达。年度训练计划应根据上级指示或计划和本级党委确定的年度训练任务，在本级主官领导下，由各机关协助制订，具体由作训部门主办。年度计划拟制后，应送本级主官审定，报上级备案。

年度训练计划一般以指示性通知下达，训练指示通知的内容通常包括训练概况、任务、措施及附表。在概况里，扼要提出消防训练总的精神、上年度的基本情况。在任务里，规定基本训练任务，以及各类人员的训练内容、目的、时间、要求。在措施里，要明确消防训练的组织领导、方法、物资器材保障和注意事项。附表一般包括训练指标和各种训练计划表等。

（二）季度（阶段）、月训练计划

为了具体落实年度训练计划，一般按季度、月或按任务划分阶段，拟制季度（阶段）、月训练计划。

（三）周训练计划

周训练计划又称周训练进度表，是对每周训练进度的具体安排。通常是根据每周的有效天数，按照课题分学时制订，主要用于具体实施训练。

二、训练计划的拟制

消防队伍必须依据《消防救援队伍教育训练大纲》（以下简称《训练大纲》）和上级要求，结合本单位的灭火救援执勤任务、训练水平、器材装备、场地条件和气候特点等实际情况制订训练计划。

（一）拟制依据

为了使训练计划更具有针对性和适用性，必须明确制订训练计划的依据。

（1）严格按照《训练大纲》的有关规定和要求。

（2）遵守上级对训练工作的指示和本级党委的意图。

（3）参训人员的基础和各种保障条件的实际情况。

（4）立足执勤岗位、现有器材装备和辖区情况。

（5）借鉴以往的训练计划和训练经验。

（二）拟制内容

训练计划的内容主要由以下几部分组成：标题、训练计划概述、指导思想、训练组织、训练对象及内容、步骤方法、考核评比、要求、附件。

1. 标题

标题需要写清楚时间和单位隶属关系以及训练计划的适用范围。

2. 训练计划概述

训练计划概述部分应写明：

（1）依据上级机关的指示精神。

（2）《训练大纲》的某项规定。

（3）结合本地训练工作实际，制订计划。

3. 指导思想

指导思想部分应写明贯彻落实应急管理部某项战略部署和消防局某项总体思路；加强队伍哪些方面的重点训练（人员、单位、内容）；提高队伍整体业务素质和救援能力；最大限度地减少灾害损失和人员伤亡，创造良好消防安全环境。

4. 训练组织

训练组织部分应建立领导机构，落实各个部门负责人，明确各自的职责。应设置执行工作办公室，具体组织实施、指导、检查、考核训练情况，监督队伍有效地开展训练。

5. 训练对象及内容

训练对象主要包括国家综合性消防救援队伍、专职消防队。训练内容应明确各类人员的训练科目，要细化、具体，要符合提高队伍整体素质和灭火救援能力的要求。

6. 步骤方法

年度训练计划要在步骤方法部分明确训练开展的时间安排，训练的实施步骤，每个不同阶段的中心任务以及计划要完成的目标。一般可以划分为动员部署、训练实施、考核验收、总结表彰等几个主要阶段。每个阶段安排要科学合理，符合本单位的实际。

7. 要求

要求部分主要写明训练过程中要注意的事项。

8. 附件

附件是明确训练计划中的具体内容和具体指标，这些具体内容和具体指标在训练计划主体部分中不好表述或不能表述清楚，所以采用附件来说明。

（三）拟制要求

要写好消防训练计划，必须做到以下几点。

1. 服从整体，统筹兼顾

拟制训练计划应遵守《训练大纲》的规定，抓住战训工作要点，从队伍实际出发，突出重点、难点。拟制时应考虑业务训练与政治文化教育互相穿插，理论与操作、室外与室内训练合理调节，最大限度地提高训练的质量。

2. 科学安排，留有余地

安排计划进度，要留有一定的机动时间。机动时间由本级掌握，主要用于检查考核、训练转换期的动员准备，以及漏训和夹生课目的补训、复训；也可安排一定时间参加社会公益活动。

3. 训练计划的格式、标准要统一

训练计划的格式、标准由消防局统一规定，要做到有章可循，便于检查，便于执行。注意：不能随心所欲、各行其是，不能把计划和进度表拟制得五花八门、形式繁杂。

【参考示例】

20××年度消防救援队伍全员岗位大练兵实施方案

为深入学习践行总书记授旗训词精神，加速队伍能力转型升级，苦练科学高效、专业精准的过硬本领，按照部消防救援局《20××年度消防救援队伍全员岗位大练兵实施方案》要求，扎实推动全员岗位大练兵活动深入开展，特制定本方案。

一、指导思想

坚决贯彻落实总书记开训动员令，对标应急救援主力军和国家队职能定位，聚焦“全灾种、大应急”任务需要，坚持统一领导、全员参训、提质强能、奖惩并举，突出以战领训、体系练兵、对抗检验、打牢基础、锤炼作风，坚持实战实训、从难从严、以上率下，坚持练体能、练技能、练指挥、练协同、练保障、练作风，不断提升综合应急救援能力，努力建设一支专常兼备、反应灵敏、作风过硬、本领高强的国家综合性消防救援队伍。

二、组织领导及职责分工

（一）领导小组

为深入推进全员岗位大练兵工作扎实开展，特成立总队全员岗位大练兵领导小组。

组　长：××队长、××政委

副组长：略

成　员：办公室、指挥中心、作战训练处、特种灾害救援处、信通处、组织教育处、人事处、队务处、纪检督察室、审计室、防火监督处、火调技术处、法制与社会消防工作处、新闻宣传处、后勤装备处、财务处相关负责人及各支队主官。

主要职责：组织、指导、检查练兵工作，部署练兵任务，审定练兵计划，组织领导政治保障和后勤保障工作。

（二）全员岗位大练兵专项办公室

领导小组下设全员岗位大练兵专项办公室，办公室设在作战训练处，由王仕国参谋长兼任办公室主任，成员为作战训练处全体人员及总队机关各处室1名业务骨干，实体化运行。

主要职责：主要负责指导各单位实施练兵内容，组织实施督察检查、比武考核、考评验收等工作，协调落实表彰奖励、绩效考评、政工教育、典型推树、宣传报道、经费保障等相关事宜。

三、练兵内容

（一）冬训练兵（1月至4月）

1. 总队、支队机关

（内容略）。

责任单位：由总队机关各处室、各支队分别组织实施。

2. 消防救援站（含专职消防员）

（内容略）。

（二）夏训练兵（5月至11月）

1. 总队、支队机关

（内容略）。

2. 消防救援站（含专职消防员）

（内容略）。

3. 特殊灾害救援队

（内容略）。

四、练兵考评及奖惩措施

（一）检查考核

1. 比武考核。总队将于3月底组织东盟地区消防比武竞赛选拔，4月底组织冬训体能达标考核和全国专业技能对抗比武选拔，7月底组织各岗位技能竞赛，9月底组织夏训技能达标考核；总队机关各处室和各支队每月至少组织1次比武考核（机关以全员体能测试为主）；消防救援站每周至少组织1次全员考核。总队将把多种形式消防队伍纳入冬训、夏训比武考核范围，并把多种形式消防队伍成绩计入各支队比武竞赛成绩。

2. 日常检查。总队全员岗位大练兵专班将采取视频检查、网上抽查、交叉互查、实地检查等方式，定期深入各单位实地开展练兵工作专项督导，并建立督察通报机制，每月在政务网上通报各单位练兵工作开展情况；各支队要参照总队模式，落实大练兵日常督导工作。

3. 总结验收。总队将于12月组织开展全员岗位大练兵总结验收工作，将采取查阅文档、实地考核、座谈了解等方式，对照总队年度练兵方案和各单位练兵计划，对各单位全员岗位大练兵工作情况进行总结验收。

（二）评优评先（考评细则另发）

总队将在比武考核、日常检查、总结验收基础上，结合各单位日常练兵工作开展情况，组织实施先进支队、先进中队、训练标兵、岗位能手等评选表彰活动。

1. 先进单位。在全总队范围内，根据日常练兵工作落实情况、专项工作完成情况、训练考核达标情况以及比武竞赛成绩进行排名，对考核排名前列且年度无安全责任事故的，评选出6个先进支队、30个先进中队。

2. 先进个人。根据训练考核结果、比武竞赛成绩和日常工作表现，评选50名训练标兵（总队、支队机关岗位16名，消防救援站岗位34名）、100名岗位能手（总队、支队机关岗位32名，消防救援站岗位68名），并分别予以表彰。

五、工作要求

（一）强化组织领导，科学谋划部署。各单位要根据冬训、夏训特点和总队训练工作部署，按照总队练兵方案要求，结合本单位实际，科学谋划、精心研究，进一步把握练兵重点，明确练兵措施，细化练兵内容，研究制定各专业岗位练兵计划和阶段性练兵计划。同时，要严格落实党委议训、主官抓训制度，总队每季度、支队每月要研究大练兵工作，进行调度部署，层层压实责任。各单位主官是大练兵工作第一责任，要坚持亲自抓，带头抓、带头练，在队伍上下形成领导带头、机关先行、干部示范、全员参训的浓厚氛围，推动大练兵活动持续深入。总队机关各处室于3月底前将相关专业岗位练兵计划在总队政务网上公布；各支队于2月中旬和5月初前将本单位冬训练兵计划和夏训练兵计划在政务网上进行公布。

（二）落实比武考核，强化日常督导。各单位要充分发挥比武考核“指挥棒”“风向标”作用，严格落实总队季度、支队月、消防救援站周考核制度，丰富练兵内容、激发练兵热情，确保全员参训、全员达标。同时，要加强日常督导练兵力度，总队全员岗位大练兵专项办公室将定期深入基层实地督导检查，每月在政务网上通报各单位练兵工作开展情况；各支队党委成员每周至少1次深入基层检查指导练兵工作。

（三）细化考评标准，加大奖惩力度。各单位要始终把能力建设作为练兵的第一要务，作为党委议训的重要内容，要研究制定大练兵考评办法和奖惩措施，量化考评标准，把练兵成效、能力提升与单位和个人评先评优、晋职晋衔、选取晋级、入党考学等相挂钩。对考核先进优秀的单位和个人要进行奖励，对组织不力、练兵成效差的单位要警示约谈、通报批评。

（四）落实保障措施，加大宣传力度。各单位要坚持服务中心、服务实战、服务岗位能力需要，逐级明确日常练兵、教育培训、实战演练、比武竞赛等经费投入，建设完善机关、基层、基地训练条件，配齐配全训练装备和保障物资。同时，充分利用传统媒体和新媒体，广泛宣传机关、基层和各岗位的练兵先进事迹，系统、全面报道大练兵工作情况。总队将在政务网上开设全员岗位大练兵专栏，对各单位阶段性练兵考评、日常练兵工作开展情况进行实时通报，全面推动各项工作有序开展。

第四节 训练工作总结

训练工作总结是对过去一个时期训练的工作情况，进行全面系统地回顾检查和评判，找出规律性的东西，达到提高工作水平、推动今后工作的目的。

训练工作总结是对自身实践的本质反映，是从感性认识到理性认识的升华。写好训练工作总结，无论是对队伍的建设，还是对个人的工作，都具有重要意义。

一、训练工作总结的种类

依据不同的分类标准，训练工作总结可划分为若干种类。从时间上划分，有月份总结、季度总结、半年总结和年终总结等；从范围上划分，有班总结、中队总结、大队总结、支队总结和总队总结等。

二、训练工作总结的编写

训练工作总结种类繁多，内容各异，结构没有固定的模式。一般包括标题、基本情况、工作和成绩、经验体会、存在的问题、今后意见等几个部分。

（一）标题

一般的训练工作总结，标题大体上有四种写法。

（1）以单位名称、主题内容和文种做标题。

（2）以单位名称、时限、主题内容和文种做标题。

（3）以主题内容和文种做标题。

（4）以主题内容、做总结者和总结场合做标题，并采用正副标题形式。领导向所属全体人员作报告或者讲话时的标题常采用这种形式。

（二）基本情况

基本情况的介绍，通常以导语的形式放在总结的开头，有的作为总结的前言。这部分要说明开展工作的依据，对整个工作基本形势总的分析，对工作情况进行基本估价等。也可以简述工作的背景，说明是在什么条件下开展工作的。这部分既有起首开篇的作用，又有提纲挈领、总领全文的作用。写作要做到特点鲜明，给人留下深刻印象。

（三）工作和成绩

该部分要反映出做了哪些工作，怎么做的，取得了什么成果。要比较全面地列举出队伍所做的主要工作，并对从事这些工作的主客观条件（包括有利条件和不利条件），对工作的环境和基础等进行分析，从中反映出特点、成绩和进步。例如，哪些做法得到上级的肯定推广，有哪些典型的事例、典型的单位和个人，整体建设和各项工作有哪些变化等。要注意用数字反映说明问题。有的总结，把工作和成绩用几个观点加以概括。总之，写工作和成绩可以用各种方法，不必千篇一律，但不管用哪种方法，一定要层次分明。还要注意肯定成绩、评价工作、批评问题要做到客观公正，准确无误。

（四）经验体会

这是训练工作总结的主体部分。写好总结，关键是要写好经验，经验准不准确、深不深刻，是衡量总结质量高低的重要标志。训练工作总结写经验体会可从以下几方面入手：一是从队伍建设的大是大非问题上提炼经验。二是从上级关注的重点工作和经常强调的问题上提炼经验。三是从本单位的特色工作中提炼经验，一个单位的工作有特色，必然是其指导思想和具体落实措施上有独到之处。从特色工作中提炼出来的经验，容易写得生动活泼，不落俗套。四是从与过去的对比中提炼经验，如果一个中队这一时期与过去相比，某些方面的工作或者全面建设有了显著的变化和进步，那么对这种变化和进步进行分析、思考，并从中提炼出有价值的经验。

经验体会在写法上多采用夹叙夹议、以叙为主的方式，既要有对情况、做法和过程的简明叙述，又要有说明、分析和恰到好处的中肯议论，使理论和实践相结合，观点和材料相统一。

有些总结也可以不把经验体会单列出来写，而把经验体会融在工作和成绩中写。

（五）存在问题

这一部分可单独列项，也可放在经验体会后面写，也有附在工作和成绩后面的。这一部分要指出存在的问题和缺点，并加以分析原因，总结教训。各个队伍的实际情况不同，存在的问题也各有差异，应该实事求是，有什么问题就讲什么问题，大胆揭露矛盾。讲问题要注意概括，如果年度工作任务完成很圆满、成绩很突出，那么这一部分可以不作展开；如果工作出现了重大失误，发生了严重的事故和问题，那么这一部分就要展开来写，很好地查找问题、分析原因、总结教训。但在点出问题时，要注意准确，尤其是点名批评必须慎重。非点名不可的，要反复核实，语句上不要讽刺挖苦，要让人口服心服。

（六）今后意见

该部分包括今后打算和努力方向。具体写法上一般应先概述这一阶段工作的指导思想和工作思路，把工作中一些最重要的东西先提出来。指导思想通常先写工作的指导方针和依据，然后讲抓哪些重点，采取什么措施，完成什么任务，达到什么目标。这一部分要写得明确具体，让人看后知道怎么去做，不要议论，不要讲原则性的空话。

文无定式，总结的写作方法不是固定不变的。总结的结构是多样性的，可以用四段式，即基本情况、主要经验、存在问题、今后意见这样的结构；也可以用基本情况、主要经验教训、今后意见这种三段式的结构；还可以用把基本情况和主要经验教训作为一部分，把问题和今后意见作为一部分的两段式结构。哪种结构适宜就采用哪种结构，而且在可能的情况下，还要提倡有所创新、有所突破，只要基本的内容符合要求，在表现手法和写作技巧上应该避免千篇一律，不能写什么总结都套用一种模式，而要尽可能做到创新、深刻。

三、总结的写作要求

（一）端正写作态度，掌握政策依据

写训练工作总结的目的是肯定成绩，找准问题，认清经验教训，提高思想水平，以便做好今后的工作。如果不是出于这个目的，而是敷衍搪塞，或者是为了讨好上级、标榜自己或是达到其他不正当的目的，那就肯定不能实事求是地写好总结。因此，写训练工作总结首先要有一个正确的态度，还要有较高的思想理论水平。写训练工作总结最忌就事论事，上升不到理性认识上来。只有以党的路线、方针、政策和上级有关指示精神为指导来回顾、分析过去的工作，才能使我们站得高些，看得深些、远些，透过事物的表面现象看到本质，从而找出客观存在的经验与教训，得出正确的结论，写总结时更要有意识地运用科学理论的基本观点来看待和分析工作中的相应事物，这样才能明辨是非、认清功过。

（二）坚持实事求是，力避主观片面

训练工作总结的内容一定要实在，材料一定要真实，不能夸大，不能缩小。在总结工作和汇报成绩时，不能廉价送赞语、唱颂歌，把有进步说成有很大进步，把取得了成绩说成取得了显著成绩，把个别说成普遍，甚至把问题说成经验。尤其要注意，在肯定现在的同时，不要不恰当地否定过去；在写问题时，不要违背实际，大加渲染，搞危言耸听。总之，不管是总结成功的经验还是总结失败的教训，都要进行辩证地分析，所下的结论必须准确、符合实际，不能按个人的主观想象，更不能凭个人的感情。

（三）详略要得当，重点要突出

训练工作总结要反映和体现出队伍全面建设的基本面，内容要有相对的完整性，但不能求全贪多、不分主次，而是必须有详有略、突出重点。重点内容要写详细、具体，非重点内容则要简写或者不写。那么，重点怎么确定呢？一般来说，具有代表性的能反映一般情况的人和事，起决定作用的方法与措施，能反映事物本质的具有普遍指导意义的经验与教训，就是应该突出的重点。对重点问题要不惜笔墨写深说透，切实把本单位的特色写出来，让人一听就感到是这个单位的情况，很准确、有深度，这样写出的总结才最有说服力和教育意义，给人留下深刻的印象。

（四）语言规范得体，表达准确简洁

训练（集训）工作总结属于通用公文，在语言运用上必须符合公文写作的基本要求，做到准确、简明、庄重、平实，不能采用一些文学修辞手法对工作过程和情况进行渲染、描写，更不能乱用形容词或空发抒情性议论。总结中，要忌用“大体上”“基本上”“一般说”“可能是”等模棱两可的语言，要慎用“最”“极”“非常”等副词，要避免使用晦涩难懂、生编硬造词句，尽量使用材料语言、规范语言，包括正确使用标点符号。一篇文章，如果有好的观点，有闪光的语言，就能增色不少，应在写作实践中提倡用自己的语言，逐渐形成自己的语言风格，不断提高驾驭文字的能力。

【参考示例】

××总队面向实战组织开展战训岗位练兵活动

今年以来，××省消防救援总队紧贴实际、面向实战，组织分批对100多名总队、支队指挥员和1000多名基层指挥员、2400多名攻坚队员及1.1万多名专职消防队员开展轮训，有效提升灭火和应急救援实战能力。目前，已轮训各类人员7317人（次）。

一、开展指挥员培训，提升决策指挥能力

改进训练模式。依托培训基地，通过专家授课、真火烟热训练等形式，分期轮训支队级指挥员。基层大、中队指挥员采取先战区分训、后总队基地集中轮训的方式，实行“4+3+2”训练模式（40天在职岗位训练，由大队组织预考，支队负责复考；30天灭火救援攻坚组集训，由支队组织预考，总队负责复考；20天基层指挥员培训班，由战区组织预考，总队负责复考），对全省100多名基层干部轮训一遍。突出实战导向。举办石油化工、水域救援、高层和地下建筑等典型灾害事故专业处置培训班，选派基层指挥员到兄弟总队和港澳消防部门交流学习；举办灭火抢险救援战例研讨班，采取战例讲解、现场答疑、专家点评、战例评比等形式，总结剖析全省近年来的灭火救援典型战例。量化培训标准。制订灭火救援实战化培训规定，明确支队全指挥部成员每年实战化培训时间不少于5天、大队级指挥员不少于7天、站级指挥员不少于10天。各单位制订训练计划，成立教学示范小组，开展烟热和真火适应训练、内攻和紧急避险训练、组织指挥和初战展开操法等训练，按照计时与评分相结合的原则，编制量化评判标准；总队定期考核通报各地组织训练情况，并出台等级消防救援人员考评办法，落实基层指挥员持证上岗和战斗员等级评定工作。

二、强化攻坚队伍集训，提升攻坚克难能力

改革训练内容。针对攻坚队纵深突破、强攻近战及作战环境复杂、体能消耗大、技能要求高的特点，制订《应急救援专业队队员手册》和《应急救援专业队业务调练规程》，收集整理8类灾害事故的基本特点、常用参数、战术措施、处置对策，以及36项体能训练、91项技能训练、32项适应性训练、82项合成训练规程，强化训练的针对性和实效性。突出基础训练。开展负重攀登10楼、负重攀登30楼、400 m综合体能练、1500 m负重跑、水面负重100 m游等训练，为高强度、大消耗、长时间作战奠定体能基础。以“战训大讲堂”和集训为载体，邀请石油化工、灭火救援、高空救助、心理行为、医疗救护等方面专家，开展专业授课和培训研讨，提高队员业务理论水平。强化专业词禁。依托灭火救援攻坚组集中强化培训，反复开展立体进攻、排险抑爆、破拆堵漏、撤退自救等20余套操法训练。深化实装实战演练，演练全部在噪声浓烟、密闭、黑暗等复杂环境下进行，提升复杂条件下攻坚队员的作战能力。目前，已组织复训攻坚组队员2482人（次）。

三、重视专职消防队员培训，提升协同作战能力

强化岗位施训。分级分类制订年度岗位练兵方案、业务训练计划，细化练兵标准，对专职消防队各级各岗位练兵内容、标准和要求作出详细规定。推动将业务考核成绩与专职消防队员的工资福利挂钩，建立业务技能会操制度，每季度、每月组织集中会操。强化联勤联训。建立国家综合性消防救援队伍与专职消防队联勤联训机制，将专职消防队纳入统一的执勤、训练、作战体系，落实“六个一”（中队每周开展1次联勤联训，大队每月组织专职队长召开1次工作例会、联合开展1次演练、组织1次检查考核，支队每月联合开展1次演练、每半年组织1次检查考核）要求，明确国家综合性消防救援队伍与专职消防队的工作职能和任务分工及考核办法，规范专职消防队调度指挥程序和权限。强化跟班轮训。坚持“全员轮训、全员考核、全员持证上岗”，采取“两级轮训”的方式，总队对专职消防队队长进行集中轮训，支队定点分批组织专职消防队员进行集中轮训，专职消防队员到国家综合性消防救援队伍班轮训不少于30个工作日，新招收的专职消防队员考核合格后方可持证上岗。

第五节 灭火救援命令

灭火救援命令是用于对所属机关、队伍规定灭火救援行动任务的战训文书。通常由各级首长审批、署名并签发。

一、灭火救援命令的种类

消防队伍灭火救援命令的种类主要有预先号令、机动命令、灭火救援行动命令、撤离命令、输送命令等。

二、灭火救援命令的拟制

拟制灭火救援命令必须严格遵守消防战训文书拟制规定，应当简明扼要，使用专业用语，标图要使用消防队伍标号，绘制略图要注明比例尺和指北矢标。

（一）预先号令

预先号令，为使队伍对所担负的任务有所准备而事先发出的预先性命令。通常在下达正式命令之前，以口头或书面形式下达。标题可只写“预先号令”。

1. 灾害简要情况

应写明灾害发生的时间、地点、灾害性质、现场队伍扑救情况及可能发展趋势等。

2. 队伍将要遂行的概略任务

通常只讲明上级命令或指示担负的概略任务，即出动的力量、行动的大致方向、地区和类别等。

3. 准备工作和完成时限

要根据队伍的战备情况及上级的要求而定。

4. 其他有关事项

说明下级指挥员受领任务的时间、地点及注意事项等。

（二）机动命令

机动命令是指挥员给所属队伍规定机动任务的命令，是组织与实施机动的基本依据。通常是在受领任务后，由作训部门会同其他业务部门根据上级命令和本级首长的决心及灾情、道路、天气等情况拟制。有文字记述式、表格式、地图（略图）注记式、网络式等形式。

1. 基本情况

应写明灾害发生的时间、地点、灾害性质、特点、蔓延发展趋势等。

2. 机动任务与决心

主要记述下达的机动任务，本级的序列编成、到达的地域和时间。

3. 队伍的任务

包括单位名称、机动方式及路线、机动力量编成、出发时间、调整地区、集结地域及到达地域、时间。

4. 指挥所的位置及通信联络方法

记述时可按基本指挥所（部）、现场救援指挥部分别说明。

5. 各种保障措施

要说明侦察、警戒、通信、卫生、油料、车辆维修等保障措施和调整勤务的单位名称及派出时间。

（三）灭火救援行动命令

灭火救援行动命令是指挥员对所属队伍下达灭火救援行动的命令。通常由作训部门根据上级命令和本级首长决心等拟制。使用的时机，可以在出发前、机动中或到达地域后下达。

1. 基本情况

应写明灾害发生的时间、地点、灾害性质、特点、蔓延发展趋势等。

2. 上级意图及有关政策规定

通常从上级命令中归纳摘抄，一般应写明上级首长的决心、主要战术手段和要达到的救援行动目的以及灭火救援应当遵守的法规、规章、政策等方面的特殊规定。

3. 队伍的任务和首长决心

主要写明本级遂行任务中的编成、任务、完成任务的手段（步骤）和要达到的目的等。

4. 友邻任务及与其协同的方法

应遵循消防战训文书的记述规定进行记述。主要记述清楚其单位、主要任务等。

5. 队伍的编成、配置和任务

主要记述队伍的编成、配置和具体任务，通常按先主要任务（方向）、后次要任务（方向），先第一梯队、再第二梯队（预备队）、最后特殊任务队伍的顺序记述。

6. 完成行动准备时限

通常根据上级的要求统一安排确定。

7. 指挥所开设的时间、地点

根据需要可以分为基本指挥所（部）、现场指挥部、联合指挥部等。

8. 指挥机构建立的时限

灭火救援行动命令的内容，可根据实际情况适当增减，不可教条呆板，照抄照搬。

（四）撤离命令

撤离命令是指挥员给所属队伍下达撤出并离开现场的命令，是所属队伍撤离现场的基本依据。其内容主要包括：撤离的时间、顺序、方式、路线和到达的位置及时限；各项保障；完成撤离准备的时限；移交的事项和要求。

1. 撤离的时间、顺序、方式、路线和到达的位置及时限

根据上级赋予本部的撤离任务，写明首长决定开始撤离的时间、方法、队伍编成、撤离路线、要到达的地点和时间。

2. 综合保障

凡担负保障任务的队伍都在本项明确，可按通信、装备、警戒、勤务保障的顺序，明确保障分队的编成、任务、保障方法、完成任务后的行动。

3. 完成撤离准备的时限

此时限，一般是指最先撤离单位完成撤离准备的时限。

4. 移交的事项和要求

移交的事项和要求包括单位（火场）名称、位置、交接地段起止点坐标、基本情况、交接时间、待办事项等内容。可在“各项保障”中明确。

第六节　灭火救援计划

灭火救援计划是用于规定灭火救援任务的目的、内容、方法、步骤、时间和要求的战训文书。

一、灭火救援计划的种类

灭火救援计划主要包括组织准备阶段工作计划、现场勘察计划、机动计划、灭火救援行动计划、协同动作计划等。

二、灭火救援计划的拟制

拟制灭火救援计划必须严格遵守消防战训文书拟制规定，应当简明扼要，使用专业用语，标图要使用消防队伍标号，绘制略图要注明比例尺和指北矢标。

（一）组织准备阶段工作计划

组织准备阶段工作计划是统筹安排救援组织准备阶段主要工作的文书。拟制此计划的目的在于使组织准备阶段的各项工作紧张有序地展开，保证协调一致、有条不紊地完成各项任务。此阶段工作，通常是在首长传达任务、布置工作之后，根据上级和本级首长的指示拟制。

组织准备阶段工作计划的基本内容包括工作事项、各项工作的起止时间、执行人或主办单位。为了记述方便，在表格式工作计划中，通常还要给各项工作编上序号。拟制组织准备工作计划的一般过程如下：

（1）确定工作项目。一般按以下步骤进行，即列出工作项目——确定工作程序——合理取舍排列。

（2）区分工作时间。一般采取计划上级规定时间——计划本级首长已明确的时间——区分其他工作时间。

（3）明确工作责任。各项工作应具体明确到主持人员、参加人员，并一一落实到位。

（4）核准工作地点。将各项工作开展的地点要在表中详尽罗列，如有两项以上工作在同一时间同一地点，则应想方设法予以调整，避免发生冲突。

拟制组织准备阶段工作计划，事关消防救援能否顺利进行，战训人员必须抱着严肃认真的工作态度，并注意以下四个方面：一是确定工作项目时，既要全面周到，又要重点突出；二是确定工作程序时，应尽量简化步骤，遵循“以快制快，一步到位”的要求；三是确定工作时间时，应做到既科学合理，又要留有余地，还要尽可能给下级留出充足的准备时间；四是树立系统观念，工作整体安排上力求上下一致、前后衔接，不能顾此失彼、自相矛盾。

（二）现场勘察计划

现场勘察计划，是为指挥员进行灭火救援现地观察、校勘相关情况及地形而制定的文字材料，是组织现地勘察的依据。通常依据首长的指示及当时的具体情况、灾害类型、对方情况、地形、建筑、天候等拟制。

1. 参加人员

现地勘察通常由首长、队伍指挥员及机关有关人员组成。

2. 勘察的地点、时间

勘察地点是指实施现场勘察的位置，通常由指挥员指定，有时也可由灭火救援指挥部部长根据首长的意图选定。勘察时间是指在各点勘察的起止时间，通常由战训人员依据指挥员规定的总时间和各勘察点解决问题的需要确定。在分配各点的勘察时间时，应注意留有余地，并将各点之间行进时间考虑进去。

3. 各点解决的主要问题

通常包括：研究和分析灾情、地形；进一步明确地形、道路、水源、主要灭火救援方向，所属和加强队伍的配置、任务、指挥所的位置等。

4. 运动路线及注意事项

行进道路应依勘察顺序和道路情况确定，尽量取捷径和可行条件。注意事项包括：现地勘察出发时间，有关保障措施，指挥员现地听取各级勘察报告的时间、地点。

（三）机动计划

机动计划是为了保障队伍由集结（待机）地域向遂行救援任务的地区机动而制定的计划，是指挥员、灭火救援指挥部组织指挥队伍开进的依据。其拟制依据：一是上级明确的事项，通常依据上级预先号令、开进计划、命令和关于开进指示中明确的有关事项；二是本级首长的意图，如本队伍开进序列、编成、各种保障措施、开进要求及注意事项等；三是对方情况，可能对我方开进的影响；四是地形、道路情况，如道路坡度、隘路、桥梁通行能力及影响，各种运动保障措施和调整勤务的组织等；五是天候情况，如开进所处季节的天气特点，制定的克服措施等。

其内容一般包括：机动队形编成及序列；机动路线、行程、速度；出发地区（点）、调整地区（点）及到达时间；大休息地域、宿营地域及到达时间；各种保障措施；指挥组织。

（四）灭火救援行动计划

灭火救援行动计划，是为完成救援任务而确定的力量部署、基本战法及各项保障的基本文书。它是首长决心的具体体现，是组织指挥队伍救援行动的依据。灭火救援行动计划通常是在首长受领任务、定下决心后，由灭火救援指挥部部长主持，以作训部门为主，有关业务部门参加共同拟制。一般以救援规模、性质、特点、人员、地形及上级的救援行动计划、本级首长决心为依据拟制。拟制前应准确掌握与任务有关的灾情，熟悉地形、道路、气象等情况和特点，选定方案，标在图上或书面成文，包括救援行动和保障两部分。

救援行动计划的内容主要有以下几项：

（1）基本情况。

（2）上级企图和队伍的任务。

（3）友邻的任务。

（4）队伍编成、配置和任务。

（5）救援行动阶段（时节）划分。

（6）各阶段（时节）情况预想及处置方法，包括灾情可能的变化、队伍的任务、行动及协同动作的方法、信（记）号规定等。

（7）有关政策规定及注意事项。

（8）综合保障。

（9）指挥的组织。

（10）完成行动准备的时限。

拟制灭火救援行动计划，须建立在可靠的灾情资料和对双方情况正确判断的基础上，力求符合客观实际；要从最为复杂、最为困难的情况出发，预想救援中可能的发展变化，切忌凭主观愿望设想情况；要有全局观念，处理好局部与全局的关系；拟制中要努力做到迅速及时、严格保密。

（五）协同动作计划

协同动作计划是组织队伍及专业分队协同救援行动的计划。它是救援协同动作的预定方案，是协同参加救援的队伍和专业分队行动的依据。拟制协同动作计划的主要依据有：上级协同动作指示；本级指挥员的决心或处置命令；灾情、地形、我情等情况；专业分队行动特点和使用原则等。

根据救援情况，协同动作计划可采取表格式、地图注记式和网络图式。协同动作计划一般不单独下发，下发时必须作为协同动作指示的通知的附件。其内容主要有以下几项：

1. 行动阶段（时节）的划分及可能出现情况的设想

行动阶段（时节）的划分就是依据救援任务和行动步骤对救援过程按照时间、地点、目标所划分的段落，它是根据救援实际、救援中的一般规律、战术手段和当时的具体情况来划分的。上级协同动作指示的通知中已划分阶段的按上级划分的阶段区分。

预想情况就是根据对方的救援特点和地形情况，对救援中可能发生的情况和行动的预先设想。其重点是预想对方在各阶段（时节）可能采取的行动，并据此计划队伍的行动和协同方法。

2. 队伍的任务、行动程序和方法

这是协同动作计划的核心内容。应根据救援阶段（时节）的划分和预想的情况，按照救援编成，具体规定救援队伍的任务、行动程序及相互间协同方法。

3. 友邻的任务及与其协同的方法

友邻队伍与本队伍有直接协同关系时，也应在协同计划中写清其任务与协同方法。此项内容通常在上级协同指示中摘录。

4. 指挥关系和指挥位置

通常应明确各指挥所在各救援阶段（时节）的位置，转移的时机、方向（地点）等。

5. 协同信（记）号规定

应根据协同动作的需要，由作训部门会同信通部门编拟，有时可将指挥、协同信（记）号一起编拟。信（记）号规定可在计划中直接明确，也可以单独编拟协同动作信（记）号表，作为协同动作计划的附件。

第七节　灭火救援报告

消防队伍的灭火救援报告是用于向上级反映灭火救援情况，回复上级查询等的一种文书。

一、灭火救援报告的种类

消防队伍灭火救援使用的报告主要包括阶段性报告与总结性报告两大类。

（一）阶段性报告

阶段性报告也称信息快报，是火灾扑救某一阶段或告一段落时，向上级所做的关于灭火情况的简要报告。其作用是保证上级及时了解掌握灭火救援行动的有关情况，提高组织、指挥下一步行动的针对性。

（二）总结性报告

总结性报告是指火灾扑救结束后，向上级所做的关于火灾扑救的综合性报告。它是在全面总结灭火救援行动经验教训的基础上形成的，其目的是了解灭火救援行动全貌，同时总结经验教训、教育队伍，为研究编写战史、战例积累资料。

二、灭火救援报告的拟制

灭火救援报告的内容主要由基本情况、扑救经过、经验教训等部分。

（一）基本情况

基本情况部分主要写明单位及自然情况、接警出动、力量调度以及建筑物特点、火灾危险性、损失和战果等基本情况。

1. 单位及自然情况

该部分包括：单位名称、地址，地理位置，生产（储存）性质，存放物资的名称、数量，建筑条件；消防水源、道路、灭火设施情况；消防重点保卫单位等级，重点单位灭火救援预案制订及演练等情况。

森林火灾主要包括情况来源，灾情发生时间、地点、类型、数量、灾害区域或面积，火场地形，火场周边重要目标、道路和水源情况、风力、风向及发展情况等。

2. 接警出动和力量调度

该部分包括：受理火警、接警出动时间，第一出动到场时间及出动力量，扑救时间；调集增援、到场时间，到场力量和救援力量。

3. 建筑物特点、火灾危险性、损失和战果

该部分包括：起火单位（部位）的建（构）筑物的特点、性质、火灾事故危险性；燃烧面积、物质及名称、数量、生产工艺流程；火灾原因、火灾造成的损失和人员伤亡情况；抢救人员和保护物质价值。

（二）扑救经过

扑救经过部分包括从接警到救援行动结束的全部活动，这部分内容应客观真实地反映灭火救援行动情况。

（1）受灾单位对初期火灾采取的措施。

（2）救援队伍到达现场时的火势灾情，现场侦察、侦检及可能发生的后果等情况。

（3）根据火情的变化、救援力量以及其他客观因素确定的总体部署。火场主攻方向和主要方向的选择，指挥员运用技战术和采取各种紧急措施及其成效。

（4）救援行动的情况；各阶段指挥员采取的措施、战术方法及其成效。

（5）指挥部决策、指挥工作运行情况和灭火救援预案的运用情况。

（6）火势控制、处置完毕的时间以及其他应当说明的情况等。

（三）经验教训

经验教训是对灭火救援行动中好的经验及存在问题进行具体述评。这一部分主要写本级组织指挥、灭火战术、技术手段、协同动作等方面的特点和问题，可从客观因素和主观因素两个方面进行分析和查找经验教训。

（1）客观因素主要包括：火灾性质、规律；是否符合有关技术规范；灭火救援环境（地域气象）；消防水源情况、力量情况、装备器材情况等。

（2）主观因素主要包括：受理报警、出动情况；侦察、指挥和技战术运用情况；供水、通信和后勤保障情况；消防救援人员表现和灭火人员伤亡情况。

三、灭火救援报告写作的注意事项

要写好消防救援报告，除遵守报告的基本拟制要求外，还必须做到以下几点。

（一）坚持实事求是的科学态度

拟写灭火救援报告，必须坚持认真细致的工作作风和实事求是的科学态度，做到既不夸大成绩，又不回避问题，还要克服“简单化”“公式化”等弊病。

（二）中心突出，详略得当

灭火救援报告是向上级详细反映火灾扑救的情况，它的重点应放在总结灭火救援行动的经验教训上。因此，对于基本情况、扑救经过宜言简意赅，不要用过多的文字叙述，这样就可以做到重点突出、内容集中，而不会出现“本末倒置”或“平分秋色”的现象。

（三）材料真实可靠，观点鲜明清楚

灭火救援报告的内容不仅要有具体、可靠、丰富的材料，还要有鲜明的观点。只有做到有论有据，才能使写出的报告有血有肉、令人信服。如果只有观点而缺乏具体典型事例和数据，会给人一种“空洞无物”，主观脱离客观实际的感觉。如果只堆砌材料，不突出主要矛盾，无鲜明的观点，会使人感到杂乱无章、不知所云，起不到总结经验的目的。

【参考示例】

××市“5·1”××大厦火灾扑救报告

××××年×月×日3时24分，××市消防救援支队调度指挥中心接到报警称：新站如家快捷酒店发生火灾，楼上全是浓烟，有大量人员被困。接到报警后，指挥中心立即调集市区的全部执勤力量和邻近市区的××县消防救援站以及××钢铁集团企业专职消防队的全部执勤力量，赶赴现场进行救援，支队值班首长接到报告后，立即带领支队全勤指挥部人员赶赴现场。同时，向市政府总值班室报告火灾事故情况，提请市政府启动《××市特大灾害事故应急救援预案》，调动社会应急救援力量到场救援。

经过参战消防救援人员的英勇奋战，火势于4时05分被基本扑灭，于4时15分残火被彻底扑灭。此次行动共出动各类消防执勤车辆30台、消防救援人员138人，成功营救被困人员36人，疏散160余人，保护了该建筑的××酒吧、××酒店、××快捷酒店和××歌厅。此起火灾过火面积142 m^2，共造成10人死亡、3人重伤、23人因熏呛或划伤住院观察。

一、基本情况

（一）单位基本情况

××市××大厦位于××市胜利路1号，始建于2001年，并于当年投入使用，该建筑主体地上7层，地下1层（地下部分从南侧看为地下、从北侧看为地上），局部八层为大厦电梯设备间和消防水箱间，高28 m，建筑面积为8390 m^2。该建筑耐火等级为二级，是集餐饮、娱乐和住宿为一体的综合性建筑，共有四家经营单位，地下一层为××酒吧，建筑面积390 m^2，一层为××酒店和××快捷酒店大堂，建筑面积700 m^2，二层为××歌厅，建筑面积1100 m^2，三层至七层为如家快捷酒店客房，建筑面积6000 m^2，八层200 m^2，共有116个客房，当日入住200人。大厦共有3部封闭楼梯和1部电梯，1、2号封闭楼梯由地下一层至八层，3号封闭楼梯由一层至四层，电梯由地下一层至七层，共有直通室外的安全出口6个。

（二）单位内部消防设施情况

该建筑设有自动喷水灭火系统、火灾自动报警系统、高位水箱（15 m^3）、消防水池（200 m^3）、机械防排烟系统、正压送风系统、防火卷帘、室内消火栓系统、柴油发电机、防火门、灭火器、应急照明和疏散指示标志等消防设施，并且每层配备了1个缓降器。

（三）毗邻情况

该建筑东侧7 m为胜利路，南侧10 m为新站路，西侧2 m为滨江东路，北侧10 m为妇幼保健院和居民区。

（四）1500 m范围内可利用消防水源情况

大厦东南400 m处有一消防水鹤，流量为48 L/s；南侧30 m处东方假日酒店消防水池200 m^3；西侧35 m处为浑江。

二、火灾特点

（一）人为纵火，火灾发展速度快

（内容略）

（二）人员聚集量大，疏散营救任务重

（内容略）

（三）夜间发生火灾，易造成人员伤亡

（内容略）

（四）人员逃生意识差

（内容略）

三、扑救经过

在此次灭火作战行动中，现场作战指挥部始终贯彻“救人第一”的指导思想，正确采取堵截、夹攻、合击等灭火战术措施，成功将火势堵截在一至二层楼梯间范围内，最大限度减少了人员伤亡和财产损失。此次灭火救援战斗共分三个阶段：

（一）加强第一出动，集中力量救人，快速控制火势

3时24分，支队调度指挥中心接到报警后……

3时30分，辖区新风路消防站到达现场。经外部侦察发现……经内部侦察发现……现场指挥员命令……

3时32分，××区大队值班领导和×××消防站到达现场，大队指挥员立即向辖区消防站了解现场情况，命令……

3时35分，支队值班首长和支队全勤指挥部人员到达火灾现场，立即成立火场指挥部，由支队政委担任总指挥，副支队长任副总指挥，下设作战指挥组、通信联络组、政工宣传组、供水组、信息报送组、后勤保障组，同时设立现场安全员。

根据作战指挥组侦察反馈情况，指挥部经研究确定总体作战部署：一是坚持“救人第一”的指导思想，集中主要力量利用1号楼梯和举高消防车全力营救被困人员，同时利用扩音器稳定被困人员情绪，防止跳楼；二是各水枪阵地要全力堵截控制火势，防止蔓延；三是做好现场警戒，防止已疏散人员返回现场；四是加强火场排烟，开启楼梯间门窗进行自然排烟，为救人创造有利条件；五是做好火场供水，确保供水不间断；六是加强内攻人员作战安全防护，设立安全员对内攻人员检查登记，及时做好更换；七是通知交警部门立即对现场实施交通管制；八是与120急救部门做好被救人员交接登记。

（二）科学部署力量，全力营救被困人员，彻底扑灭火灾

（内容略）

（三）彻底排查搜救，做好现场保护和移交

（内容略）

四、经验教训

（一）经验总结

1. 在有人员被困的灭火救援行动中，必须正确处理救人和灭火的关系

2. 在灭火救援行动中，必须正确掌握搜救要领

3. 必须强化辖区情况“六熟悉”，以便在灭火救援行动中快速、准确占领主要阵地

4. 在营救疏散大量人员的灭火救援现场，必须实施有效的现场警戒

（二）存在问题和不足

1. 灭火救援行动初期存在重复搜救的问题

在指挥部没有下达调整搜救任务的命令之前，部分楼层出现重复搜救的现象，降低了搜救效率。指挥部明确搜救任务后，在搜救过的房间设立了明显的标志，才有效地防止了重复搜救。

2. 承担搜救任务的官兵作战编成不合理，更换作业不及时

在此次灭火救援行动中，没有对承担搜救任务的消防救援人员进行合理的编组，没有

组织搜救人员适时进行轮换作业，由于消防救援人员多次往返各楼层实施救人，导致部分消防救援人员出现了体力不支。这说明队员还缺乏高强度、大负荷和长时间作战的体能储备。

3. 个别战斗员自我保护意识差

在向外疏散被困人员时，有个别战斗人员在没有佩戴空气呼吸器的情况下进入现场，还有个别战斗人员把自己佩戴的空气呼吸器给被救人员使用，使自身吸入有毒烟气造成轻微中毒。

第五章 申 论

“申论”一词，出自孔子所说的“申而论之”。从字面来理解，“申”为引申、申述，“论”为议论、论证，“申论”则指针对特定话题提出自己观点，并展开论述。

作为一种应试文体，申论最早出现于2000年中央国家机关公务员录用考试之中。经过多年实践，申论现已成为国家公务员录用考试的一门基本科目。申论考试已成为一种较为科学的选拔人才的测试方式，它是在充分吸收策论、基础写作和公文写作优点的基础上，发展起来的一种以考查学生的实际能力为目标的科学的测评方式。

从考试大纲规定及历年实际出题情况来看，申论考试为应试者提供了一系列反映特定实际问题的文字材料，要求考生仔细阅读这些材料，通过仔细阅读和系统分析形成自己的观点、论证自己的见解和主张。以此测查应考者解决问题的能力，以及阅读理解能力、综合分析归纳能力、提出问题能力和文字表达能力。

第一节 概 述

申论作为一种专用于选拔录用国家公务员的应试文体，申论适当地借鉴了我国古代科举应试中“策论”的一些经验与做法，但在内容上比“策论”更具有现实针对性，在形式上比“策论”更加灵活多变。“策论”大多要求应试者就一些重大问题展开论述，即论证某项国家政策或对策的可行性与合理性，侧重于考查应试者解决问题的能力。申论则要求应试者从一大堆反映日常问题的现实材料中去发现问题并解决问题，全面考查应试者搜集和处理各类日常信息的素质与潜能，充分体现了信息时代的特征，也适应当今国家公务员实际工作的需要。

一、申论考试的性质

申论考试是具有模拟公务员日常工作性质的能力测试。作为公务员，对社会生活的方方面面都应当有所认识和有所思考，并且具备较高的思想水平和较强的分析问题、解决问题的能力。因此，申论考试所提供的一般都是社会性较强的背景材料，让考生去进行分析和论述，从而测查考生处理公务员日常事务的潜能。

申论考试，要求考生具有比较丰富的常识，但不会对某种专业知识特别倾斜。由于考生来自各个方面，所学专业很不相同，所以申论考试中让考生处理加工的材料大都具有普遍性、非专业性。所给的材料，涉及面很广，但试题具有较强的针对性、合理性，也就是说，问题的解决方案一般是具有可行性的。申论考试不会引导考生漫无边际地遐想，不管问题多么复杂、涉及面多广，人们的见解多么莫衷一是，都是能够解决的。这样的命题思路，是由公务员录用考试性质决定的。

（一）申论考试是一种选拔性考试

只有那些能准确把握试题要求，对给定材料内容予以综合分析、正确解读，并能以流畅的文字表达形式回答具体问题的考生，才能通过考试。

（二）申论考试是一种贴近政府机关工作实际的考试

考试内容根据公务员在现实工作中所面临的有代表性的问题而设置，具有很强的实战性。也就是说，它考察的是考生的综合能力，而不是死记硬背的知识，是选拔适合在行政机关工作的公务员，而不是写作才艺的展示。

（三）申论考试是一种规范化的考试

一方面，它有固定的表面形式，如试题结构形式基本不变，由注意事项、给定材料、作答要求三部分组成；另一方面，它又千变万化、灵活多样，既与现实主题密切相关，又有一定的现实规定性，试题常常是出乎意料，又在情理之中。

二、申论考试的目的

根据申论考试的性质，可推知申论考试的目的：

（1）通过统一的选拔性考试，为国家遴选适合在行政机关工作的高素质行政管理人才，是申论考试的主要目的。

（2）通过申论考试，可选拔出热爱行政管理工作、有大局观、关心社会问题、思维敏捷、行动力强、执行力强、具有公务思维的人才进入公务员队伍，提升公务员队伍的管理水平。

（3）规范化的申论考试流程，是实现公平、公正、公开地选拔国家公务员的重要环节，通过申论考试这道门槛，把严了公务员队伍的入口关，杜绝了走后门等不正之风在公务员选拔过程中的盛行与蔓延。

三、申论考试的测试特点

（一）形式灵活

申论测试除了所给出的材料部分外，其答卷一般由概括、方案、议论三部分组成。就文体而言，概括部分可能是记叙文、说明文、议论文、应用文中的某一种形式，也可能综合了多种文体形式；方案部分是应用文写作部分；议论部分是议论文写作部分。从这个意义上来说，申论测试既考查了普通文体的写作能力，也考查了公文写作能力，测试形式非常灵活、实用。

（二）涉及面广

申论测试的目的是选拔国家公务员，因此十分注重对考生的分析、判断、解决问题的能力等综合素质的测试。为反映这一要求，申论所给定背景资料涵盖了政治、经济、法律、教育等诸多方面的内容，涉及范围极其广泛，且表述比较准确，一般不会出现偏差。

申论的背景资料所反映的问题大部分已有定论，也有一些问题尚无定论或存在争议，需要考生自己去理解、分析和判断，并做出结论。至于一些难以定论的问题，特别是一些争议激烈的前沿问题，一般不会成为背景材料。

(三) 针对性强

申论测试考查的目的明确、针对性很强，即主要考查考生阅读、分析、概括、解决问题的能力。这些能力主要通过对背景材料的分析、概括、论述体现出来，从所提出的方案对策是否具有针对性和可行性体现出来。从这一角度看，考查的目的与测试的命题是密切相关的有机整体，目的、试题都具有针对性，试题为测试的目的服务，而目的则是试题设计的指导思想。

(四) 没有标准答案

申论测试没有也不可能有一个确切、固定、唯一的标准答案。从资料背景来看，都是有关当前政治、经济、法律、教育等社会问题，有的已定论，有的尚未定论，完全要考生自己来解决。从这个角度来看，无论是提出对策或是对对策进行论证，都不会有一个确切、固定、唯一的标准答案。

以对策部分为例，这部分是要提出解决问题的办法，这个办法要具有针对性和可行性。但是针对性和可行性是相对的，在不同地区以及发展中的不同阶段，解决问题的办法就不可能一样，更何况有的还没有一个确切的合理方案，因此哪一种更为合理、针对性与可行性更强，要对若干方案比较论证后方能确定。又比如论证部分，抓住什么问题、从什么角度论证、采取什么方法与结构，要适合自己的特长，因而也绝不会有一个具体唯一的标准。因此论证（作文）部分的评定，也只能是综合的、全面的、等级式的，不可能有确切的唯一的标准。

四、申论考试的答题原则

(一) 内容把握的整体性原则

申论考试给定资料的设定是有一定规则的，并非随便选一些相似的资料堆放在一起，而是基于试题整体设计的需要，经过精心挑选，严格取舍后的有机组合，形成一个系统。这个系统看似矛盾对立、观点不一、各说其话，其实不然，它依然具有其整体性和方向性。考生在作答时必须严格依据给定材料，从材料中得到答案。背景材料所涉及的地方，皆是考生回答问题时需要认真考量的地方，无论是正、反方向主题材料，还是案例材料、理论提升材料，都是试题的有机组成部分，具有同等重要性。这就要求考生在阅读材料时必须遵从整体性原则，把握住材料的方向性，以免被资料中的个别异质材料、细枝末节例证所遮蔽，得出错误的结论。回答问题前，一定要把材料读完，先找到方向性，力求做出正确的判断，切不可盲目地从自己的擅长点、趣味点出发强行分解材料，或者超出材料的规定范围胡乱联系，其结果必然偏离给定材料的整体性与方向性，造成不必要的失误。

（二）作答要求的规定性原则

与其他类型的考试不同，申论考试的试题采用复试题干，作答要求一般由作答范围、作答任务、作答身份及作答条件四部分组成。

“作答范围”告诉考生，在回答问题时针对给定材料的哪一部分、哪一段、哪一个句子等；“作答任务”即考生在作答中需要完成的任务，告诉考生“做什么”，是概括还是总结问题，是简单解释还是深度阐释等；“作答身份”的确认则要求考生注意作答时的角度、语气等；“作答条件”则告诉考生怎么做，主要包括表达、语言、格式、字数等。

四个部分互相配合，决定了该题的答题内容、范围、步骤、方法、身份、视角、立场、语气、字数等。由此可知，在申论考试中，四者同等重要，绝不能为赶时间而不严格遵照复试题干的要求去做，忽视了“作答任务”部分提供的重要信息，申论题干部分作答要求的严格规律性原则是不可逾越的，就是“让你怎么做你就怎么做”“问你什么你就答什么”，做到不多答、不少答、不错答。千万不要依据其他类型考试的惯性思维定式，想当然地回答问题，一定要严格遵从具体步骤，不折不扣地回答。

（三）问题阐释的逻辑与层次性原则

由于申论考试是模拟公务人员的认知力、执行力的考试，必须以文字形式表达出来，因此有具体思路但不能很好地表达出来，也是一个很大的缺陷。在申论考试中，知道了问题的症结所在，还要有能力用语言把它完整地表达出来。对每一个问题的回答都不可以是缺乏逻辑联系的要点的堆积，必须使用语言媒介，有层次、有逻辑地清晰表达出来。一个考生能使用现代汉语把要说的问题清晰地表达出来，一直被认为是思路清晰的具体表现，也是公务员应该有的基本素质。

（四）问题解答的针对性原则

申论考试涉及的问题皆为现实生活中的真实问题，因此申论考试在回答问题时必须有针对性，做到直述不曲、言简意赅、直奔主题、一语破的，提倡什么、反对什么都要直接说出来，力争做到清清楚楚、明明白白。不可隐晦婉曲、拐弯抹角地回答问题，也不要使用所谓的修辞手段、曲笔记法回答问题。申论作答要坚决杜绝“下笔千言，离题万里，洋洋洒洒，不着边际”现象的发生。

（五）提出对策的可行性原则

在申论考试中，根据材料反映出的问题，制定出切实有效的应对方案、提出解决办法等都属于广义上的提出对策。提出对策是对材料进行综合分析和正确理解之后，针对具体问题，从不同角度出发，进行合理构想，拟定解决问题的方案。由于申论考试给定材料表现出极强的现实性，与之相对应，针对问题提出的对策也具有较强的现实性，这就要求申论对策不但具有针对性，还必须具有可行性与可操作性。提出对策是考查应考者解决问题能力的重要环节，如果考生提出的对策缺乏可行性，再好的对策、方案都只能是一纸空文，与申论考试的要求背道而驰。

（六）观点立论的方向性原则

申论的给定材料不是支离破碎的材料堆积，而是材料的有机组合，看似一段一段材料的编号组接，其实蕴含着命题者事先预设的主要方向。例如，2008 年国考试题给定材料中关于“怒江开发问题”，尽管材料争论激烈，但应考者必须知道，给定材料的具体倾向性是什么。也就是说，应考者应在给定材料的倾向性、方向性前提下，灵活展开自己的论证，绝不可以背离方向性这一基本原则。为了更好地把握材料的方向性，应考者必须熟知一些治国理念、政策精神，如科学发展观、社会主义核心价值观、以人为本、和谐社会等。按照这些普适性原则，联系试题中提出的具体问题，紧扣题意，灵活作答，在方向把握上就不会有大的偏差。在申论考试中，应考者切忌抛开大政方针、治国理念、基本国策等，而专注于自己所谓的专业理念、个人嗜好、形而上观念等。

五、申论考试的命题

申论考试起初并没有实施分类命题，而是采用统一试题，按分数高低取舍人才的方法。为了满足不同单位对人才的多样性需求，出现了分类设卷申论考试。

（一）分类命题的依据

作为一种能力测试考试，申论主要选拔适合在行政机关工作的专门人才。但现实中，行政机关多种多样，级别不尽相同，城乡差异明显，高级别的行政机关对公务员能力的要求显然和基层单位所需要的公务员不尽相同。同时，考生也需要根据自己的实际情况报考不同级别的岗位。因此，采用分类命题考试形式，增强了考试的针对性，有利于选拔各级别、各职位考生，不但满足了不同单位对人才的需求，也实现了公平选拔人才的理念。基于现实的需要，申论考试的分卷、分级也就顺理成章地实施了。

（二）分级类别

现行的申论考试，根据考生报考的岗位实施两层级划分，即省级以上（含副省级）综合管理类和市（地）以下综合管理类和行政执法类。两类试卷在考试形式、试题结构、答题要求等方面没有实质性变化，不同之处主要表现在试卷的内容上。

根据申论考试大纲要求，省级以上（含副省级）综合管理类申论考核重点是阅读理解能力、综合分析能力、提出和解决问题能力、文字表达能力；市（地）以下综合管理类和行政执法类申论考试重点是阅读理解能力、贯彻执行能力、解决问题能力和文字表达能力。从大纲要求来看，省级以上（含副省级）综合管理类试卷突出考生的综合分析能力、提出对策能力、解决问题能力，市（地）以下综合管理类和行政执法类试题考查重点是考生的贯彻执行力与解决问题能力。显然，省级以上（含副省级）综合管理类考试难度要高于市（地）以下综合管理类和行政执法类。

（三）形成过程

为满足各类机关公务人才选拔的需要，国考申论分类考试改革经历了“分类命题”与“分类设卷”两个阶段。从 2007 年开始，国家申论考试实施按职位层级和类别分类命题，即一张试卷、两种题目组合，分别对应副省级和市（地）级两类考生。试题呈现“3+X”模式，即三道大题省、市两类考生作答，一道大题有两类考生分别作答。到了2010年，分类考试进入“分类设卷、分卷考试”新阶段，要求副省级以上和市（地）级以下考生分别作答不同的试卷，两类试卷在给定资料内容、主题、具体问题与作答要求上均有明显区别，分类考试模式趋于成熟。

（四）分卷特点分析

1. 从主题、内容深度进行分析

省级试卷明显高于地市级。尽管在出题时有意识地保持了两类试卷内容上的相似性和关联性，但区分度还是比较明显的，这从大作文上可以看出来。以2015年申论考试为例，省级以上（含副省级）试卷大作文主题是“科技的生命化”，市（地）级以下试卷大作文主题则是“人文让科学更精彩”。两者对比可知，省级考试的作文主题呈现出哲理化、抽象化特点，偏向政论体，更需要理论功底，易于考生在深度与广度上灵活发挥；市（地）级作文的主题则表现为具体化，偏向对策体，易于考生具体把握。

2. 从试题类型进行分析

试卷材料的数量、题量、分值也有所不同。以2016年申论试题为例，可以清楚地看出两者的不同，见表5-1。

表5-1 2016年申论试卷题型对比

考试类型	材料	第一题	第二题	第三题	第四题	第五题	作文字数
省级以上（含副省级）	6	归纳概括+提出政策（15分）	解释分析（10分）	应用写作（20分）	应用写作（20分）	大作文（35分）	1000~1200
市（地）级以下	4	应用写作（20分）	应用写作（20分）	归纳概括（20分）	大作文（40分）		800~1000

从表格统计信息可知，与市（地）级试卷相比，省级以上（含副省级）试卷考察全面，在题量、题型、大作文字数要求等方面都要高于市（地）级以下。特别是在综合分析类试题上，市（地）级以下试卷空缺，说明综合分析能力强弱是区分两种不同级别考生的重要考查点。

3. 从给定材料设计进行分析

省级以上（含副省级）试卷材料要明显多于市（地）级以下的材料，说明省级以上（含副省级）考试对考生的阅读能力提出了更高的要求。从材料的性质来看，省级以上（含副省级）考试材料内容多以观点型材料为主，对考生的理解能力、材料的穿透力要求较高；市（地）级以下各试卷材料则更多的是事实材料，便于这个级别的考生提出对策，贯彻执行。

六、申论写作能力及其培养

在申论考试中，“阅读”是基础，“写作”是关键，读与写结合，读与写的过程就是一个理论联系实践的过程。“读”一般着眼于认识，是从字、词、句、篇入手，进而达到悟意、积材、辨词、师法的目的。“写”一般着眼于实践，从观察、感受、认识入手，继而进入构思、选材、立意、布局，并运用一定的文章体式和恰当的语言文字概括主题，表述、论证自己的观点。因此，要顺利通过申论考试，考生应有意识地自我培养阅读理解能力、综合分析能力、提出问题和解决问题能力及文字表达能力。

（一）阅读理解能力

阅读理解能力是申论测试的第一要素。它是指通过阅读相关的文字资料，对其中的问题进行分析和概括的敏捷性与准确度。申论考试一般提供数千字的资料，2000 年阅读材料为 1600 字，2002 年阅读材料为 2500 字，2003 年阅读材料为 5100 字，2006 年阅读材料为 9000 字。要求在 40 分钟左右的时间内充分阅读材料、理解材料，用简洁的语言叙述出要点，这就要求考生必须不断提高阅读理解能力并掌握、运用相应的阅读方法。

提高阅读理解能力必须注意做到以下几点：一是注意平时广泛阅读。加大阅读量，积累知识。二是提高阅读速度。在短时间内阅读长篇材料没有速度不行，可以平时有意识地练习逐渐形成快速阅读。三是注意泛读和精读相结合。泛读只能是扫描式地浏览，以知其概要。在此基础上，结合写作要求找出关键内容，仔细阅读领会要旨，把握精髓，这就要求精读，并尽可能多地、有针对性地、多角度地读一些与申论考试相关的材料及相关文章。四是平时关注时事政治。申论测试是模拟公务员处理日常工作的能力测试，要求考生明确政府的职能、公务员应具备的素质，要求用公务员的眼光看问题、用政府官员的思路解决问题。要提高这种能力，平时必须从以下几个方面着手：关注媒体，了解最近发生的社会事件；关注政府采取的措施，揣摩相关文件资料的深刻含义；一事一议，及时总结处理此类问题的思路。

（二）综合分析能力

申论试卷提供的材料常常是散乱无序的，因此考生应具备较强的概括、归纳综合能力。综合分析能力是要求考生从给定的材料入手，在分析和综合的基础上找出规律性、本质性的东西，得出科学的结论。

综合是指把事物各个部分的认识有机结合，形成对事物整体的认识和思维；分析则是指把整体分解为部分进行认识和思维。综合和分析是统一思维过程的两个侧面，综合是从事物本身出发，通过事物内部联系把各个部分综合成整体；分析则是从对事物的外部观察和思维出发，深入到事物内部探求其本质。就思维的一般过程而言，分析理解是第一位的，综合概括是第二位的，先有分析，后有综合，而且综合与概括的质量如何，直接依赖分析理解的水平；而分析的结果又必须依赖综合概括表现出来。综合分析能力，就是把抽象的规定与复杂多样的现实统一起来，使概念或原理在思维中具体化的能力。培养综合分析能力，考生平时要从以下几个方面努力：提高抽象思维能力；多思考，多理论联系实际；分析材料要从不同观点、意见、事实之间的内在联系入手。

（三）提出问题和解决问题的能力

申论考试注重考察应试者解决实际问题的能力，前面所说的阅读理解和分析归纳最终也表现在提出问题、解决问题的能力上。公务员每天面对的就是许多具体的事务，对这些事务作出判断并很好地处理它们，反映了其能力的大小。这种能力具体可以分为处理一般事务的能力和处理突发事件的能力。“一般”和“突发”是相对而言的，公务员不仅要面对一般的日常事务，如各种会议、各种例行的简报、资料汇编等，还要应付各种突发事件。人类社会在发展、前行的过程中，总会遇到各种各样预料之外的突发性问题，如在各种天灾人祸面前，像洪水、地震、流行疾病、交通事故、瓦斯爆炸等。这两个方面在社会现实中常常是融合在一起的。

（四）文字表达能力

文字表达能力需要长时间的积累，考生必须在平时的工作、学习、生活中多听、多说、多读、多写。在准备申论考试的过程中，要有意识地加强语言文字表达能力的训练，只有反复进行写作，才有可能提高语言文字表达能力。

另外，应试者应准确掌握《党政机关公文处理工作条例》中关于15种公文适用内容和适用范围的规定，要在熟悉公文格式及行文规范的基础上进行各种公文的写作训练。

第二节 写作技巧

申论写作不同于一般文章写作，它是从政府角度阐述和评论当前重大事件和社会问题的议论文，所以在准确立意、确定结构等方面都有其特殊要求。申论写作的学习也是一项系统工程，需要考生全面把握写作所需知识和技巧，并在学习后自我检测，以使写作能力不断提升。这些学习目标，都可以通过专项备考学习来实现。

一、明确文章的立意

（一）立意要准确鲜明

立意是文章写作的核心，是在写文章时确定的文义。通常立意产生在写作之前，具体包含文章的思想内容、构思设想、写作意图等。

1. 立意的基本要求

1）亮明观点，态度鲜明

态度鲜明，是指在议论某种社会现象或问题时，赞成什么、反对什么、为什么要赞成或反对都要明确表态。对夹杂多种观点、大家议的问题，考生一定要表明自己的立场，不能模棱两可、似是而非。那种两边都有理的态度，看似公允，实为含糊，是不可取的。要想立意突出鲜明，就要做到观点清楚、态度明确。

2）三观正确，健康阳光

一个好的立意必须是健康正确的。正确的世界观、人生观和价值观是立意正确的前提。没有正确的三观，就不可能准确把握文章的主要思想倾向并由此进行正确的立意，因而也就不会有正确的中心思想和健康的思想内容。

3）选好角度，顺势展开

确立的文章主旨与命题的含义保持一致，不偏离命题的主要指向，中心才能准确突出。一个命题通常包含多方面的思想意义，经过全面、仔细的审察，可能会有多种立意、得出多个结论，而且可能都是正确的。但它们会有这样或那样的差别：或过于艰深，难于说透；或过于浅显，浮在表面；或过于狭小，难以展开；或过于宽泛，不易把握；或不够熟悉，无话可说；或缺少材料，内容空洞。各式各样的问题都会对写作效果产生影响，所以考生应当选取一个角度最佳、自己认识最清楚、有材料可应用的立意进行写作。

4）普遍联系，挖掘深意

立意是否深刻，要从以下两个方面考虑：

（1）对文章意义的挖掘是否达到了最深的程度。文题意义可以从不同的角度去阐述，也就是说可以有多种立意，但在多种立意之间，有深浅之分。只有将文题含义挖掘到最深的层次，才能使立意最为深刻。

（2）联系社会现实是否具有普遍意义。同一个命题，联系不同的社会实际，会引出深浅广狭不同的中心，只有联系社会上具有普遍意义的问题，才能找到最深刻的立意。

5）聚集一点，突出中心

申论写作的立意过于宽泛，容易造成文章内容空洞、漫无边际、抓不住中心，看似写了很多，结果什么也没有说清楚。特别是应试写作受时间限制，考生不可能对一个题目长篇大论、充分展开。这就要求立意要集中、单一，确定一个具体明确而自己又有话可说的论点，进行比较深入的论述，使中心集中突出。

要使中心集中突出，主要从以下三个方面入手：

（1）以小见大，中心单一。中心是文章的灵魂、材料的统帅，一篇文章只有从一个话题进行议论，才能指向明确。所以，每篇申论文章只有一个中心，并且始终围绕这个中心来写，这个中心确立的角度越小越好，要以小见大，才容易写作。

（2）多方提示，照应中心。明确的中心是写作的一面帅旗。为避免写作过程中出现跑题、偏题现象，在行文中应该注意不时地提示照应主旨。其方法主要有：一是用标题表明中心主旨；二是在文章开头部分，用独立的一句话亮明中心主旨；三是用三个分论点展开论述中心主旨；四是结尾呼应中心主旨。

（3）表述清晰，中心明确。申论文章中存在这样一种情况：中心的确立符合单一、集中的要求，但是如果不能清晰地去表述，也可能使中心不明确、不突出。所以一定要注意表述清晰。

6）破除定式，立意新颖

申论写作主要要求考生针对各种社会现象发表看法。其中很多现象在社会上已有定论，且被人们普遍接受，但如果换个角度来看，也许就能提出与众不同的观点和感悟。所谓新颖，其实就是指确立的中心不落窠臼，能见人之所未见，发人之所未发。这就需要考生在审题时破除思维定式，善于运用各种技巧，对问题进行多方求异的立体思考。这是高层次写作能力的体现，运用得好，就能使文章脱颖而出。

当然也要注意，不要为新颖而新颖、为求异而求异，而要在命题准确的范围内，在合理的前提下求异求新，以免弄巧成拙。任何新颖的立意，都应是由材料本身引发的，不是无中生有，不是故作惊人之笔。

2. 确定立意的基本方式

确定申论文章的立意，要把申论材料和作答要求结合起来，综合运用背景知识，准确理解题目和材料的提示，选择一个自己最易把握、最能写出内容的角度，正确地确定文章的中心论点，继而结合申论材料以及自身的知识储备拟制出各个分论点。

1）精读题目

从近几年的申论考试来看，文章论述题通常都会对文章的标题、主题、立意依据等做出一定的限制与说明，这对考生确定文章的论点有提示作用。为此，考生在确定立意时，第一步就要读题目，找到对写作有提示作用的核心内容。

2）挖深材料

申论文章的论点立足于材料，因此考生必须要在精读题目之后深挖材料，找到与写作相关的各类信息，以进一步明确文章立意。鉴于申论材料字数较多，不可能逐字细读，所以通常采取以下两种方法阅读材料：

（1）归纳材料大意。材料包含的信息量很大，为在较短时间内把握材料的主旨思想，可以通过归纳材料大意明确是否详读，这样有利于快速筛选有效信息，进而确定文章立意。

（2）找材料中关键句。一般来讲，材料中会有一些同写作主题关系密切的关键句，如画线语句、政策权威表述、观点性语句等，这些关键句能帮助考生理解材料观点和思想，对确定文章立意具有指导性作用。此外，材料中还可能出现主旨句，即概括材料内容、思想的一句话。考生需准确把握主旨句的含义，从而确定文章的中心论点。

3）巧用常用角度

总论点和分论点要来自材料，有的时候是直接发现总论点，通过分析得出分论点；有的时候是发现分论点，通过总结得出总论点。提出论点的常用方法：

（1）横向分解法：从不同的角度横向展开分解总论点。围绕“是什么”展开，是从不同方面对总论点进行价值判断，揭示其基本属性。围绕“为什么”展开，是把总论点作为结论，透过现象深入本质，揭示问题产生的原因，从而形成分论点。围绕“会怎样”展开，是把总论点确定为一个带有行动性的命题去推想，这一行为会带来怎样的结果、会有什么样的意义或影响。围绕“关乎谁”展开，是先将总论点转化成一种行为、思想，再看这种行为、思想涉及哪些人、事、物，然后把这种行为、思想与相关的人、事、物之间的关系具体列举出来作为分论点。

（2）纵向延伸法：按照由浅入深、由表及里等顺序层层递进，逐步深入地认识事物的一种思维方法。

（3）正反对照法：将两种不同的事物或同一事物的不同方面加以对照比较，从正反两个方面提出分论点，有时还需要进行适当总结。

（4）辩证分析法：对总论点中涉及的多个主体之间的关系进行分析，从而提出分论点。

3. 确保立意准确的要求及方法

立意准确是申论文章最基本的评分标准。一篇立意不准确的申论文章，即使内容充实、文采斐然，也只能归入最低档次。因此，确保文章立意准确是考生写作时首要解决的问题。

1）立意准确的要求

（1）总论点紧扣材料主题。文章立意准确，首先要求总论点要紧扣材料主题。申论文章本质上是材料作文，它要求考生在申论材料的基础上写作。申论材料虽然篇幅大、内容多，但是都围绕着一个中心，即材料的主题。申论材料的核心内容集中表现在材料主题上。因此，申论文章的总论点只有建立在材料的主题上，才能确保它的正确性。符合材料主题是申论考试对申论文章的基本要求。

（2）观点正确。申论文章的观点要符合事物发展的规律，经得起实践的检验。申论考试是录用政府工作人员、模拟政府具体工作的考试，必然要求应试者从政府立场出发思考问题，因此考生提出的观点必须符合官方看法、政府意志，并同中央政策精神保持一致。

社会主义核心价值观作为我们国家的灵魂，对社会的精神价值导向、秩序维护运转起着统领整合的作用。观点符合社会主义核心价值观也是公务员的基本素质。通常，只要文章确立的观点和申论材料的核心观点相契合，就可以基本确定它们的正确性。当然，考生在利用材料以外的内容时，也应注意其是否和材料主旨一致，不一致的观点不出现在文章中。

2）立意准确的方法

立意准确需要紧扣材料主题，而且要符合客观实际，符合官方看法和主流价值观，而材料中的主题一般都是符合这一点的，这两点殊途同归。那么，立意的第一步就是找出材料的主题，确定材料主题的方法有以下两种：

（1）吃透申论材料。挖材料找出主题，包括两种情况：一是申论材料中每则材料涉及的是同一个问题，此问题就是材料主题，这是一种最为简单的申论材料形式，基本方法是分析每则材料所阐述的问题。二是不同的材料针对的是不同的问题。考生需要找到各则材料的共同点，再根据共同点确定材料主题。

（2）弄懂作答要求。文章论述题会围绕特定主题设置问题进行考查。因此，除了申论材料外，作答要求也会涉及材料主题，这是找材料主题的另外一条辅助渠道。通过阅读作答要求，从关键词也能判断出申论材料的主题，从而明确文章立意方向，但作答要求很难体现出材料的核心观点。因此，作答要求只可用来辅助考生进一步明确文章主题，考生不能仅仅依据作答要求来确定文章主题。在申论考试中，文章论述题的题目，有时会直接对文章的写作主题提出要求。

4. 保障立意鲜明的要求及方法

依据材料的主题，综合各种因素最终确定文章的总论点，是申论写作的第一步。总论点，既要紧扣材料，符合主流价值观，又要做到立意鲜明。

1）立意鲜明的要求

鲜明的总论点是考生立场坚定、观点明晰的表现，能让阅卷者一眼抓住文章的核心。鲜明的总论点主要表现为明确、唯一。

（1）总论点明确。总论点的表述要确定无疑，支持或反对都应当旗帜鲜明、斩钉截铁，不能模棱两可、含糊不清。用简明的语言直接陈述是保证总论点明确的一个最简单易行的方法，比如使用“解决……问题的关键在于……”类似的表述。考生应尽量避免在总论点中使用比拟、设问、反问等修辞手法，以免造成误解。

（2）总论点唯一。申论文章只有1000字左右，这么短的篇幅要想论证充分，只能围绕一个中心进行深挖详论，只能服务和支撑一个核心观点，这样才能议得清、论得明。考生如果在文章中涉及多个主题，只能得到哪个主题都讲不清、道不明的结果。

2）立意鲜明的方法

（1）专攻一点。在多方面论述的问题上专攻一点，如和谐社会怎样建设，可以专就幸福民生这一点展开论述，也可从提高政府构建和谐社会的能力这一方面展开论述。专攻一点，要善于从不为常规思维所关注的独特角度去观察和思考事物，见人所未见，发人所未发。申论给定材料，会围绕主题，通过案例、学者观点、直接陈述等方式列举大量问题、观点和对策经验等，这些都为考生们选择一个小角度立论提供了思路。例如，“小伙下车扶老太太引来官司”，常规观点多从法律与道德的关系、审判中是否可引用对被告不利的自由心证等角度展开议论。如果注意到老太太是不守排队乘车的秩序、车未完全进站就争抢上车而被撞倒的，由此立论，自然就有了与众不同的切入点，就会在众多相似的观点中脱颖而出。

（2）开放思维。开放思维是指打破思维的条条框框，使人在不断和外界、周围环境发生信息交换中对思维进行调解、校正的思维方式。在申论文章立意中运用开放思维就是要在遵守题目要求和不偏离给定资料所反映主题的前提之下，打破陈规旧俗的约束，突破传统思维和固有模式的限制，广泛展开联想，从新的角度切入主题，使文章体现新意。例如，关于公共安全的文章，需要运用开放思维进行联想。当前，我国存在哪些方面的公共安全问题？怎样有针对性地应对公共安全事件，提高政府的危机处理水平？作者求新意，可能想到网络安全问题，如计算机病毒、木马程序、钓鱼交易等，从加强网络监管和防范的角度立意，确实也能体现一定的新意，但没有抓住题意——公共安全的本质。这种联想是与作答对象关联性不强的非本质联想，联想的结果不能准确实现作答的目的，如从强化网络安全方面立意，就会跑题。另一种联想是以突发的安全事件切入，如 2020 年春节新冠肺炎疫情暴发给国民健康和生活安全带来巨大危害，立论阐述政府应如何保障公共安全。以应对新冠肺炎疫情为具体的话题切入点，可以提出增强政府危机管理能力，提高政府处理危机水平等应对公共安全问题的具体措施，不仅切题，而且角度新颖。通过最新产生的事物、最新发生的事件、最新出现的问题进入话题并展开立意，是最容易提出新意的，前提是这种联想一定要符合作答对象的性质、符合题意要求。

（二）总论点与分论点相得益彰

文章没有中心不行，但若只有中心也万万不行。中心思想也就是总论点，一句话就能概括，但总论点还需要靠各分论点来支撑，分论点是从属于总论点并为阐述总论点服务的，他们的价值就在于让浓缩在总论点中的意思充分表达出来。考生写作时需将总论点展开为几个分论点，使其作为支柱共同支撑总论点，让总论点立得住、站得稳，总分论点相得益彰。

1. 论点的内在要求

论点就是文章所要议论、阐述的观点，是作者要表达的看法和主张。论点的提出和确立要注意以下四点。

1）论点要明确、集中、专一

（1）在申论作答中，一篇文章只能有一个主题、一个中心论点。总论点下可以有分论点，但却不可以有两个并立的主题和中心论点。刘熙载在《艺概》中有言：“主意要纯一而贯摄。”文章要以单一论点统摄全篇，从头到尾围绕一个问题进行分析和阐述。例如，“论公务员精神”这样一个题目，如果从行政伦理、职业道德、社会公德、公共关系、个人品质及各方面同时立论，既谈“为民请命、为民做主”，又谈“遵守纪律、服从领导、为上级分忧”，既谈“应做社会表率、与同事团结共处”又谈“俭以养德、廉以修身”等，论点就太分散，形不成一个中心论点，主题就不突出，也不能更好地切中“公务员精神”这一题目。此文章立论应抓住“精神”前面的“公务员”这一特定对象，公务员主要是从事公务活动、为公众服务的，论述公务员所应具备的精神主要应从行政伦理和职业道德的角度切入。在申论的有限篇幅内，考生应专攻一点，即“更好地维护公共利益，更好地实现公众意愿、要求和利益，更好地为公众服务”，简洁的说法就是公务员要为人民服务。

（2）立论要集中，除了避免出现多个中心论点，还要避免空泛，尽量缩小论点的涵盖范围。例如，命题是“从语言文字是一个民族文化的重要组成部分谈起”，如果论点确定为“提高全民族的文化素质”，立意面就过宽，论述易流于空泛，且容易偏离题意。正确的立论应从特定群体，如公务员应具备的知识结构入手，将论点定为“提高公务员的阅读和文字表达能力”，这样就准确地体现了题意，也容易展开论证，观点会比较有说服力。

2）论点要正确，符合官方看法、主流意志

申论考试模拟的是施政行为和公务活动，身份决定立场，立场决定观点，公务员身份决定了考生作答的观点必须正确，在当前的现实环境下，就是符合主流意识形态，服从政府的主流意志，同党中央精神、各级党委政府决策保持一致。

3）论点要深刻，立论的层次、论点的理论和道义层次要高

申论文章在立意时，应尽可能提出层次更高的论点，在多个备选论点中选择层次最高的一个。如要论证证人不作证问题的危害，解决这一问题的必要性，虽然可以从“道德义务是公民应承担的社会责任”起笔，但比较之下，“维护司法公正，进而促进公平正义，最终促进社会和谐”的观点显然对问题的认识更深刻，理论和道义的高度更高。两相权衡，自应把“证人不作证妨害司法公正，推动证人作证必将促进和谐社会建设”作为论点。立意并不是可以任意拔高的，不能脱离材料、曲解材料、不切实际。

2. 分论点围绕总论点

如果总论点是圆心，那分论点就是圆上的各点，必须围绕总论点来论述。围绕总论点提出分论点时，要注意三个方面的问题。

1）分论点要支撑总论点

分论点承担着论证和诠释总论点的任务。因此，分论点一定要支撑总论点。如果总论点是抽象、概括的，分论点就要具体、详细。分论点不可高于总论点，也不可与总论点平起平坐。

2）分论点之间界限要清晰

分论点之间界限清晰，包括两种情况：一是每个分论点只讲一个角度，不能将两个或两个以上角度放到一个分论点中论述。二是分论点在内容上不能有交叉，即分论点之间不能存在包含和被包含的情况。

3）分论点要有一定高度

分论点从属于总论点，论述的问题比总论点小而具体、详细。但分论点是文章的重要组成部分，分论点有高度就会提升文章的整体高度，因此不可过具体细致。例如，文章总论点为“充分发挥人才作用，推动经济社会发展，实现民族复兴”，如果分论点为“充分发挥人才的作用，需要高等院校注重实践教育，推动人才动手能力”“充分发挥人才的作用，需要组织部门修改考核制度，选拔真正有用人才”“充分发挥人才的作用，需要当地政府提供生活补助，海纳百川吸引人才”，就显得过于琐碎，难以体现认识高度。考生要对分论点适当提升，将这三个分论点改为“充分发挥人才作用，需要教育改革育人才”“充分发挥人才作用，需要确定标准选人才”　“充分发挥人才作用，需要打造环境聚人才”，在具体论述中，再把细致具体的对策措施融入进去，这样可以有效体现考生的宏观概括能力。

3. 提炼分论点的技巧

1）从材料中提取

提出分论点最简单的方法就是从材料中提取。申论给定资料内容丰富，为考生能提出分论点提供很多参考。例如，给定资料的内容一般都会围绕某一问题，就其表现、意义、影响、对策以及与其相关联的问题进行具体描述，这些内容都可以作为考生在提出分论点时的参考。

2）控制分论点数量

申论文章写作的字数一般要求在1000字左右，这么短的篇幅，除去开头和结尾，留给论证分论点的字数已经很少了，如果分论点超出4个，那么每个分论点想要做到论述深刻，无疑是天方夜谭。一般情况下，申论文章的分论点数量应保持在2~4个，这样才能基本保证每一个分论点有相对足够的论证篇幅，这是论证深刻的必要前提。

3）点出深层次问题

假如现在要求写一篇以“旅游业发展与旅游资源保护”为主题的文章，分析以下两个分论点设置方式。

第一种：三个分论点分别为“改善旅游观光内容同质化问题”“改善旅游行业欺客问题”“改善游客破坏旅游环境问题”。

第二种：三个分论点分别为“改善旅游资源重复开发，无序竞争问题”“改善旅游行业管理缺位问题”“改善游客旅游资源保护意识低下问题”。

通过对比，可以判断出第二种分论点设置是优于第一种的，原因在于：第一种的三个分论点都流于具体问题的表面；第二种则透过这些具体问题做了更深入的思考。旅游观光内容同质化的背后，隐藏的是旅游资源重复开发、竞争无序的问题；旅游行业欺客则是旅游行业管理缺位的问题；游客破坏旅游环境问题的原因是游客缺乏旅游资源保护意识，自身素质有待提高。第二种分论点设置在探究出根本问题的基础上，提出了三条具体有针对性的措施。这个例子提示考生，在提出分论点时一定要深入分析，判断自己是否已经触及了问题的本质、点出了深层次含义。

4）具体、充分论述分论点

“具体”是相对于笼统而言的，“充分”是对比不足来说的。在考生所写的申论文章中，“假大空”式的文章出现率极高。分论点论述不足、笼统是造成这一问题的重要原因。具体论述分论点，是要求考生的论述要有针对性。充分论述分论点，是要求考生的论述要完整，提出分论点的原因、具体要求以及影响，这三部分是考生在实际应用中可以尝试的，每一部分是否都需要在论述中有所涉及，有待考生具体问题具体分析。可参考以下两种方式：一是原因+具体要求；二是详细的“理由”阐述。

5）积累素材，丰富分论点

“丰富”在申论文章中的含义，就是考生依靠自身的知识积累，令文章的分论点论述锦上添花。能发人之未发，也是分论点深刻的重要体现。考生在平时复习过程中要注意积累以下材料：一是中央领导人针对某一问题提出的重要指示和讲话；二是有代表性的真实事例。

二、搭建文章的框架结构

（一）文章结构要完整

结构是文章的骨骼，是文章部分与部分、部分与整体之间的内在联系和外部形式的统一。完整，是申论考试对文章结构提出的最基本要求，结构不完整是文章被判“死刑”的原因之一。一篇结构完整的申论文章应包括标题、开头、主体、结尾四个部分，缺一不可。

1. 标题引人注目

文章的标题，犹如军队的旗帜、店家的招牌，即将文章的主题、体裁、写作对象宣示于众，使读者未见先知，又约束、限定和统摄全文的内容，要求文章准确体现标题所代表的精神主旨、思想内涵，此即所谓文要切题。文章的标题既要突出内容，也要体现形式。

1）基本要求

申论文章标题应符合三个基本要求：

（1）语言简明精炼。标题不宜过长，因此语言要简明精炼，具有高度的概括性。拟定标题时，应力争用最少的词句表达出文章的中心思想。简明精炼的具体表现有两点：一要简单明白；二要包含必备的信息。

（2）反映材料主题。标题要能够较为明显和直接地反映出材料的主题，就应该有与材料主题相关的关键词。如结合习仲勋《贯彻司法工作的正确方针》的讲话，围绕“群众路线和美好生活”这一主题写一篇文章时，文章标题就应体现这一主题，即在标题中用上“群众路线”和“美好生活”，那么标题可以拟为“坚持群众路线　铸就美好生活”。

（3）体现文章总论点。标题应该对文章总论点有所体现，这样可以使阅读者通过标题看到文章的核心思想。类似“地域歧视之我见”这样的标题，并未在第一时间亮出文章的总论点，考生在考试中应该尽量避免使用。

2）标题的分类

申论文章的标题可分为常规型标题和技巧型标题两种。

（1）常规型标题。其优点在于稳妥性好、可靠系数高。如此拟题十拿九稳，虽然不会在标题上得高分，但可保证不出错。尽管拟写的是常规型标题，但考生仍然要扣准立意，把标题与文章主题结合起来，否则就不符合拟题的最基本要求。

（2）技巧型标题。它与常规型标题相比，除了贴切、鲜明、精炼等要求外，还要做到形象生动。生动的标题能够让人眼前一亮，同时使文章更加具有新意和活力，在抓住读者眼球的同时，让人有继续阅读的兴趣。

技巧型标题大体说来，主要包括运用特殊结构的标题和比喻式标题两种形式。运用特殊结构的标题主要有以下三种。

并列式：选定几个意义相近或者存在一定逻辑关系的词语，将其并列构成标题。

对仗式：在高水平文章、领导讲话稿中用得较多，是由并列式标题发展来的，标题前后两部分并列，每个部分含有的语素对称，甚至前后句子与字、词与词之间对仗，平仄协调。但一般情况下，只是语素形式和词语意义的对称，不要求严格对仗，符合一般政论文章标题的特点即可。

主标题+副标题：除题目要求中给出副标题的情况外，一般提倡单层标题，如果考生要用主副标题，那么主标题最好是名言警句，而且简短、精辟，副标题则要概括文章的主旨。

比喻式标题中比喻的主要作用在于变抽象为具体、变深奥为浅显、变陌生为熟悉，再利用形象思维的同时，使遣词造句更加委婉，意味深长，以此调动读者的想象，让其体会到作者所表达的意思。用比喻形式来表现标题中的某一个或某几个要素，可以增强标题的表现力，使文章更具吸引力。

3）拟题的方法

（1）结合文章总论点。标题要对文章总论点有所体现，这提示考生标题可以化用文章总论点，即以更精炼的词语概括文章总论点，以此作为文章标题。例如，文章的总论点是“只有坚持执法为民，才能构建社会主义和谐社会”，即可提取其中最能体现文章核心观点的关键词“执法为民”和“和谐社会”，拟制出标题——“以执法为民奏响和谐乐章”。这种方法的好处是拟出的题目必然紧扣材料主题和文章核心观点，规避了跑题的风险。

（2）总结文章分论点。这种方法适用于分论点较少的情况，可提取各分论点中的关键词，再加工组合成标题。从分论点中拟标题的好处是，拟出的题目会包含较为充足的信息。

（3）化用名言警句。其前提是名言警句的内涵符合文章核心思想且含义运用正确。名言警句主要有两种使用方法：一种是使用原句，并添加副标题。如“水流心不静　云在意俱迟——放慢脚步　培育理性心态”。另一种是将名言警句与文章核心思想相结合，做适当修改。例如，“诚以养德　信以修身”化用了“静以修身，俭以养德”这句名言警句，再如“土之不存　人将焉附——保护耕地资源是确保粮食安全的根本”化用了“皮之不存，毛将焉附”。化用名言警句可以丰富标题的语言表达形式。

2. 开头精彩纷呈

开头，即文章正文第一段。

1）“凤头”

文章的起笔要不凡，有特色、文采，令人一见钟情、过目不忘，让读者在看文章开头就吸引了其注意力，让其有一睹全文的欲望。同时，还要掌握一个基本原则：开头必须是文章的一部分。具体来讲，就是开头论述的内容要与文章总论点有关联，用华丽辞藻堆砌出来的万能开头是万万不可取的。因此，一个好的开头，应该具备两点：

（1）内容实际。文章的开头要为文章总论点服务，无论是引出总论点，还是直接提出总论点，文章的开头要有实际内容，要让阅卷者一读便知晓文章围绕的主题是什么。这一点是开头的硬性规定。

（2）语言优美。开头的语言最好有适当的修饰体现文采，尽量不要平铺直叙，这样才能吸引阅卷者，给阅卷者留下好印象。

2）开篇论道

文章的开头并没有什么固定的模式可以遵循，可以参考借鉴以下四种形式：

（1）开头提出总论点。开门见山，文章开篇以总结分论点的形式提出总论点。

（2）开头引经据典。通过引用名人名言、著名诗词、领导人讲话、党和政府文件等引出文章主题，引经据典式的文章开头可以很好地提升文章的文采。

（3）开头以例入题。引用一则与文章主题相关的实例并进行简要论述，引出文章主题。

（4）开头阐述背景。开头先交代主题的背景，包括现状、主要问题、重要影响等。

纵观经典开头，多是从大处着眼、小处着笔，按照起笔高悬的原则，在文章开头用最醒目的语言提出总论点。高层立意，结合语言表达上的适当策略，就能增强说服力和感染力给阅卷者一个好印象，对引出下文也有非常积极的意义。

3. 主体论述充分

文章的主体部分，即总论点的具体论述部分。在文章具体论述过程中，结构上要注意论述严谨、条理清晰、详略得当，内容上要注意论证充分，语言上要注意表达灵活。

4. 结尾简洁明快

结尾，即文章的最后一段。

1）“豹尾”

结尾与开头的要求类似，不仅要简洁明快、引人注目，而且要与文章总论点有关联，同时也要与文章开头相照应。申论文章的结尾，应当做到以下几点：

（1）体现总论点。文章结尾可以不像开头一样有实际的内容，但结尾仍是文章的一部分，要对文章的总论点及核心观点有所体现，这样才能给阅卷者留下中心突出、结构完整的良好印象。但考生需注意，体现文章总论点不是照抄总论点，而是要对总论点作更进一步、更深刻的论述与阐释。这一点是文章结尾的硬性规定。

（2）要言不烦。结尾是给阅卷者以最后的、决定性印象的部分，更应该言简意赅。文章结尾尽量保持在 150 字左右。

（3）照应开头。文章开头结尾相呼应，更能体现出文章的整体性。但要注意的是，首尾呼应不意味着结尾可以摘抄甚至照抄开头，而应对开头的核心思想加以升华。

（4）忌空喊口号。结尾喊口号是可以的，但不可只空喊口号。申论文章的结尾可以基于实际论述的需要进行一定的展望，但如果只有“让我们为……而拼搏吧！”“我们要为……而奋斗！”这些口号，则使结尾乏味至极，给人底气不足的感觉。

2）鸣金收兵

结尾，既要当机立断、果断收兵，又要亮点突出、高调鸣金。结尾可从以下三个方面入手：

（1）根据论点写结尾。结尾要体现文章论点，意味着结尾可化用总论点，即对总论点进行升华，或者对全文的分论点进行总结、强调。考生需要注意，如果文章开头已经采用了开宗明义的写作方法，即开头已经提出了总论点和分论点，那么结尾不可使用这一方法，以免造成前后重复。根据论点写结尾的好处是可以保证文章结尾与前文的连贯性和整体性，充分体现出结尾对全文的收束作用，可以更好地总结全文。

（2）根据开头写结尾。由结尾照应开头，总结出结尾，即根据开头的具体内容推写结尾。

（3）结尾表达感情。结尾处可以针对文章主题抒发感情，以增强文章的感情色彩。抒发感情可以展望未来，可以鼓舞斗志，可以坚定信念，也可以发出号召。但需注意，无论结尾表达什么样的感情，其感情基调都必须是积极向上的，不可表达消极情绪。

（二）文章结构逻辑严密

1. 逻辑严谨

申论文章逻辑严谨，主要表现以下两个方面：

（1）各部分过渡自然。一篇好的文章应当是一气呵成，开头、主体、结尾三部分联系紧密、过渡自然，文章各部分之间最好有承接上下文的语句。

（2）文章整体具有内在逻辑。文章先说什么、再说什么、最后说什么，要符合人们正常的思维方式、思维顺序。一般来讲，提出问题、分析问题、解决问题这一写作顺序是申论文章应该具备的内在逻辑要求。具体而言，文章段落之间应符合由表及里、由此及彼的逻辑关系。例如，文章全文分析了问题产生的原因，如果后文要提出对策，那么提出的对策应当针对前面提出的原因，否则前后文就缺乏联系，逻辑必然不严谨。再如，文章要驳斥一种观点，那么就要先论述这种观点是什么，再对其进行分析和驳斥。

2. 前后照应

逻辑严谨的文章前后内容必须会有一定的照应。常见的加强前后照应的方法有以下两种：

（1）加强正文与标题的照应。标题是文章主题的体现，而正文也要围绕主题进行论述，因此加强正文与标题照应，也是加强文章逻辑性的方法。加强正文与标题照应的一个基本要求是，正文中要多次出现与标题相关的关键词，使文章正文与标题的紧密关系一目了然。

（2）加强正文之间的照应。要求后文的论述要以前文为基础。例如，前文提出问题或问题产生的原因，后文要针对这些问题和原因提出措施，即后文提出的措施要能够解决这些问题、应对问题产生的原因。如前文提出了解决问题的总体要求、基本原则，后文要以此为指导，提出具体要求和措施，即后文的要求和措施要包含在前文要求、原则的范围内。

（三）文章结构脉络清晰

一篇好的申论文章，在结构方面不仅要做到完整、严谨，还要做到条理清晰。调理，即脉络、布局、层次。清晰，即清楚、明晰。条理清晰，简言之就是指申论文章的脉络要清楚、布局要有序、层次要鲜明。

1. 脉络清楚

人们对事物或问题的认识有一个循序渐进、由浅入深、由表及里的过程，申论文章亦如此。因此，申论文章一定要有清晰的脉络，要按照正确的逻辑顺序组织安排文章的段落。申论文章通过论述某个问题来阐明某些道理，本质上属于议论文。议论文的一般写作思路是“提出问题—分析问题—解决问题”，考生可按照这一宏观的逻辑顺序行文，以达到使文章脉络清楚的目的。

2. 布局有序

按照“提出问题—分析问题—解决问题”这一宏观的结构框架实现了文章脉络清楚，接下来还要对这一脉络进行加工、完善，使其在微观结构上更加有序。根据文章的不同展开方式，可将申论文章分为分析问题型、解决问题型、论证 A 与 B 关系型、评论型四类结构。这四类结构不仅能使申论文章脉络清楚，而且能使各个段落间形成严密的逻辑关系。

1）分析问题型结构

分析问题型结构是将分析问题作为文章重点论述的一种结构，其结构如图 5-1 所示。

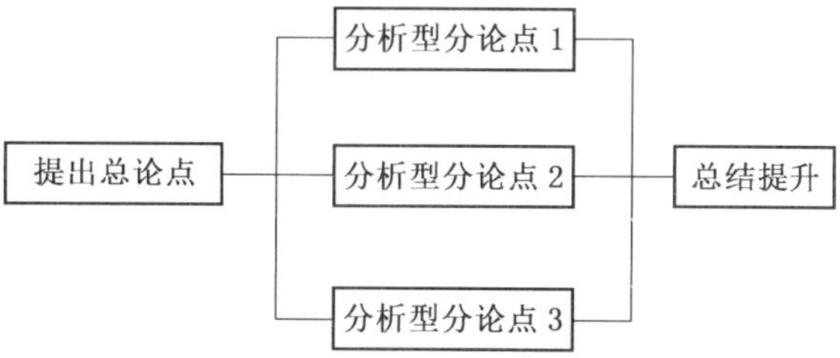

图 5-1 分析问题型结构

具体来讲，分析问题型结构就是首先针对问题提出总论点，其次提出分论点并对问题进行详细分析，最后对文章进行总结提升。

2）解决问题型结构

解决问题型结构是将解决问题作为文章重点论述的一种结构，其结构如图 5-2 所示。

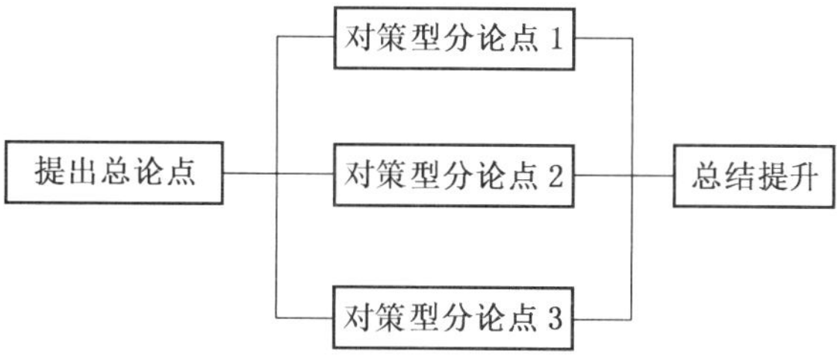

图 5-2 解决问题型结构

解决问题型结构，首先要针对问题提出总体对策，然后根据总体对策提出具体对策。

对问题的影响、原因或必要性的分析，可以在提出分论点时分别论述。文章结尾处要对全文进行总结提升。

3）论证A与B关系型结构

使用论证A与B关系型结构的前提是存在两个个体（观点），且个体（观点）之间存在一定的关系。其结构如图5-3所示。

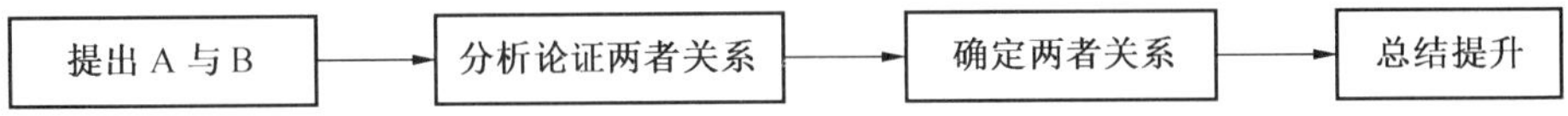

图5-3 论证A与B关系型结构

论证A与B关系型结构，首先要将两个个体（观点）明确点出，其次在把握不同个体内涵的基础上，对个体（观点）之间的辩证统一、是非取舍、并列并存等不同关系进行分析和阐释，然后确立个体（观点）之间的关系，结合结论、实际进行阐述，最后文章结尾部分要对前文进行总结和提升。

4）评论型结构

评论型结构重在分析说理，一般来说，若文章需写为评论型，则题目或材料会给出一个观点（一句话），让考生去评议。根据观点（句子）的正误，可以将其分为立论文和驳论文，其结构如图5-4所示。

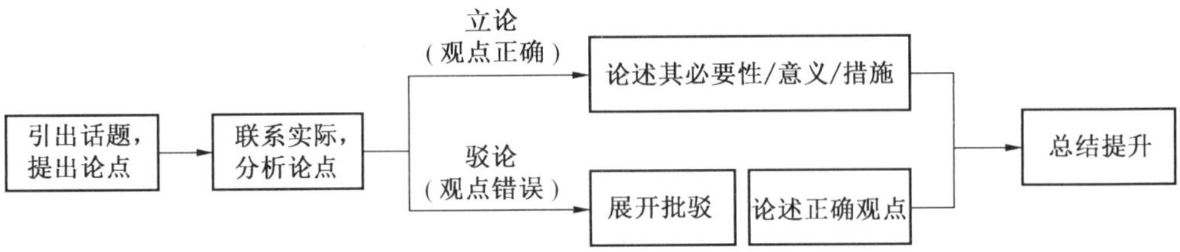

图5-4 评论型结构

（1）立论文：重在从正面论证观点的正确性，形式灵活，对于考生的写作能力要求较高。阅读题目或材料给出观点（句子）后，首先要引出话题，亮明观点；其次，要结合材料，联系现实，对观点进行分析（这一步可根据观点的复杂程度，酌情考虑是单列一段，还是与开头合并）；再次，深入核心展开论述，通过阐述其必要性、意义、措施等，证明其合理性；最后，在结尾处对全文进行总结提升。

（2）驳论文：写作前提是存在一个错误观点，且这一错误观点是材料或题目中明确出现的，考生不可凭空树立。对于错误观点的批驳，逻辑性一定要强，才能拨乱反正。阅读题目或材料给出观点（句子）后，首先要引出话题，亮明观点；其次，要结合材料，联系现实，对观点进行分析（这一步可根据观点的复杂程度，酌情考虑是单列一段还是与开头合并）；紧接着，对其展开批驳、分析其不合理性，继而对正确观点加以论证；最后，在结尾处要对全文进行总结提升。

3. 层次鲜明

若按照前面提到的四种结构进行写作，文章基本上能满足层次鲜明这一要求。需要注意的是，文章的层次并非越多越好，亦非越少越好，要把握好度。

（1）简化文章层次。申论文章一般字数限定在1000字左右，篇幅较短，因此在具体行文时应尽量简化文章的段落层次。唯有如此，方能集中笔墨论述各个分论点，进而更好地为总论点服务，使文章深刻、生动。

（2）主体不可不分段。强调申论文章要简化层次，并不意味着层次越少越好。开头—主体—结尾各一段的老三段式结构用在申论文章中不能体现清晰的结构脉络，一定要摒弃。一般情况下，除去开头、结尾，申论文章的主体部分以三个自然段为宜。

（四）详略得当，重点突出

1. 详略得当

详略得当是申论文章写作结构方面的又一要求。在写议论文时，为了把道理阐述得更加深入透彻，往往需要对论点进行多方论证。在布局文章结构、具体安排各部分内容时，不能搞平均主义，而要因文制宜，根据论证论点的需要，在坚持结构完整、条理清晰、准确严谨的基础上，做到详略得当、疏密相间。

1）详略得当的含义

详略，即详细、简略；得当，即适当、恰当。所谓详略得当，出自《荀子·非相》中的“略则举大，详则举小”，意思是应当详细和简略的地方都处理得十分恰当。申论文章本质上属于议论文，应以论理为主，目的在于阐述某种道理，宣扬某种主张，所以议论部分应详写。能突出、论证文章中心论点的部分可大笔铺陈、浓墨重彩，即详写；与文章中心论点关系一般的内容，可淡笔轻勾、惜墨如金，即略写。如此，方能使文章浓淡相宜、中心突出。

2）详与略的关系

在一篇申论文章中，详写和略写是对立统一、相辅相成的关系。没有“详”，就无所谓“略”；没有“略”，也就无所谓“详”。详写和略写是两种互为补充的表达方法：一方面，详写的内容必须是主要的，次要的内容不能详写；另一方面，详写必须有略写配合，略写补充详写，使文章繁简适当、重点突出。

因此，文章写作疏密相间，不仅能使主题突出、中心分明，而且能使文章虚实相生、错落有致，达到匀称和谐的境界。否则，势必造成文章主次不明，令阅卷者无法把握重点。

2. 确定文章详略的方法

理解了何为“详略得当”，明晰了“详”“略”之间的关系，那么一篇申论文章，哪些部分应该详写，哪些部分应该略写，又该如何去确定呢？下面介绍两种方法：

（1）由试题要求定写作详略。在申论考试中，作答要求往往对文章的写作主题、文章体裁有所限定，暗含了写作的重点，而重点恰是要详写的部分。

（2）围绕论点定文章主次。论点是文章的灵魂，详略必须为论点服务。围绕文章的论点选择材料，还要围绕文章的论点区分这些材料的主次。因此，文章内容详略的选择标准就是为论点服务。以文章《管理与服务》为例，将“管理与服务”作为标题，可以兼顾文章总论点：管理与服务，实质是一个相辅相成的整体。也就是说，管理与服务是相互促进的，要兼顾二者之间的关系。因此，二者之间的关系应该为写作重点。

文章首段运用正反两组现实对比，精要地引出管理与服务的关系。第二段简略分析社会上普遍存在的“重管理、轻服务”思想所导致的问题，进而指出“政府急需努力平衡管理与服务二者的关系，在服务中实施管理，在管理中体现服务”。第三段则重点分析二者之间相辅相成的关系。第四段提出统筹兼顾二者关系的对策，指明解决问题的方向，为中心论点服务。结尾再次点题，指出要在社会管理工作中平衡管理与服务的关系。这样既做到了详写突出中心论点，略写补充中心论点。

3. 安排文章详略的注意事项

详略得当，理解起来简单，但实践起来并非易事。绝大部分考生的申论文章，都会或多或少存在详略不当的问题，一方面是由于基础不牢固，另一方面是由于走进了详略不当的误区却不自知。因此，应注意以下三点：

（1）正确判断文章主次。分析文章内容主次是前提，主要部分详写，次要部分略写，切勿本末倒置。仍以《管理与服务》为例，文章首先简要地点出“管理”与“服务”这两个主体，然后对二者之间相辅相成的关系进行详细分析和阐释，随后论述正确处理二者关系的具体措施，最后精要总结全文。主次分明，有力地论证了中心论点。

（2）详写也要把握好“度”。详写，是指应当重点论述的，就加以具体的阐述。但是，详写也应该有“度”。毫无节制的行文反而会让阅卷者不知所云，影响表达效果。

（3）略写也要有“实”的内容。略写，是指应当简略论述的，就进行概述式叙述。但是，略写并不意味着空写，也要为论点服务。因此，在保证内容简明扼要的基础上，略写也要有“实”的内容，力戒“假大空”。

令文章详略得当的方法是多样的，究竟哪部分该详写、哪部分该略写，考生需要根据文章的写作目的来决定。考生在具体行文时，应注意恰当地分布笔墨，处理好文章的详略取舍，尽可能做到繁简适度、浓淡相宜，以便更好地突出文章的中心。

三、掌握基本论证方法，提高申论写作质量

（一）道理论证法

道理论证法是指运用理论分析来论证论点的方法。严密的道理论证，能够充分证明论点的合理性，是构成申论文章的基本框架。在申论文章中逻辑严密地组织语言，合理运用各种理论论据，既是写好文章的基础，也是文章出彩的关键。

1. 说明论点逻辑

道理论证的首要使命是证明论点的合理性，因此无论具体的论证细节如何安排，道理

论证都必须优先说明论点的逻辑所在。说明论点逻辑，大致分为三个步骤：

（1）引入现状。由于申论试卷主题一般都具有明显的时政特色，所以文章的论点自然也需要以现实情况为理论背景，这就决定了说明论点逻辑的第一步需要引入现状。需要注意的是，文无定法，在部分论证结构中，考生可以通过其他内容引入话题。

（2）分析原因、影响。文章论证段的核心目标，就是通过一系列的论证，让读者接受论点。在第一步引入现状后，需要对现状进行展开分析，既可以分析现状产生的原因，也可以分析论点中的核心因素会对现状造成何种影响。二者分别指向现状的过去和未来，能够清晰地构成逻辑链条。如果原因分析和影响分析同时出现在一个段落中，则一般按照“先原因后影响”的顺序依次进行论述。

在分析原因或影响时，考生应做到多角度思考。一般情况下，分析原因，可以从不同主体、主客观、内外因、直接与间接、历史与现实等方面着手；分析影响，则可以从积极与消极、当前与长远、表面与深层次等维度展开。

（3）得出结论。在引入现状、分析原因或影响之后，得出结论便成了构成逻辑链条的最后一步。结论内容可以紧扣论点，点明论点的合理性，也可以进一步提出解决问题的措施或是指明未来的发展方向。

2. 提供论据证明

说明论点逻辑的重点在于围绕论点构建完整的论证框架，若要提升论证力度，则需要在此框架下填充有效的理论论据。常见的理论论据有三类：

（1）政策类理论论据：包括法律法规、政策文件等。政策类理论论据因其具有高度的权威性，以及其与国家发展方向具有高度关联性，在理论论据中属于相对有利的论据之一。在运用这一类论据论证分论点时，方式比较简单，论据本身常常就是对分论点的解释，无须再做太多说明，即可增强论证力度。在运用时一定要注意论据的正确性和时效性，宁可不用也不能误用。

（2）名言类理论论据：包括领导人的讲话、专家学者的观点、名言警句、古诗词、俗语等。相对于政策类理论论据，名言类理论论据便于积累，恰当运用这一类论据论证分论点，能够彰显良好的文字功底。但是需要注意，名言类理论论据一定要运用贴切，尤其是对古诗词的运用切不可断章取义。

（3）原理类理论论据：包括木桶原理、蝴蝶效应、囚徒困境、马太效应等原理定律。原理类理论论据一般具有较高的可读性，能够充分彰显作者的知识积累。但也因其具有一定的理论深度，所以考生在运用原理的论据解释分论点时，一定要注意阐释原理的内涵，并且建立原理与论点之间的联系。不可使用太过深奥的原理，否则会令阅卷者难以理解，达不到应有的论证效果。

3. 运用道理论证法的注意事项

（1）论点逻辑严密、合理。采用道理论证法的基础是保证论点逻辑严密、合理，即按照论证论点的思路，先介绍事物发展现状，进而分析原因、影响等，最后得出结论。如果论点逻辑不当，那么无论选择多好的理论论据，都无法发挥应有的论证效果。

（2）理论论据正确、典型。理论论据是为论证论点服务的，因此必须围绕论点来选择理论论据，如果选择的政策、名言、原理等与论点不相关，或者不正确、不典型，那么就无法起到论证作用，甚至会适得其反。

（3）对原理类理论论据要加以阐释。原理类理论论据通常比较抽象，只有围绕论点加以阐释，才能建立起论据与论点之间的关系，起到良好的论证效果。

使用道理论证法有“明理、证理”两个环节，这两个环节缺一不可。

（二）举例论证法

举例论证法是指运用典型事例来证明论点的方法。列举确凿、充分、有代表性的事实，能够增强论述的力度和说服力。例证法在申论文章中用得最多最广，是一种卓有成效的论证方法。事实胜于雄辩，事实论据具有很强的说服力，所以例证法在一般议论文中都会用到。

1. 准确选例

选例是运用例证法的第一个环节。申论文章的事例来源有两个：

（1）巧用申论材料。申论材料包含大量事例，是文章选例的主要来源。在申论材料中，能证明观点的例子可能不多，当大家都选择同样的例子证明同样的观点时，事例的论证力度就削弱了。因此，要学会巧用申论材料，把材料用“活”。这里的“巧”，主要是指找准使用材料的角度。再好的事例，如果使用不当，也不能发挥其论证论点的作用。同一个事例往往有不同的侧面，可以说明不同的问题，使用时一定要找到其与论点一致的角度，把事例与论点结合到一起，使之密切相连。巧用申论材料，不仅可以解决一些考生论述上言之无物的问题，也能使文章立足于材料，加深申论材料与文章之间的联系。

（2）调用自身储备。自身储备的事例也是选例的重要来源。运用自身所了解和掌握的事例，既可以体现考生知识面的宽广，也能增强文章的说服力和可读性。调用自身储备要注意“确切”“典型”两个要求。确切：一要确凿无误，事例发生的时间、地点、人物，事例的起因、经过、结果等经得起推敲和验证，不能瞎编乱造；二要切合文章观点，要根据论点来选择事例，不能牛头不对马嘴。典型：一要精益求精，选择最能体现文章论点、最具代表性的事例，不求多但求精，避免同类重复；二要慕“名”而选，选择历史名人或人们熟知的事例，以增强文章的说服力。

2. 恰当叙例

叙例，即叙述事例，是运用例证法的第二个环节，重在事实的列举，讲究以理服人。叙例力求简明扼要，因为申论文章的“叙”是为“议”服务的，只要用最简练的语言把意思表明，起到证明论点的作用就可以了，无须介绍过多细节。一般来说，所用事例若为人们所熟知，那就只需一言以蔽之，使之能证明论点即可；所用事例即使较为生僻，也要力求简单，尽量不超过 100 字。典型的叙例方法主要有以下两种：

（1）叙述故事法：运用讲故事的方法来叙述事例。申论写作中常举一些故事型的事例，如爱迪生发明电灯百折不挠、贝多芬双耳失聪仍然坚持创作。这些事例本身故事性较强，采用叙述故事法可以使申论文章更加鲜活。需要注意的是，有些材料并不能直接证明论点，必须根据论点的需要将事例中隐藏的背景、意义等挖掘出来，增补一些论证论点的词句。

（2）概括排比法：选取一组能论证同一论点的事例，然后对事例进行高度概括，以排比形式出现。这种叙例方法，不仅使语言气势磅礴，更能使论据充分、论证有力。

3. 充分议例

在申论文章的写作中，一些考生常犯“论点+论据”的毛病，即举例过后缺少分析说理，或者说理简单化，要么就事论事、言不及义，要么事理脱节、泛泛而谈；有的甚至在列举事例后，不再做半点分析和拓展，呈现出论点加例子的简单模式，使事例形同虚设。因此，在运用例证法时，特别要注意在“议例”方面做到画龙点睛，用精炼的文字、警策的句子写出含义深邃、高度概括的议论性话语。只有对所选论据加以剖析、阐发，才能让例证更有力度。

“议例”一般有两种方法：

（1）原因分析法：根据具体事例中的结果，由果索因，用原因与结果的必然联系来证明论点的可靠性和正确性。一般来说，可以用“能够……关键在于……”“之所以……是因为……”等句式作为原因分析的连接词。

（2）假设分析法：在概述具体事例后，从正面或反面提出某种假设，改变事物存在的条件，并就此分析结果发生的变化。通过这种条件与结果之间关系的推演和比较，来强调事物在特定条件下的必然结果，进而达到论证论点的目的。一般来说，可以用“试想一下，如果……”等作为假设分析的连接词。

4. 运用举例论证法的注意事项

（1）不能只把例子摆在论点后，而不去揭示论点和论据之间的内在联系。不加以充分地分析、说理，就不能把观点阐述清楚，文章就会浅显，缺乏内在的逻辑力量。因此，摆出事实后，需要进一步论证。

（2）举例论证法中所选的例子，一定要真实而典型，否则就无法说明问题。

（3）举例论证法是一种从材料到观点、从个别到一般的论证方法，是从对个别事物的分析和研究中归纳出共同结论的推理形式。使用这种方法，一般是先分论后结论，即开门见山提出论题，然后围绕论题运用事实逐层证明论点，最后归纳出结论。这种方法比较符合人们的思维方式。运用事实论据进行论证时，列举的事实可以有两种形式，即概括总体性事实和列举个别事实。概括总体性事实的说服力在于事实所体现的普遍性，它是对某类事实的概括总结。采用列举个别事实的论证方式，不要求全面周到，只需列举几个事例即可。

使用举例论证法时，“选例、叙例、议例”这三个环节缺一不可。

（三）对比论证法

对比论证法，即通过正反两方面的道理或事实之间的对比来证明论点。事物的特征和本质在对比中最容易显露出来，特别是相互对立的事物比较能给人留下深刻的印象，增强申论文章的说服力。由于可以进行比较的事物很多，所以对比法适用的范围很广，美与丑、善与恶、大与小、强与弱等都适合进行比较。

1. 横向对比法

横向对比法是将发生在同一时间的两种性质截然相反或有差异的事物进行比较，肯定正确、否定错误，以达到证明论点的目的。横向对比分两步进行：

（1）围绕观点，选取形成鲜明对比的事例。两个事例，可以是特殊对特殊、一般对一般的关系，也可以是特殊对一般的关系，如“唐太宗纳谏”与“周厉王止谤”“有的人重视调查研究”与“有的人只道听途说”“苏州最牛豪华小学”与“许多贫困地区的学校连正常上课都无法保证”。

（2）紧扣论点分析正反事例。同例证法一样，对比论证不能停留在举例阶段，还要对例子进行进一步的分析。申论文章写作，切勿简单罗列事例，只有扣住观点，突出反面事例的危害，强调正面事例的益处，才能使论证充分、说服有力。

2. 纵向对比法

纵向对比法就是对同一事物在不同的时间、地点的不同情况进行比较，根据结果的不同寻求原因的不同，以论证文章观点。可见，纵向对比法不能简单地罗列事例，而是要深入分析导致不同结果的原因。如鲁迅《故乡》中通过闰土和杨二嫂的外貌、农村景象的前后变化，反映了辛亥革命以后旧中国农村日益贫困的现象。

考生在写作时可以用顺叙、倒叙、插叙的方式运用纵向对比法，重点阐述事例前后的差异，充分展现变化的过程、探寻变化的原因。

3. 运用对比法的注意事项

（1）对比的双方要具备可比性。如在论证“脆弱是成功的障碍”这一观点时，文章举出生活中某些人脆弱的一面，就会自觉地把另外一些人坚韧的美好品格衬托出来，从而形成鲜明对比。

（2）要建立合理的参照系。要进行比较，就必须具有一个合理的、共同的参照系。没有共同的参照系，两者就无法进行比较。所谓“参照系”，指的是用来衡量和确定双方优劣长短的标准。这样的标准必须具有客观性，否则比较后得出的结论不一定可靠。

（四）引用论证法

引用论证法，即引用公理、名言警句、经典著作、历史文献、谚语、成语、俗语、传说、古今诗文等作为论据，引经据典地分析问题、说明道理的论证方法。这些理论论据大多经过先贤大家的深刻思考，闪耀着理性与智慧的光辉，如果能恰到好处地引用这些论据，可大大增强文章的论证力度，也可增加文章的文采。

1. 恰当引用

引，即叙述理论论据，这是运用引证法的第一个环节。

在申论文章中，较为常用的是引用名言警句或领导人的讲话。一般来说，申论材料会包含国家领导人的讲话片段，因此考生要注意将这些片段适当调整，使之成为有说服力的理论论据。运用名言警句，一般需要考生调用自身的知识储备，因此考生应多读多记一些名言警句，以备不时之需。

引用的方法有两种：

（1）明引，即明确指出所引用的语句是引用，或者出自何处，借以增强说服力和感染力。明引一般以直引式的形式出现。

直引式，即直接引用名言警句或诗句等来证明文章论点的引证方法，是在文章论述中常采用的一种引证方法。通常为证明中心论点或分论点，文章可先引用一句名言警句、诗句等作为排头兵，吸引读者的眼球，为引入论点埋下伏笔。

（2）暗引，即不说明引文出处，而把它应用在自己的文章中。暗引分为修饰式和镶嵌式两种形式。

修饰式，即引语在文中充当定语，以修饰语的形式出现的引证方法。这样的引用是为了表现人或事物的特征。一般来说，修饰式会选用一组引语，与例证法或对比法结合起来使用。

镶嵌式，即把引用的理论论据组织进自己的叙述或议论，变成自己话中的一部分的引证方式。这样的引用没有特殊要求，相对于直引式和修饰式来说，形式较为灵活。

2. 恰当分析

恰当分析就是“证”，即对理论论据加以分析，使之与论点充分联系起来的方法。这是运用引证法的第二个环节。

引证法与例证法、对比法相似，不仅要求引用的理论论据要贴切，还要对论据加以适当分析。通常，考生对于“引”总是颇费心机，但对于“证”则往往不够重视，只“引”不“证”，犯了“论点+引语”的毛病。

论据相当于“食材”，论证就如同“料理”的过程，论据不能代替论证，缺乏论证分析，文章就只是材料的堆砌，无法成为“一道菜”。因此，在列出理论论据之后，一定要恰当地加以阐述，要引而有证、引而有说，阐明引用资料的目的，讲清所引用资料的意思，将其与论点紧密联系起来。

一般情况下，如果引用的是古文名句或公理等，最好能稍加解释。同时，需要联系论点、做出阐述，在论点与引语之间建立联系。如果引用的是通俗语句，字面意思的理解不存在障碍，就要抓住引文中的关键词句——与论点密切相关的内涵来加以分析，把它的内涵更明确地表达出来。如果其中用到比喻、象征等修辞手法，更要做一些解释，使论据含义清楚地显现出来。

3. 运用引用论证法的注意事项

（1）所引用的理论论据针对性要强。每句名言的产生都有特定的背景，都应用于特定的目的，即使谈同一个问题，也有不少名言可供选取。因此，要仔细分析每个理论论据的特有功能，将它运用到最恰当的语言环境中。例如，强调志向远大，可选用“燕雀安知鸿鹄之志”；说明未能持之以恒，可选用“有志之人立长志，无志之人常立志”等。

（2）引用论据要简洁，不宜过多。议论是在发表自己的见解，而不是在介绍他人的见解。引用他人的话，目的是让读者更加信服自己的话，自己的话应是议论的主体，应是全文最醒目的部分。过多的引文很容易将自己的观点淹没。

用好引用论证法必须注意“引”和“证”两个环节，即“恰当引用”和“恰当分析”，这两个环节缺一不可。

（五）反面论证法

反面论证法就是从反面入手，不直接论证观点，而是间接论证观点。这种论证方法经常使用的关键词有“如果……那么……”“假使……那么……”“试想……”“倘若……”等。从句式上看，反面论证法常借用排比句和反问句表达，不但能增强文章的说服力度，而且能增强文章的气势。

根据反证方式的不同，反面论证法可以分为反证论点和反证论据两种。

1. 反证论点

反证论点，即从反面直接对论点进行证明。反证论点的逻辑基础是排中律，即在条件相同的情况下，矛盾判断必定一真一假。如果“这一观点”是正确的，那“另一观点”则是错误的；如果“这一观点”是错误的，那“另一观点”则是正确的。在运用反证法的过程中，考生可结合使用例证法、引证法、对比法等论证方法，以避免文章论证方式的单调，增强说服力。

反证论点可分为立论反证和驳论反正两种形式：

（1）立论反证：不直接论证自己的正确观点，而是通过否定反面观点来证明自己论点的正确性。其具体做法为：提出正确观点（可为总论点或分论点）—找出与正确观点相矛盾的反面观点—证明反面观点存在谬误—强化正确观点。

（2）驳论反证：不直接批驳错误论点，而是论证与错误论点相对观点的正确性，从而反证出错误论点的不正确。其具体做法为：引出错误观点—找出与错误观点相对的观点—证明相对观点的正确性—得出结论。

2. 反证论据

反证论据也称“反面假设”，即通过从反面对论据进行证明，以间接论证观点的论证方法。一般情况下，反证的论据是事例型证据。因此，反证论据一般是与例证法结合使用的。

反证论据的具体做法为：列举若干事例—反面假设—推出符合论点的结论。

3. 运用反面论证法的注意事项

（1）假设句包含的是条件与结果的关系，如把条件称为 A，结果称为 B，其表达式为：如果没有 A，那么就不可能有 B。

（2）假设句与事例在内容上截然相反，如果事例是正面的，假设句则应从反面下笔；如果事例是反面的，假设句则应从正面下笔。事例与假设句可正反结合形成鲜明对比。

资料查询推荐：

1. 国家公务员局官网。
2. 考试录用公务员专题网站。
3. 中公教育。

附录 公文式样

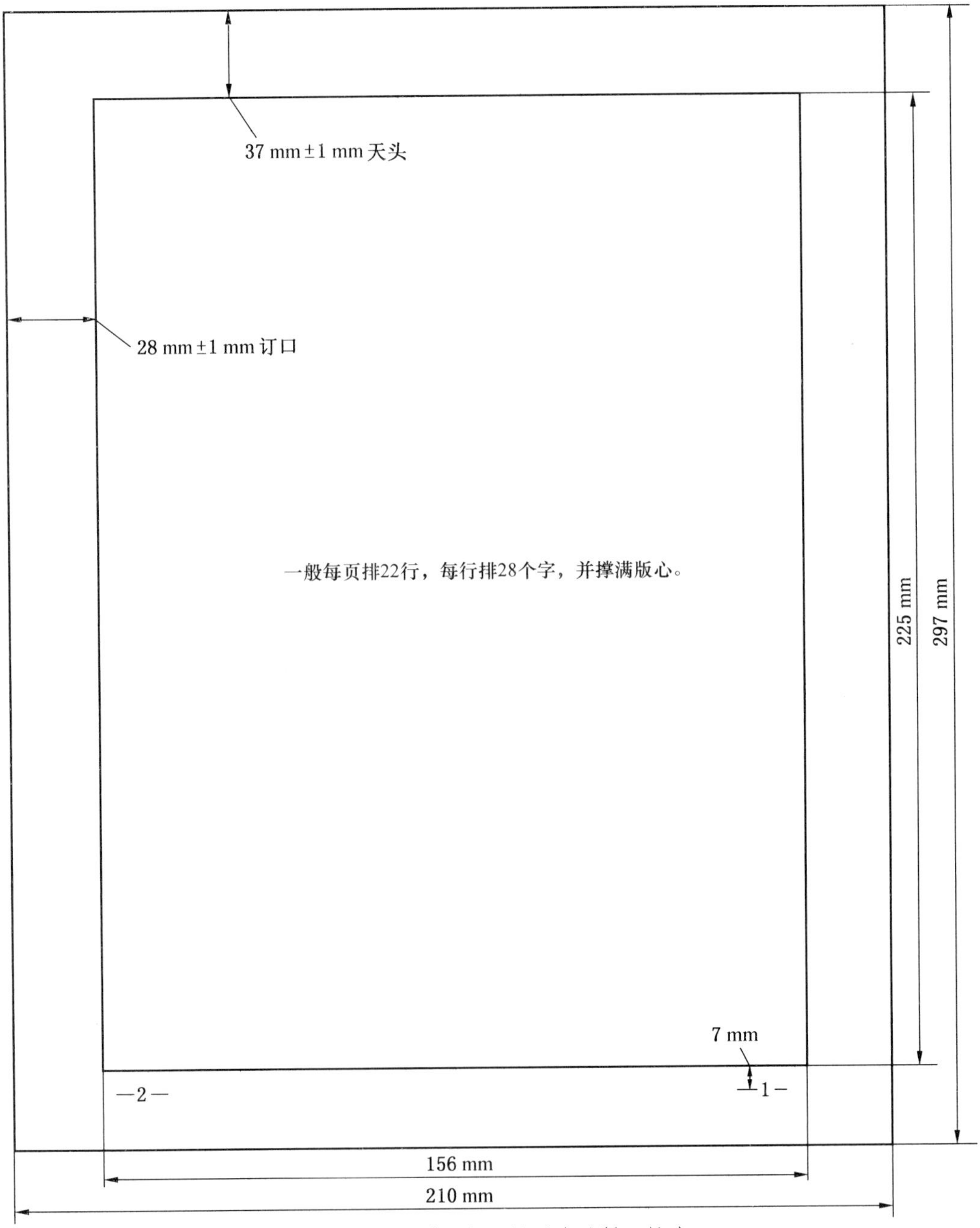

附图1 A4型公文用纸页边及版心尺寸

000001

机密★1年

特急

×××××文件

×××〔2012〕10号

×××××关于××××××的通知

××××××××：

××。

××××××××××××××××××××××××××××××××××××××。

××××××××××××。

×××××××。××。

— 1 —

附图2 公文首页版式

000001
机密★1年
特急

××××××
×　×　×　文件
××××××

×××〔2012〕10号

×××××× 关于××××××× 的通知

×××××××××：

×××××××××××××××××××××××××。

××。

×××××××××××××××××××××××××。

— 1 —

附图3　联合行文公文首页版式1

000001
机 密
特 急

× × × × × ×
× × ×
× × × × × ×

签发人：××× ×××
××× 〔2012〕 10 号 ×××

××××××关于×××××××的请示

××××××××：

××××××××××××××××××××××××××
××××××××××××××××××××××××××××
××××××××××××××××××××××××××××
××××。

×××××××××××××××××××××××××。

— 1 —

附图 4 联合行文公文首页版式 2

×××××××××××××××。

××××××××××××××××××××××××××××

×××××××××××××××××××××××××××××

×××××××××××。

2012年7月1日

（×××××）

抄送：××××××××，××××××，×××××，
×××××，×××××。

×××××××××　　　2012年7月1日印发

—2—

附图5　公文末页版式1

××××××××××××××。

××××××××××××××××××××××××××
×××××××××××××××××××××××××××
×××××××××。

××××××××××××
2012年7月1日

（×××××）

抄送：×××××××××，××××××，×××××，
×××××，×××××。

×××××××××　　2012年7月1日印发

—2—

附图6　公文末页版式2

××××××××××××××××。

　　××。

2012 年 7 月 1 日

（×××××）

抄送：××××××××，××××××，×××××，
　　　×××××，×××××。

××××××××××　　　　2012 年 7 月 1 日印发

— 2 —

附图7　联合行文公文末页版式1

××××××××××××××××。

××。

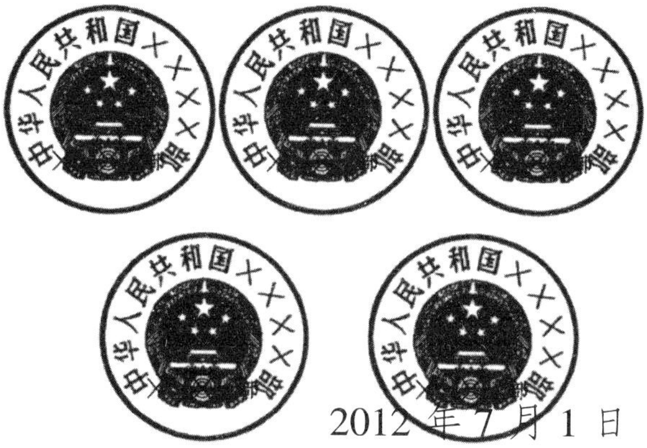

2012 年 7 月 1 日

(×××××)

抄送：××××××××，××××××，×××××，
×××××，×××××。

×××××××××　　2012 年 7 月 1 日印发

— 2 —

附图8　联合行文公文末页版式2

××××××××××××××××。

　　××。

　　附件：1. ××××××××××××××××××××××××××××
　　　　　2. ××××××××××××××

　　　　　　　　　　　　　　　××××××××
　　　　　　　　　　　　　　　× × × ×
　　　　　　　　　　　　　2012 年 7 月 1 日

(×××××)

— 2 —

附图 9　附件说明页版式

附件 2

××××××××××××××

××××××××××××××××××××××××××
××××××××××××××××××××××××××××
×××。

××××××××××××××××××××××××××
××××××××××××××××××××××××××××
××××××××××××××××××××××××××××
××××××××××××××××××××××××××××
××××××××××××××××××××××××××××
×××××××××××××××。

抄送：×××××××××，××××××，×××××，
×××××，×××××。

×××××××××　　2012 年 7 月 1 日印发

— 4 —

附图 10　带附件公文末页版式

中华人民共和国×××××部

000001 ××× 〔2012〕 10 号

机　密

特　急

×××××关于×××××××的通知

××××××××：

　　××。

　　××。

　　××。

附图11　信函格式首页版式

××××××令

第×××号

××××××××××××××××××××××××××
×××××××××××××××××××××××××××。
××××××××××××××××××××××××××××
×××××××××××××××××××××××××。

部 长 ×××

2012年7月1日

—1—

附图12 命令（令）格式首页版式

参考文献

[1] 孙秀秋. 应用写作［M］. 北京：中国人民大学出版社，2018.
[2] 张建. 应用写作［M］. 北京：高等教育出版社，2015.
[3] 胡小英. 新闻传媒写作精要与范例实用大全［M］. 北京：中华工商联合出版社，2018.
[4] 郭小春. 申论与应用文写作［M］. 北京：北京理工大学出版社，2018.
[5] 黄高才，刘会芹. 新编应用写作教程［M］. 北京：高等教育出版社，2014.
[6] 王智慧. 新编应用文写作教程［M］. 北京：中国人民大学出版社，2017.
[7] 李永新. 6 步学会申论写作［M］. 北京：人民日报出版社，2021.
[8] 王和平，张连珠. 部队领导场景讲话艺术［M］. 北京：蓝天出版社，2006.
[9] 杨大伟，张连珠. 领导岗位讲演艺术［M］. 北京：蓝天出版社，2006.
[10] 马金生. 大型文字材料写作技法详解［M］. 北京：海潮出版社，2010.
[11] 孔庆程. 军用公文写作 20 讲［M］. 北京：海潮出版社，1997.
[12] 李自力. 军队政治工作应用写作理论与实践［M］. 北京：军事谊文出版社，2009.
[13] 高长清. 政工研究与公文写作［M］. 北京：海潮出版社，1999.
[14] 王怀志. 军队政治工作文书写作［M］. 北京：军事科学出版社，2001.
[15] 余琦. 军事新闻写作［M］. 济南：黄河出版社，1997.
[16] 李和忠. 军队政治机关公文写作概论［M］. 北京：国防大学出版社，2001.
[17] 于建伟. 军队干部写作大全［M］. 北京：国防大学出版社，2007.
[18] 吕泽志. 经验做法类文字材料写作［M］. 北京：蓝天出版社，2012.